2011 年度教育部人文社会科学研究基金项目"英美两国基础教育政策演进研究——公平与效率关系的视角"〔11YJA880076〕成果之一

2012 年度浙江省哲学社会科学规划后期资助〔12HQ43〕

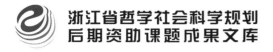
浙江省哲学社会科学规划
后期资助课题成果文库

向有差异的平等迈进

——英国基础教育公平政策发展研究

Xiangyou Chayi De Pingdeng Maijin

Yingguo Jichu Jiaoyu Gongping Zhengce Fazhan Yanjiu

倪小敏 著

中国社会科学出版社

图书在版编目（CIP）数据

向有差异的平等迈进：英国基础教育公平政策发展研究／倪小敏著.
北京：中国社会科学出版社，2015.5
ISBN 978 - 7 - 5161 - 6088 - 6

Ⅰ.①向…　Ⅱ.①倪…　Ⅲ.①基础教育 - 教育政策 - 研究 - 英国
Ⅳ.①G639.561.0

中国版本图书馆 CIP 数据核字（2015）第 087553 号

出 版 人	赵剑英	
责任编辑	宫京蕾	
责任校对	张学青	
责任印制	何 艳	

出　　版	中国社会科学出版社	
社　　址	北京鼓楼西大街甲 158 号	
邮　　编	100720	
网　　址	http://www.csspw.cn	
发 行 部	010 - 84083685	
门 市 部	010 - 84029450	
经　　销	新华书店及其他书店	

印刷装订	北京市兴怀印刷厂
版　　次	2015 年 5 月第 1 版
印　　次	2015 年 5 月第 1 次印刷

开　　本	710 × 1000　1/16
印　　张	15
插　　页	2
字　　数	254 千字
定　　价	52.00 元

目　　录

序

《向有差异的平等迈进——英国基础教育公平政策发展研究》这本学术专著是温州大学教师教育学院副教授倪小敏博士 2011 年度教育部人文社会科学研究一般项目"英美两国基础教育政策演进研究——公平与效率关系的视角"的成果之一，并得到了浙江省哲学社会科学规划办后期资助。作为她在浙江大学教育学院攻读博士学位期间的导师，我为自己学生的学术成果出版感到十分的高兴，并表示由衷的庆贺。

教育公平是我国现阶段教育发展过程中面临的一个重要问题，也是当前国际教育研究中的一个热点问题。但在我国教育学术界，系统研究英国基础教育公平问题的成果并不是很多，总的来说，《向有差异的平等迈进——英国基础教育公平政策发展研究》一书有独到见解，在国内相同研究领域中处于领先地位。该书从一个国家的层面对英国教育公平问题进行了深入的研究，必将会推进对教育公平问题的深度思考。在这个意义上，倪小敏博士这本学术专著的出版具有较为重要的理论和实践价值。

在英国基础教育公平政策发展研究中，倪小敏博士以惊人的毅力和勤奋的精神，多方收集和精心梳理相关资料，最后完成了前后跨度约 140 年的英国基础教育公平政策发展研究。在整个研究过程中，倪小敏博士作为访问学者又赴英国伦敦大学教育研究院访学，收集了很多相关资料，对初稿进行校正修订，形成了现在即将付梓的书稿。

现今，国内有关教育公平研究的成果也不少，但相比之下，作为一个具有前沿性的研究领域的成果，《向有差异的平等迈进——英国基础教育公平政策发展研究》一书凸显出以下一些学术特点：

首先，该书是一本系统研究英国基础教育公平问题的专著。以教育公平为视角进行历史的梳理和分析挖掘，将 19 世纪 70 年代迄今英国基础教育公平政策的发展历程划分为普及初等教育、人人受中等教育、追求更大的机会均等、效率优先下的教育公平以及向有差异的平等迈进等五个阶段，准确地把握各个阶段的主要特征，清晰地呈现了英国基础教育公平政策的演进轨迹。尤其值得注意的是，对最后一个阶段"向有差异的平等迈进"的区分具有创新性意义，超越国内普遍认为的三个阶段划分，即从入学机会平等到过程平等再到结果平等的理论诠释。

第二，该书构建了一个清晰简明的框架结构。运用系统分析法，就英国各个历史时期的时代背景、政策目标以及实施策略与效应，形成了完整的政策分析框架，将教育公平政策置于时代背景中加以考察，考察各个历史时期政治、经济、政治意识形态和教育公平的理论成果等因素对政策形成过程以及政策目标的转向产生的影响，因此，整个研究是一种动态的政策研究而有别于纯政策文本的静态研究。

第三，该书不仅收集大量资料，而且对资料的分析上坚持客观的科学态度，抓住教育公平这条主线，避免落入人云亦云的俗套。该书得出了许多有价值的结论，例如，通过五个历史时期意识形态对教育公平政策的整体考察，发现政治意识形态对教育公平政策的影响日渐淡化，而旨在人的充分发展的教育本质逐步得到彰显，这就雄辩地解释了为何前面四个阶段未能很好地解决教育公平问题。又如，工党推动综合学校政策是国内外教育史学家公认的进步运动，它取消了"11岁选拔考试"，摧毁了与社会地位相联系的等级的学校制度，使学校制度更加民主化，因而具有历史的进步意义，然而英国民众仍希望保留文法中学，以使自己的孩子得到高质量的教育，而非低水平的平等的教育机会。该书提出综合学校政策在推进英国基础教育公平的进程中并非是解决当时教育公平问题的最好策略，综合学校政策更多地体现了工党民主社会主义意识形态中追求平等权利的诉求，而忽略了"每个儿童充分发展"这一教育本来的目的。

第四，该书对每个历史阶段的政府有关教育公平的政策采取纵向描述，并对政策的实施效果进行评述，从而凸显出政策执行情况，如受阻、变异或深化的动态发展的过程，例如，第四章发展综合学校策略，经历了多边学校的设想——综合学校实验——发展综合学校政策确立——综合学校的推广。又如，第五章发展特色学校策略，经历了发展职业技术教育为重点的特色学校——促进薄弱学校、综合学校向特色学校转型—— 中等学校全面特色化——走向伙伴关系的特色学校，向读者揭示了这一政策是如何形成发展的、是否解决了教育公平问题，或者在多大程度上解决了教育公平问题。

第五，该书以英国基础教育公平政策目标发展为主线，同时还贯穿了一条辅线，即教育公平内涵的发展。从19世纪末到20世纪70年代石油危机爆发，所追求的教育公平是人人具有均等的受教育机会的权利，包括入学机会平等、教育结果平等和教育过程平等。从本质上讲，是公民权利的延伸，属于政治学上的概念。所有儿童有同样的权利发展他们的能力，在教育领域简单地转化为所有儿童有相同的能力，只要接受相同的教育，人人都能通向上层社会；但是，到撒切尔和梅杰执政时期，则运用经济学原理解释教育公平，即机会面前人人平等——人的能力是有差异的，市场提供机会平等，凭各自能力竞争到的结果是最公正的。显然，这两种解释都有失偏颇，经不住实践的检验。直至20世纪90年代一些英国教育家、政治家提出重新解释公民权——承认人的差异性，提出对不同的儿童提供不同的教育，适切的教育才是最公平最有效率的教育，至此教育公平的内涵便包含了"有差异的平等"意义，也获得了教育领域中有质量的公平的含义。

最后还应该提到，《向有差异的平等迈进——英国基础教育公平政策发展研究》一书框架清晰，资料丰富，观点明确，论述得当，文字流畅。它的出版不仅是对倪小敏博士多年学术努力的一种肯定，而且反映了她在学术研究上的态度和功力。

进入浙江大学教育学院攻读博士学位前，倪小敏博士已是具有一定的理论功底和较多的实践经验的大学教师。在攻读博士学位期间，她在学习上刻苦认真，在学术上敏于思维，因而在学业上得到了很大的进步。在表示庆贺的同时，我期盼倪小敏博士能够在自己的学术道路上发展得越来越好，并取得越来越多的学术研究成果。

魏贤超
2014年8月

导　言

　　"教育公平"问题是一个国际性的难题，也是我国当前教育改革面临的重要课题。教育中的公平问题既涉及公民教育权利的保障和社会教育资源的公正分配问题，也关涉人的潜能得到充分发展问题。教育公平作为政府制定教育政策的主导价值取向，对教育改革与发展具有重要意义。其中，基础教育由于涵盖了义务教育阶段，具有全局性、基础性、先导性的特征。基础教育就个人发展而言，对每个人的终身发展起着奠基作用；对国家而言，关乎全民素质的提高。因此，"基础教育公平"在推进教育公平的进程中具有特别重要的意义，它不仅是提高全民素质的需要，也反映着教育对人的权利、尊严的平等尊重、公平地对待，彰显个人价值的重要体现。

　　改革开放 30 多年来，我国基础教育得到长足发展，实现了九年制义务教育，但发展不均衡、不公平现象已成为社会焦点问题。党的十七大确立了"公平"作为制定社会政策的主导价值取向。2010 年政府颁布的《国家中长期教育改革和发展规划纲要（2010—2020 年）》将教育公平作为战略目标和战略重点，并明确基础教育是重点保障对象。2011 年 3 月，温家宝总理在《政府工作报告》中指出，要"推动教育事业科学发展，为人们提供更加多样、更加公平、更高质量的教育。"首次将公平与质量置于同等重要的地位。2012 年胡锦涛主席在《党的十八大报告》中进一步强调：要"均衡发展九年义务教育……大力促进教育公平，合理配置教育资源，重点向农村、边远、贫困、民族地区倾斜，支持特殊教育，提高家庭经济困难学生资助水平，积极推动农民工子女平等接受教育，让每个孩子都能成为有用之才。"可见，追求有质量的教育公平，让每个孩子获得成功，已成为我国中央政府推动教育改革的目标。但在总体资源有限的情况下，如何合理地追求最广泛的公平，又获得高水平的教育质量，是世界性难题。

　　选择英国作为个案研究，是因为英国作为世界上基础教育高度发达的国家之一，自 20 世纪以来教育公平问题一直是英国基础教育改革的核心问题，几度成为两大执政党争议、竞选的焦点问题。英国政府颁布的重要政策文献每每回顾之前政策成效，均要对该项政策对推进教育公平的成效作出客观地评价。纵观英国基础教育发展历程中公平问题的解决，具有以下几方面独到之处：首先，教育公平问题的解决是渐进式地推进。自 19 世纪末以来，英国仍旧是一个阶级界限明确的等级制社会，而沿着这种等级制社会的结构建立起来的国民教育制度同样具有明显的等级痕迹，基础教育中的公平问题一直是教育改革的核心问题，也是重大的社会问题。1870 年，英国政府颁布了英国历史上第一个教育法——《1870 年初等教育法》，这个教育体系形成了为中上层阶级子女学习、培养贵族和领导阶层提供中等教育和为普通劳动者子女提供初等教育的"双轨制"。而《1944 年教育法》虽然实现了初等教育和中等教育并轨，实现了"人人受中等教育"的目标，但在中等学校结构上分化为带有明显社会分层倾向的文法中学、技术中学和现代中学的"三轨制"。而对学生进行"三轨"分流的"11 岁选拔考试"的合理性一直是理论界、公众争议的焦点。《1988 年教育改革法》强调效率优先的市场导向的教育改革，远离了教育公平的政策目标，引发了对教育消费权、选择权批判的浪潮。但是进入 20 世纪 90 年代末，布莱尔领导的新工党将教育政策作为社会政策的核心政策，在解决教育公平问题上取得了突破性进展，在理论上提出"有差异的教育平等"主张，在实践上创造性发展出特色学校、个性化学习等促进"有差异的平等"的策略，随着教育公平的推进，教育质量也稳步提升。这一演进过程留下许多经验和教训，背后隐含了教育公平内涵不断发展演进的轨迹，值得我们深入研究。

　　其次，20 世纪以来，英国一直由代表资产阶级利益的保守党和代表工人阶级利益的工党轮流执政，政治与教育公平主张的联系、学术研究与政策制定的联系不仅十分密切而且清晰可见，为我们深入而正确地理解教育公平的理论基础、意识形态和政治权力的影响，提供了一个不可多得的个案。英国各利益群体对教育公平问题争议的结果，促进了教育公平理论研究的繁荣，大大推动了教育公平理论的发展和政策水平的提高，但各时期的争议过程一直为国内研究者所忽略。

　　最后，英国教育公平理论研究走在世界前沿，研究范式不断创新。自

20世纪20年代英国工党发言人托尼发表了《人人受中等教育》一文以后，引发了入学机会平等的大讨论，许多教育学家、历史学家、心理学家参与了这场讨论，积累了大量研究文献，阶级分析是主要研究范式；20世纪50年代，伦敦大学经济学院格拉斯教授创立了"政治算术"研究范式，用职业分层取代阶级分析，用统计数字描述社会各阶层之间的流动情况，此后，牛津大学哈尔西教授对"政治算术"范式进行了系统阐述，与美国布劳和邓肯的社会分层研究遥相呼应，使教育公平研究走向科学化；进入20世纪90年代，英国伦敦大学教育研究院教授杰夫·惠迪和斯蒂芬·鲍尔等政策社会学家试图超越传统的阶级分析和"政治算术"的研究范式，倡导一种叙事和统计数字相结合的经验的社会学研究范式，以拓宽教育公平研究的视野，深化教育公平问题的研究，对我国教育公平问题研究提供了方法论指导。

为此，本书试图系统地考察英国基础教育公平政策的演进轨迹，以期为我国解决这一难题提供有益的借鉴。但这种借鉴绝不是简单地横向平移，也不是照抄照搬，要进行深入的研究。因为每一个国家基础教育的发展都深深扎根于他们所处的时代和地域的特殊理念，特殊性就在于它的历史性。只有在历史长河中把握这个国家基础教育公平政策演进的脉络，深刻理解其实现价值追求、适应社会变化的行动策略，才能有利于我们做出合理的甄别和选择。

本书将教育公平政策发展看作一个动态发展变化的过程，采取历史法和系统分析法相结合，力图在研究视角上突破传统的静态的政策分析。全书以教育公平政策历史发展为线索，从《1870年初等教育法》颁布到2009年工党政府的教育白皮书《你的孩子，你的学校，我们的未来：建设21世纪学校制度》颁布实施，时间跨度约140年。本书之所以未对卡梅伦领导的联合政府的教育政策作出评述，因为政策从颁布到实施需要一定时间运行，才可以评判其成败得失，现在加以评述为时尚早；在各个历史阶段，则采用系统分析法，系统地分析社会现实条件，诸如经济、政治、意识形态以及教育自身发展的需求、教育公平理念等因素对教育政策目标形成的影响、考察实现教育政策目标的策略及其实施情况，并适度涉及教育政策效应分析，分析教育政策是否解决了公平问题或在多大程度上解决公平问题，进而展现教育政策目标向下一个阶段运动发展的轨迹。系统分析法，有利于我们在考虑目标和解决问题时，同时注意考虑协调、控制和贯彻执行的问题，注意从目标到手段的全面考察，把握其动态发展过程。

在这个分析框架下，英国基础教育公平政策发展演进的轨迹清晰地呈现出五个阶段：第一阶段为普及初等教育时期；第二阶段为致力于人人受中等教育时期；第三阶段为追求更大的教育机会均等时期；第四阶段为效率优先下的教育公平时期；第五阶段为向有差异的平等迈进时期。故此，本书共分为 6 章，分别为：

第一章　普及初等教育。19 世纪后半叶至 20 世纪 20 年代初，英国工业革命为普及初等教育奠定了物质基础，随着贵族政治的衰落，新兴资产阶级和工人阶级的崛起、普选权的推进以及普及国民教育思潮的兴起，促使英国政府对教育承担起责任，建立国家控制的初等教育体系。1870 年，英国政府颁布了第一个教育法案——《1870 年初等教育法》。此后英国政府用了近 50 年建立起数量充足的初等学校，完善强迫入学制度，实施免费就学，扩展和充实世俗教学内容等策略，终于建立起免费的、强迫的、公立的初等教育体系，实现让所有儿童接受初等教育的目标。但是这个公立的教育体系与英国原有私立的中等教育并不衔接，公立的初等教育面向劳动人民子弟，而私立的中等教育面向中上阶层子弟，形成英国特有的阶级间受教育机会的不平等。

第二章　人人受中等教育。20 世纪 20 年代中期至 40 年代末，是一战到二战期间，工人阶级作为执政党已登上政治舞台，福利国家思想萌生，随着初等教育普及的实现，"人人受中等教育"机会平等的呼声日益高涨。英国政府通过延长义务教育年限至 15 岁，提供足够数量的中等学校，设立文法中学、技术中学和现代中学等三类中等学校等策略，建立起与公立初等教育相衔接的公立中等教育体系，实现了人人受中等教育的愿望。但是三类中学之间的不平等直接导向职业上、成就上不平等。

第三章　追求更大的教育机会均等。二战之后，即 20 世纪 50 年代至 70 年代中期，英国经济迅速复苏，进入"富裕社会"时代，也是英国社会福利扩展期，两党都赞成追求更大的教育机会均等，通过发展综合学校，对贫困区实行补偿教育以及残疾儿童融合教育等策略，力求消除三类学校造成的不平等，实现教育过程和结果上的平等。但是这些策略收效甚微，综合学校因教育质量下滑，而招致广泛的批评。

第四章　效率优先下的教育公平。20 世纪 70 年代末至 90 年代末是撒切尔夫人领导保守党进行市场化改革时期。保守党政府为了挽救英国经济发展的颓势，抛弃福利国家主义转而接受了哈耶克的新自由主义理论，提高质量、效率成为教育政策的主要目标。英国政府采取扩大家长参与学校管理的权利、倡导家长择校、实施统一的国家课程、扩大免费学额计划、关注有特殊需要儿童和少数民族儿童教育等策略，体现了效率优先兼顾公平的取向，其结果加剧教育体系的两极分化。

第五章　向有差异的平等迈进。20世纪90年代末以来，是布莱尔领导的新工党走"第三条道路"时期，为了消除教育市场化改革带来的两极分化问题，新工党将教育政策重心从保守党时期关注少数人转向大多数人，从关注结果平等转向差异发展，追求有差异的平等。通过实施"教育行动区"计划，发展特色学校，支持家庭，完善学校制度，推行个性化的教和学等策略，向儿童提供适切的教育，教育公平内涵从教育资源更为均衡的分配转向人的潜力得到最充分的发展，追求每一个儿童都能获得成功。

第六章　结语。总结了英国基础教育公平政策发展的特征：即政党意识形态对教育公平政策目标的影响日渐淡化；教育公平理论研究促进了教育政策向更加平等化方向发展；教育公平策略以"渐进"的方式推进，教育政策与社会政策日渐形成相互支持的网状结构。

当前我国政府将推进基础教育高质量均衡发展作为政策目标，这是基础教育战略目标和战略重点的重大转移，是对效率优先兼顾公平的价值取向的矫正，但需要制定系统优化的推进基础教育高质量均衡发展的策略。希望本书提供给各级教育行政部门领导在制定基础教育政策时有所借鉴；也提供给中小学校长和教师在创造性地贯彻实施教育政策时拥有一种国际视野！

倪小敏

第一章

普及初等教育

在英国教育发展历史上，中等教育要大大的早于初等教育的出现。初等教育主要由家庭实施或教会提供。贵族家庭的孩子通常在家里接受家庭教师的教育，而占绝大多数的贫民孩子则在教会接受简单的读写算教育。随着公民权利和公民身份概念的发展，普及教育的思想日渐发展起来。普及初等教育实质上是教育机会平等追求的先声。英国教育史学家奥尔德里奇说过："普及教育的这一理想与按人的身份施教的这一现实已经并存很长时间了。"[①] 这一理想与现实的矛盾，在19世纪演变为一股思潮，最终引发政府的行动——《1870年初等教育法》的诞生。此后，英国政府经过近半个世纪的努力，从教会手中夺取教育控制权，建立起免费的、强迫的、世俗的和公立的初等教育体系，让所有儿童都有接受初等教育的机会。

第一节 时代背景

19世纪在英国历史上是一个急剧变化的历史阶段，也是英国在世界崛起成为日不落帝国的时代。英国走向这个伟大时代的历史转折点始于18世纪下半叶的"工业革命"也称"产业革命"。英国史学家艾瑞克·霍布斯邦将英国的工业革命和稍后发生在法国的大革命并称为"双元革命"，[②] 后者为世界带来了"民主、自由、博爱"的资产阶级"启蒙"思

---

① ［英］奥尔德里奇：《简明英国教育史》，诸惠芳等译，人民教育出版社1987年版，第34页。

② ［英］艾瑞克·霍布斯邦：《革命的年代1789—1848》，王章辉等译，国际文化出版公司2006年版，"序言"第1页。

想，前者则为世界带来了实实在在的物质进步，即经济上"起飞"，最先受益当然是英国本土。所以，研究这个特殊时代的社会状况及其教育发展，必须先研究"工业革命"。如果绕开"工业革命"，就无法理解这一历史时期的"历史人事巨变"，也无由理解"其节奏不平衡的复杂性"。①

一　工业革命带来的社会巨变

英国工业革命，大约开始于 18 世纪 60 年代，到 19 世纪 30 年代末 40 年代初基本完成。其主要标志是机器生产取代了手工劳动、家庭工业和手工工场，工业逐步在国民经济中占据统治地位。更为重要的是，人类开始从农业社会进入了工业社会，这给英国的经济生活、政治生活和社会生活带来历史性巨变，也使儿童教育成为突出的社会问题。

（一）经济面貌的变革

首先是农业革命。在工业革命之前，英国经济以农业为主，这与欧洲其他国家没什么不同。英国政府的收入主要是土地和地租。英国政府实际上掌握在土地所有者——"地主阶级"或"英国绅士"的手中。但是当时农业生产效率极低，为了增加现金收入，这些土地所有者开始试验改进耕作方法或牲畜饲养方法，出现了农业革命。

这场农业革命具有三个远超农业本身范围的后果：第一，增加了土地的产量，因而使英国能供给新城市庞大工业人口的食粮；第二，造成了一个雇工后备军，他们现在完全脱离了与土地的任何联系，成为没有乡土或财产牵挂的人；第三，工业品大大扩充的国内市场创立起来了。自给农业的农人从事家庭工业，与外界相隔绝，可以消费很多而买进的东西很少。这种农人现在已经演变为工人，通常被迫大减其消费，可是他所消费的每一物品都必须由购买而来。只有以可靠的国内市场为坚固基础，大规模的输出工业才能建立起来。②

其次是工业革命。毛纺工业是英国旧式工业的典型。但从 18 世纪下半叶开始，随着英国海外殖民贸易的扩张，印度棉纺织品的印花精美且价

----

① 〔英〕艾瑞克·霍布斯邦：《革命的年代 1789—1848》，王章辉等译，国际文化出版公司 2006 年版，第 29 页。

② 〔英〕阿·莱·莫尔顿：《人民的英国史》，谢琏造等译，生活·新知·三联书店 1976 年版，第 446 页。

钱要比毛纺织品便宜，深受英国上层社会欢迎，英国本土的棉纺织业遂慢慢地发展起来。

18 世纪 60 年代，由于"珍妮纺纱机"的发明和使用，大大提高了棉纺织业的生产效率，激发了企业主们改革创新的热情，此后，水力纺纱机、蒸汽纺纱机等大型机械设备相继问世，工厂出现了。棉纺织业在殖民贸易推动下继续繁荣。英国海外殖民地不仅为棉纺织业提供了大量的原棉，而且大量地购买英国生产的棉布。广阔的市场需求，为私人企业主展示了无比宏伟的前景，足以诱使他们大胆进行工业革命。至 1830 年或 1840 年，棉纺织业基本实现了机械化。[1] 棉纺织业的发展又带动了能源和铁路的发展。

工业革命使英国成为世界上最强大的工业国。1850 年，英国生产了全世界金属制品、棉织品和铁产量的一半，煤产量的三分之二，其他如造船业、铁路修筑都属世界首位；1860 年，英国生产了世界工业品的 40%—50%，欧洲工业品的 55%—60%；1850 年对外贸易占世界贸易总额的 20%，10 年后增至 40%；1851 年英国国民生产总值达到 5.23 亿英镑，1870 年增加到 9.16 亿英镑。[2] 英国经济的空前繁荣为普及初等教育奠定了物质基础。

（二）社会面貌和阶级结构的变化

工业革命的发展，使英国的社会面貌发生了深刻变化。在工业革命之前，英国还是农业社会。地方上的城镇实际上仍然从属于所在农村的经济和社会，周围的农民以自己的劳作维生，城市里的专业人士和中产阶级通常都是谷物和牲畜交易商、农产品加工者、律师和公证人（他们为拥有土地的贵族们处理其财产事物或无休止的诉讼）、商人—企业家（他们为农村中从事纺织的人提供原料和收购产品），以及颇受人尊敬的政府代理人、贵族及教会人士。城里的手工业者和店主为附近农民以及靠附近农民维生的城里人提供服务。当时，能够称得上大都市的欧洲城市只有两个：伦敦和巴黎，其人口分别约为 100 万和 50 万。[3] 工业革命过程中，伦敦地

---

① ［英］艾瑞克·霍布斯邦：《革命的年代 1789—1848》，王章辉等译，国际文化出版公司 2006 年版，第 52 页。

② 阎照祥：《英国史》，人民出版社 2003 年版，第 296 页。

③ ［英］艾瑞克·霍布斯邦：《革命的年代 1789—1848》，王章辉等译，国际文化出版公司 2006 年版，第 8—10 页。

区作为全国政治经济中心的地位进一步提高，但工业的重心越来越向北部地区转移，兰开夏成了棉织工业的主要中心，苏格兰也出现了以格拉斯哥为首的新工业区。曼彻斯特、利物浦、伯明翰、博尔顿、普雷斯顿等新兴工业城市蓬勃地成长起来。农村人口大量向城市迁移。1851 年英国领世界之先，城市人口超过农村人口，1870 年城市人口约占全国人口的 70%。大伦敦人口占全国人口的五分之一。英国全国人口在 1811 年约为 1000 万人，到 1881 年猛增到 2600 万人，[①] 英国开始迈向城市化时代。

在英国土地革命之前，英国阶级结构与欧洲其他国家没有区别，由农民或雇工、乡绅和贵族组成，土地革命把英国农业推向了朝着资本主义农业发展的阶段，于是出现了有别于欧洲其他国家的阶级分化，即一个由农业企业家和农场主人组成的阶级和庞大的农业无产阶级。[②] 工业革命过程中，农业无产阶级大量地涌入城市，成为工人阶级，到 19 世纪 20 年代，英国工业和运输业中的工人已达 200 万人。由于妇女和儿童更加听话、工资更加廉价，早期实业家便大量使用妇女和童工。1834—1847 年，英国棉纺织工厂的全部工人中，成年男子占四分之一，妇女和女孩占半数，其余的为 18 岁以下的男性童工。[③] 这使得英国工人阶级的境况比起其他国家更悲惨。与此同时，工业资产阶级的经济势力不断增长，他们在国民经济中举足轻重，并通过 1832 年议会改革，在议会中也占据了大多数席位，在政治上影响力不断扩大。

（三）政党与意识形态的变化

工业革命对英国的政治和意识形态的影响是革命性的，具体表现在以下两个方面。

1. 两大执政党的改革及其意识形态趋同

英国政治上的议会制始于 1660 年的王政复辟。1668 年光荣革命中议会内部分成两大派，即托利党和辉格党。工业革命之前，托利党和辉格党轮流执政。托利党是地主、教会和国王的党，对教会和国王的地位特别关心。他们即害怕罗马天主教，又害怕英国新教，把他们看作是对英国国教

---

　　① 阎照祥：《英国史》，人民出版社 2003 年版，第 296 页。

　　② ［英］艾瑞克·霍布斯邦：《革命的年代 1789—1848》，王章辉等译，国际文化出版公司 2006 年版，第 17 页。

　　③ 同上书，第 60 页。

的威胁，托利党还特别强调等级秩序；辉格党的阶级基础是乡绅和清教徒，他们执政期间关心工业革命产生的社会问题，发展自由贸易，提倡工厂立法，支持议会改革。辉格党的意识形态中坚持资产阶级自由主义思想，但认为"等级制是正确的"。①

1832 年的议会改革标志着贵族政治衰落。1834 年大选期间，托利党和辉格党分别更名为保守党和自由党。19 世纪 50 年代至 19 世纪末是两党竞相改革，争取民众支持的时代，1867 年议会改革法在保守党领导人狄斯雷利（B. Disraeli）推动下，获得通过。这个改革法给城市工人阶级中的重要部分以选举权。1872 年狄斯雷利发表了著名的"水晶宫演说"，提出保守主义的三个目标：维护国家制度，捍卫英帝国以及改善人民的生活状况。第一项目标是老托利主义关注自由、秩序、法律和宗教的延续，后两项则是狄斯雷利为保守主义新增的内容。② 狄斯雷利的改革使贵族统治与民主政治的差距进一步缩小，使保守党成为一个全国性政党。

自由党在格拉斯顿（W. Gladstone）领导下，转变为中等有产阶级的党，奉行自由主义，把自由主义学说及政策基础运用于国家事务的各个方面。1868 年自由党在大选中获胜，格拉斯顿组阁，他采取了系列社会改革政策：通过自由贸易的法案、更新改编军队、取消用金钱购买爵位、贸易协会给予合法的地位；大学对所有抱不同宗教信仰的人开放、帮助地方政府发展初等教育。③ 此时，自由党已从传统的自由放任主义转向"新自由主义"。新自由主义开始承认国家建立在一个平等的社会中的积极作用，注意到社会立法对改善工人经济状况的重要性。④《1870 年初等教育法》就是自由党政府为解决工业革命带来社会问题的一项重要的社会改革政策之一。

在整个 18 世纪和 19 世纪的绝大部分时间里，保守主义者在政治和思

---

① ［英］T. F. 林赛、迈克尔·哈林顿：《英国保守党 1918—1970》，复旦大学世界经济研究所译，上海译文出版社 1979 年版，第 3—5 页。

② ［英］罗杰·斯科拉顿：《保守主义含义》，王皖强译，中央编译出版社 2005 年版，第 12 页。

③ 阎照祥：《英国政党政治史》，人民出版社 1993 年版，第 255—257 页。

④ 钱乘旦、许洁明：《大国通史——英国通史》，上海社会科学院出版社 2007 年版，第 284 页。

想上的敌人是自由党人和自由主义，然而，从19世纪末开始，保守主义者开始将矛头对准集体主义和社会主义，因为保守主义者已经明显地开始采纳和捍卫他们以往所反对的自由主义价值观和政策。① 1874年，保守党大选获胜，狄斯雷利组阁。他主张保守党打起社会改良大旗，在工人中培植保守党选民，这就是所谓的"新托利主义"。从1874年至1978年，保守党政府实施了一系列社会改革政策，如《公共卫生法》（1875年）、《工人住宅法》（1875年）、《工厂与工作场所法》（1878年）等一些与工人福利相关的社会立法，并对工人生活条件、劳动环境、工作时间等进行规范。② 表明两党都接受了自由主义价值观，在意识形态上没有实质性区别。

2. 工人阶级政治意识的觉醒

在英国，工会是工人阶级强有力的组织。最早的工会组织出现在17世纪末，而它成为"运动"则是工业革命发生以后的事。欧文于1830年前发起的"合作运动"影响下，工人阶级通过"工会"、互助会或合作社以及工人阶级学校、报刊或宣传鼓动，加强组织并进行活动。不论在政治上或意识形态上，一个独立的无产阶级已经出现。

1848年，英国出现了宪章运动。参与运动的不仅有劳动贫民，还有不能适应新情况的小商人、小资产阶级。头脑简单的工人认为，他们的悲惨遭遇都是机器造成的，所以，他们捣毁机器以反抗这个新制度。他们认为，合理的社会应当是合作的，而非竞争的；是集体主义的，而非个人主义的，应当是"社会主义的"。这一时期工人阶级意识和社会抱负已经形成了，但与他们雇主在相同时期所形成或表现出来的中产阶级意识比较起来，工人阶级的意识无疑微弱得多。英国劳动贫民一次又一次为之团结在一起的典型纲领，只是单纯的议会改革，具体表现在《人民宪章》的"六点要求"上：（1）成年男子的普选权；（2）无记名投票；（3）平等选区；（4）议员有给制；（5）每年召开议会；（6）取消候选人的资产

---

① ［英］罗杰·斯科拉顿：《保守主义含义》，王皖强译，中央编译出版社2005年版，第12页。

② 钱乘旦、许洁明：《大国通史——英国通史》，上海社会科学院出版社2007年版，第268页。

资格。①

1867 年的议会改革加速了工会的政治化。1868 年,第一次工会代表大会在曼彻斯特举行,以后每年举行一次,并成立"议会委员会"。同年,工会卷入议会竞选,有两位工人候选人在自由党帮助下竞选成功,成为英国最早的工人议员。这以后,工人支持自由党的倾向成为工会政治运动的主要倾向,"自由—劳工同盟"也逐渐形成。② 在 1884 年的第三次议会改革中,普选制确立,60% 的成年男子获得普选权。普选权确立和扩张预示公民权中政治权利的确立,也"迫使议会通过一些直接促进选民社会福利的法律"。③ 教育政策成为一项重要的社会福利政策。

二　19 世纪英国贫民子弟的教育及其被剥夺状况

中世纪后期,英国教育已分化为贵族教育和贫民教育,贵族教育属于中等教育,不与任何初等学校教育联系,而与家庭教育联系;贫民教育主要由教会执行,教授基本读写算 "3R" 的 "基础教育"(elementary education)。工业革命,进一步加剧这一分化,贫民子弟教育被剥夺状况异常严重,日渐成为一大社会问题。

(一)19 世纪英国贫民子弟的教育

中世纪以来,教育被认为是教会的主要职责,教区牧师承担大部分的初等教育,在传播基督教教义的同时,教给基本的读写算知识。而以文法学校为主的正规教育大多数为富有的特权阶级所垄断。因为"特权阶层和实业家一般都希望剥夺下层阶级受教育的所有机会,他们认为教育将使他们不满足自己的命运,从而对社会的稳定构成威胁"。④ 但富有的特权阶级又意识到基督精神应该帮助穷人;同时也应该让穷人了解基督精神,这就意味着要教穷人阅读。于是,慈善教育在 17 世纪末蓬勃发展起来。贫民子弟主要在宗教组织创办的慈善学校、主日学校和导生制学校接受

---

① 〔英〕艾瑞克·霍布斯邦:《革命的年代 1789—1848》,王章辉等译,国际文化出版公司 2006 年版,第 16 页。

② 钱乘旦、许洁明:《大国通史——英国通史》,上海社会科学院出版社 2007 年版,第 284 页。

③ 孙洁:《英国的政党政治和福利制度》,商务印书馆 2008 年版,第 13 页。

④ 〔英〕邓特:《英国教育》,杭州大学教育系外国教育研究室译,浙江教育出版社 1987 年版,第 6 页。

教育。

1. 慈善学校的衰落

1698 年，基督教知识促进会在成立大会上决定了"追求并敦促在伦敦及附近地区每一教区建立教义问答学校"的慈善计划。这个计划很成功。该会通过敦促各教区开设自己的学校，很快就把活动范围扩展到伦敦以外并在 25 年之内在英国许多地区建立了学校。大约在 1730 年至 1780 年间，成千上万的儿童和成人在巡回教师的指导下学会了阅读。①它们的确有力地促进了贫穷儿童的初等教育。19 世纪初的时候，慈善学校受到工厂制度的影响，逐渐衰落下去，代之而起的是主日学校。

2. 主日学校的应运而生

18 世纪后半叶，日校的创办逐渐冷落了。工业革命把成千上万的成人和儿童赶入矿井、工厂和车间，进行难以置信的长时间的劳动。日校使得儿童不能去做工，因而遭到实业家的坚决反对。慈善家于是转而筹办主日学校。主日学校始于传教士罗伯特·雷克斯（Robert Kailes）1780 年为当地针厂童工所办学校，在星期日教授宗教条文，兼教一些简单的读写知识。由于这种学校适合当时工业革命的需要，发展迅速，这类学校被称为主日学校（Sunday school），又称星期日学校。1803 年，英格兰正式建立了"主日学校联合会"，它要求每一个教区至少要设一所主日学校。在联合会的组织领导下，英国各地参加主日学校的学生快速增加，规模愈来愈大。"到 1831 年英格兰有 100 多万人入主日学校，而在 1851 年就超过了 200 万。这分别占总人口的 8.4% 和 12.5%，分别占 5 岁至 15 岁的劳动阶级的孩子的 49.6% 和 75.4%"。②

3. 导生制学校的蓬勃发展

私立团体确立普及初等教育制度所面临的两大困难是：经费和师资。③1797 年，英国国教派牧师安德鲁·贝尔（Andrew Bell）将印度古代个体教学制度加以改进，创立导生制并运用于印度的孤儿学校中。1798 年，远在英国本土的公谊会信徒约瑟夫·兰喀斯特（Joseph Lancaster）在其创

---

① ［英］邓特：《英国教育》，杭州大学教育系外国教育研究室译，浙江教育出版社 1987 年版，第 7 页。

② 同上。

③ 同上。

办的慈善学校中也推行了这种导生制教学，因此，这种教学组织形式也叫贝尔—兰喀斯特制。

导生制教学程序是：教师首先从学生中挑选出优秀的学生或年长的学生作为辅导教师，即导生；导生们每天较早地到学校，先接受教师的指导，然后将从教师那里学到的教学内容再传授给一般学生。一般每个导生可以管理 10 个学生的教学。[1] 这样，每位教师要比常规教学教授多几倍的学生，大大扩大了教师教学的规模。

由于导生制解决了初等教育和扫盲运动中的师资和经费问题，在 19 世纪上半叶的英国广为推行，几乎所有的教区都建立了导生制学校。在导生制学校学习的学生从 1812 年的 8620 人上升至 1830 年的 346000 人。[2]

（二）贫民子弟受教育权利被剥夺状况

工业革命一方面促进了社会经济的发展，另一方面造成了社会的动乱和道德的沦丧，儿童成长环境恶化，受教育权利被剥夺。工业革命期间诞生的主日学校和导生制学校虽然对初等教育的发展作出了一定的贡献，但远不能满足儿童对教育的需求和社会发展的需求。具体表现为：

1. 儿童成长环境恶化与受教育权利被剥夺

工业革命使大量农村人口涌进城市，使城市里的工厂对工人的需求常常处于供过于求的状况，这就造成了包括大量儿童在内的流浪人口的大量增加，不但对社会的稳定与经济发展造成了巨大的威胁，更为重要的是儿童的生存状况相当糟糕。学者程西筠指出，"英国工业革命兴起后，对劳动人手的需求骤增，在圈地运动中失去土地的农民大批流入新兴的工业城市，涌进工厂。人口大量流动的一个直接后果是大批无养无教的儿童浪迹街头，再加上对法国拿破仑战争中造成的无家可归的孤儿，给社会安定造成巨大威胁"。[3]

资产阶级为了保证工人的劳动效率，对他们采取的措施几乎全是强制性的，缺乏道德教育和情感沟通；有的厂主还实行了夜班制，工人的正常睡眠休息时间被剥夺。结果是"整个神经系统受刺激，因而整个身体衰弱

---

① 王承绪：《英国教育》，吉林教育出版社 2000 年版，第 120—121 页。

② 同上书，第 121 页。

③ 程西筠：《论 19 世纪英国初等教育改革》，《世界历史》1989 年第 4 期，第 59 页。

下去，……这种劳动的另一后果便是酗酒和纵欲"。① 成年人的道德堕落不但直接对社会造成了危害，而且还使他们的子女受到了严重的精神伤害，染上了父母的许多恶习。

恩格斯在著名的《英国工人阶级状况》调查报告中指出，工业革命也造成了大量未成年人进入工厂工作，童工在工厂里的劳动时间长，劳动强度大，待遇低，这对他们的身体是一种巨大的伤害，但是伤害最大的还在于他们的幼小心灵。由于童工几乎被剥夺了受教育的权利，年复一年、日复一日的重复单调的机械工作，使儿童增长智慧的希望破灭。而童工道德又被他们的工作环境破坏了，很多童工都在道德上堕落了。从幼年起就听惯了各种下流话，在各种卑劣、猥亵、无耻的习惯中野蛮无知地长大，使他们从小就染上酗酒、赌钱等各种恶习，还导致了儿童犯罪的上升。② 儿童受教育权被剥夺，道德水平下降。

2. 教会学校不能满足儿童对教育的需求和社会发展的需要

首先，教会学校无法满足儿童对教育的需求。大批儿童整个星期都在工厂和家里工作，因而不能上学。而为工人举办的夜校，大都没人去，工人工作了12小时再去上课，即使去了也在课堂上睡着了。而主日学校，从一个星期日到下一个星期日相隔时间太长了，一个完全没有受过教育的孩子很难在下一次上课时不忘他上一次学到的东西。此外，"教派办学的目的是把本教教徒的孩子留在自己的怀抱，可能的话，还要把别的教派那里的某些不幸孩子的灵魂抢夺过来。结果是，宗教成了主要的课程。孩子们的脑子里塞满了不能理解的教条和各种神学上的奥妙东西，从童年时期就培养起对教派的憎恨和狂热的偏执，而一切智力的、精神的和道德的发展却被可耻地忽视了"。③

由于儿童受教育权利被剥夺，儿童的健康、智力和道德发展受到损害，导致英国当时社会风气每况愈下。恩格斯指出：随着无产阶级人数的增长，英国的犯罪数字也增加了，不列颠民族已成为世界上罪犯最多的民族。1805年4605起，到1842年就达到了31309起。从这些犯罪统计数

---

① ［德］恩格斯：《英国工人阶级状况》，中共中央马克思恩格斯列宁斯大林著作编译局译，人民出版社1956年版，第193—194页。

② 同上书，第250页。

③ 同上书，第134页。

字还可以明白地看出，绝大部分罪行都是无产阶级犯的，因为在 1842 年的罪犯中有 32.35% 完全不会读不会写，有 58.32% 不完全会读会写，有 6.77% 读写都不错，有 0.22% 受过较高的教育。① 这里恩格斯用数据揭示了儿童教育权利被剥夺程度与社会风气恶化之间的关系。

其次，工业的发展对工人的文化和纪律方面提出了更高的要求。恩格斯在对英国工人阶级状况调查后，认为："工业中的大多数工作中都需要一定的技能和常规性，而要达到这一点就要求工人具有一定的文化水平。"② 从当时工厂大量使用童工和妇女的情况来看，对大多数工人的文化水平要求并不高。但英国教育家安迪·格林（Andy Green）认为："虽然工厂生产并没有要求工人掌握新技能，但却要求工人形成新的行为习惯，要求服从日常作息时间，单调的工作，严格的纪律，所有这些只有通过教育来实现。"③ 显然当时的教会学校不能满足工业化社会的需要。

三　普及国民教育的理想

在英国，从中世纪开始，基督教教义中便含有普及教育的意思了。因为所有的儿童与成人在上帝面前实际上都一样，他们的灵魂都需要拯救。因此，所有的人都应教之以基本的宗教信条。救世、美德与正直行为，是适用于社会各阶层的教育目标。自 16 世纪起，基督教新教更进一步强调了普及阅读圣经的能力。④ 这是英国教会将教育视为自身职责的思想源泉，也是教会办学的动因之一。但是国民教育却另有一番含义，通常指 National Education，这个词是 18 世纪法国的拉夏洛泰（La Chalotais）在《论国民教育》和德国的费希特（Johann Gottlieb Fichte）在《告德意志民族的讲演》中所使用的词。在这两篇教育文献中，国民教育主要指民族国家中全体人民的教育，包含受教权的政治意义，也包括国家控制和管理教育的意义。普及国民教育是指从少数人的特权教育走向面向所有民众的

---

① ［德］恩格斯：《英国工人阶级状况》，中共中央马克思恩格斯列宁斯大林著作编译局译，人民出版社 1956 年版，第 175—176 页。

② 同上书，第 120 页。

③ ［英］安迪·格林：《教育与国家形成：英、法、美教育体系起源之比较》，王春华等译，教育科学出版社 2004 年版，第 62 页。

④ ［英］奥尔德里奇：《简明英国教育史》，诸惠芳等译，人民教育出版社 1987 年版，第 34 页。

大众教育的国家化的过程。①

　　英国国民教育发展迟缓，儿童受教育权丧失，导致社会问题丛生，引起社会各界人士的关注，他们从不同的角度阐述了普及国民教育的必要性，其中影响深远的代表人物是亚当·斯密（Adam Smith）、詹姆士·穆勒（James Mill）和罗伯特·欧文（Robert Owen），他们对普及国民教育理想的描述为英国建立国民教育制度起了推波助澜的作用。

　　（一）亚当·斯密：教育与国民财富的增长密切联系

　　英国经济学家亚当·斯密最早发现教育与国民财富之间的联系，他在1776年发表的《国民财富的性质和起因的研究》（简称《国富论》）中阐述市场机制的原理。亚当·斯密写作这部巨作时，英国产业革命刚刚开始，资本主义经济的发展还在很大程度受到封建的残余势力和流行一时的商业体系的限制政策的束缚，② 他主张通过市场"无形的手"最大限度发展自由资本主义经济（后来被称为放任自由主义），但是他又建议国家应承担起法制建设和包括教育在内的公共事务。也就在这部著名的经济学巨著中，他提出了后来被称为人力资本理论的核心观点。

　　1. 社会所有居民或成员所获得的才能是国民财富的一部分

　　亚当·斯密认为，任何国家和社会的总资本都是其全体居民的资本，这种资本通常自然地分作三个部分，各有各的作用。第一部分是立刻消费的；第二部分是固定资本；第三部分是用来购买原材料等的流动资本。在社会的固定资本储备中包括四个要素：前三个是工具与机器、获取收益的建筑物和改良的土地，第四个是社会所有居民或成员所获得的能力。这些观点，对18世纪的英国人普遍认为教育属于家庭或教会的职责的观念是一个极大地冲击。斯密指出，就个人而言，"一个花费了巨额劳动和时间以学习那些要求特殊的熟巧和技艺的职业的人"，应该挣得"高于或超过普通劳动的工资"。因此，"在欧洲，机械师、技工和制造师的工资比普通劳动者的工资高一些是完全合理的"。③ 也就是说，接受教育对个人可以提高工资收入，对国家而言可以增长财富。

---

　　① 马健康：《工业革命对英国国民教育发展的影响》，硕士学位论文，四川大学，2007年，第7页。

　　② ［英］亚当·斯密：《国富论——国民财富的性质和起因的研究》，谢祖钧等译，中南大学出版社2003年版，"导言"第2页。

　　③ 同上书，第77页。

2. 国家应关注人民的教育

亚当·斯密从国家财富增长的视角出发强调建立一种自由的社会经济体制，因为自由、放任是市场经济顺利运行的经济增长的基本条件。基于此，他认为，政府无须干预一般的经济事务，放心地让每个人按他自己的方式来行动，政府职责在于维持和平，建立一个维持严密的执法体制，提供教育和其他最低限度的公共事业，政府就自然地会对公共利益作出最大的贡献。①

为此，斯密认为教育应作为国家的公共事业来办。他认为，社会分工的进程中，绝大部分以劳动为生的人，他们的工作都是只局限于几个极其简单的动作，一个整个一生只从事几个简单动作的人，这几个简单动作的效果又总是相同，或者极其相近，自然就没有机会要他去发挥他的理解力或发挥他的创造力以寻找解决从未发生过的困难的对策。因此，他自然就丧失了这种用脑筋的习惯，通常就变成了人类可能变成的那种愚蠢和无知的人，使得他无法对"日常义务形成任何公正的判断"、"对自己国家的重大的和广泛的利益全然无力判断"的人，"在战时同样是无法去捍卫自己的祖国"。② 也就是说，斯密已经预见到社会分工会使人类片面发展，如果没有教育的干预，作为国民财富的人力资源，会丧失殆尽。因此，为了防止大多数的人民完全腐化和退化，政府必须关注人民的教育。

3. 国家应特别关注普通百姓和下层人民的教育

在对所有阶层的教育中，斯密进一步强调了对普通百姓和下层人民进行教育对于国家发展和稳定的重要性。

根据亚当·斯密的观点，在一个文明和商业社会里，对普通百姓的教育比对某些富有阶层的人的教育更需要国家的关注。因为，某些富有阶层的子弟为了进入他们想借以青云直上的职业领域或商业，他们有充分的时间和金钱去准备自己日后去获取能使他们博得社会尊敬或使他们值得尊敬的一切知识。而普通百姓的情况则完全不同。他们没有空余时间去学习。一到他们能够干活的时候，他们就必须去寻找一种他们可以谋生的行当。那个行当通常也是极其简单和单调，无须运用脑子。与此同时，他们的劳

————————

① ［英］亚当·斯密：《国富论——国民财富的性质和起因的研究》，谢祖钧等译，中南大学出版社 2003 年版，"导言"第 4 页。

② 同上书，第 498 页。

动时间又是这般的长，劳动又是这般严峻，不给他们留下一点闲暇使他们少有心思去思考劳动以外的任何东西。因此，他建议："国家通过在每一个教区或地区建立一所小学就能够很方便地做到这一点了。小学的收费低一点使每一个普通劳动者都能负担得起。"① 事实上斯密这一观点在 100 多年以后为英国政府所采纳。

亚当·斯密认为，对下层人民的教育也应给予关注，此举有利于社会秩序的稳定。因为他们受的教育愈多，他们就愈不会受狂热和迷信的迷惑。在他看来，宗教是最容易引起狂热和可怕的骚乱。此外，有教养有理智的人民的行为总是要比愚昧和愚蠢的人民行为更为得体和有秩序。在自由的国家里，政府的稳定在很大程度上就是依赖于人民对政府的行为能作出赞同的判断。

4. 倡导世俗教育

对宗教控制英格兰的教育现状，亚当·斯密用嘲弄口气写道："对各种年龄的人民进行教育的机构主要是那些进行宗教教育的机构。这是一种特殊的教育，它的目的不是要使人们在这个世界上成为好的公民，而是为他们在另一个更好的世界上（他们的来世）做准备。"② 因此，他认为国家应设立公共的教育机构并加以经费投入。

斯密反对普通百姓子弟学习拉丁文，认为慈善学校里教儿童学习拉丁文，对他们没有什么帮助。因而建议，教会他们一些几何和机械学的基础知识。因为，在当时几乎没有一个普通的行业不需要运用一些几何和机械学的基本原理，它们是最崇高以及最有用的科学的入门。为了鼓励百姓对这些知识的运用，他还建议，国家应奖励那些学习成绩优良的学生，鼓励普通百姓子女学好这些最基本的课程。

斯密尽管没有涉及教育机会平等原则，但是从国家财富增长的角度论述了国家承担起全体人民，特别是穷苦百姓儿童接受世俗教育责任的重要意义。

（二）詹姆士·穆勒：教育的目的是谋求个人幸福

如果说亚当·斯密的《国富论》主要着眼于国家经济发展视角阐述

---

① ［英］亚当·斯密：《国富论——国民财富的性质和起因的研究》，谢祖钧等译，中南大学出版社 2003 年版，第 498 页。

② 同上书，第 502 页。

国家普及教育的意义，那么，英国哲学家、经济学家和教育家詹姆士·穆勒则着眼于个人幸福和国家经济发展相结合的视角阐述大众教育的普遍理想。穆勒深受英国功利主义思想家边沁（Jeremy Beathan）思想的影响，即大多数人的利益便是社会的最大利益，在当时贵族等级制社会具有进步意义。1818 年，詹姆士·穆勒在为《大不列颠百科全书》（*Enciclolaedia Britannica*）撰写的教育文章中清楚地表述了他关于大众教育的思想。

1. 大众教育有助于发展人的幸福

穆勒认为，首先，虽然每个人的天赋是不同的，但是，造成人与人之间明显差别的真正原因是教育而不是天赋。他强调说："存在于不同阶级不同团体间的所有差别，都出自教育的影响。"① 其次，教育的目的是给大多数人带来最大的幸福，因此，传授智慧、道德、正义等应该是教育的普遍目标。教育既要使一个人能够经常去追求他所认可的东西的方法，即必须使他能去谋求尽可能多的幸福；同时，教育也要尽可能给他人谋求幸福。所以，他强调说："教育的目的是为了给尽可能多的人通向幸福的工具，先是为他自己，再是为其他人。"② 还有，普遍幸福的理想体现了平等的原则，即每个人都平等地值得我们考虑的原则。他强调说："形成公共利益的意识并赋予它以形式，这是良好教育的最终目的。"③

2. 大众教育应是世俗的教育

由此出发，詹姆士·穆勒主张向所有人提供普遍的、合理的、世俗的和科学的教育。他所说的教育是一种广义的教育，具体包括家庭教育、技术（学术）教育、社会教育、政治教育。在他看来，如果不重视大众教育，那就会影响一个国家的经济发展。因此，从社会平等的原则出发，应该普及初等教育，使穷人和富人受到同样的教育，使他们的智力得到同样的发展。为此，詹姆士·穆勒曾写过题为《学校面向大众》（School for All）的文章。

但是，穆勒又指出，由于"一大部分人需要别人的劳动"，并且因为智慧的培养要有充足的闲暇，"因此，必得有某些……智慧留与那些无须

---

① F. Cavenagh（ed.），*James and John Stuart Mill on Education*，1931，p. 12.

② W. H. Burson（ed.），*James Mill on Education*，Cambridge：At the University Press，1969，p. 41.

③ W. H. Burson（ed.），*James Mill on Philosophy of Education*，London：The Athlone Press，1973，p. 41.

劳作的人"。① 由于功利主义允许为了大多数人的利益牺牲弱势群体的利益，反映了其阶级的局限性。史学家安迪·格林评价到，穆勒没有深入推敲该论点的矛盾之处，或考察那种剥夺了多数人学习的闲暇的经济制度是否合理，就此草率地接受了这样的观点，即工人阶级的教育必须是最有限的教育。②

（三）罗伯特·欧文：教育改变工人阶级的悲惨命运

被马克思喻为"空想社会主义者"的罗伯特·欧文是19世纪英国杰出的思想家，他生活的时代正是英国工业革命时期，机器大生产使社会迅速分化为大资本家和一无所有的无产者，处于他们二者之间的已经不是以前的稳定的中间等级，而是不稳定的手工业者和小商人群众，他们过着动荡不定的生活，是人口中最流动的部分。毫无保障的劳动阶级大批地堕落了。③ 欧文有关教育平等的思想源于他对工人阶级悲惨命运的关注和改造社会的决心。让所有儿童平等地接受教育的思想是其政治学说的重要组成部分。欧文接受了唯物主义启蒙学者的学说，认为"人的性格是先天组织和人在自己的一生中、特别是在发育时期所处的环境这两方面的产物"。④ 因此，教育是培养性格的手段和改造社会的前提。他在苏格兰新拉纳克的社会改革实践（包括学校教育）的成功，更加坚定了他对普及教育之于社会改造意义的信仰。

1. 人天生就有平等接受教育的权利

欧文首先从人的自然本性和天赋能力出发，论证人人具有接受教育的权利。他认为，"人生来就具有谋求幸福的欲望，这种欲望是他一切行为的基本原因"；"人也生来具有维持生命、享受生活和繁殖生命的欲望"；"人还生来就具有官能，它们在成长的过程中接受、传达和比较各种观念，而且使人意识到他在接受和比较各种观念"。所以，"儿童们可以经

---

① F. Cavenagh（ed.），*James and John Stuart Mill on Education*，1931，61.

② ［英］安迪·格林：《教育与国家的形成：英、法、美教育体系起源之比较》，王春华译，教育科学出版社2004年版，第271页。

③ ［德］恩格斯：《社会主义从空想到科学发展》，《马克思恩格斯选集》（第三卷），人民出版社2006年版，第728页。

④ 同上书，第729页。

过教育养成任何一种情感和习惯"。① 这是一条基本原理。其次，教育为个人和国家带来极大利益。教育使所有的人都被训练成有理性的人，养成符合人类幸福的性格的人。教育不仅不会损及任何人利益，而且惠及每一个人。基于此，国家应建立优良的教育制度。

2. 一切人都应受教育

为了让一切人受到合理实用的教育，首先，欧文反对任一教派任一阶级控制教育。他建议制定全国性的兼容并包的贫民教育计划取代派系林立的教会教育体系。为此，他倡议通过一项《联合王国全体贫民与劳动阶级教育法案》，该法案中明确规定，"在联合王国内普设讲习所；地点方便，并有足够的规模，可以容纳一切需要学习的人"，"给讲习所供应必须的开办费和维持费"。② 其次，欧文吁请政府让工人阶级子女接受教育。他目睹工业革命使工人阶级陷入悲惨境地："千百万被忽视的贫苦无知的人民以往所形成的习惯和情感，一直使他们变得卑贱不堪。我现在以他们的名义吁请不列颠政府和人民齐心协力建立一种制度，使目前没有受到任何良好和有用教育的人受到教育。"③ 他强烈谴责工厂主使用童工。他在《上利物浦伯爵书》中写道，"儿童在体力还不足以应付工作以前就被雇佣……在还没有养成任何巩固的道德习惯或求得任何巩固的知识使自己成为有用或无害的社会成员以前就被雇佣"。在他看来，使用童工"同社会最高利益冲突，对于任何阶级和任何个人都没有好处"。他呼吁："年龄不到十二岁的儿童不应在任何厂房内受雇。"④ 他认为，工人阶级的正当教育和合理的雇佣应当成为政府的基本目标。

3. 新的社会制度保证教育机会平等

欧文毕生致力于建立理性的新的社会制度，而教育平等是新制度的核心部分。他充满激情地描绘了新村里儿童平等地接受教育的景象：在所筹划的新村里，儿童个个健康，脸色红润，并像他们的父母一样衣着整洁而得体；一切儿童将受到良好教育；儿童将循序渐进地学习园艺、农业、某

---

① ［英］罗伯特·欧文：《新社会观》，《欧文选集》（第一卷），柯象峰等译，商务印书馆1997年版，第76页。

② 同上书，第91页。

③ ［英］罗伯特·欧文：《论工业体系的影响》，《欧文选集》（第一卷），柯象峰等译，商务印书馆1997年版，第144页。

④ 同上书，第147—160页。

种手艺或工业技能，而且只根据自己的年龄和体力从事劳动。[①] 他还为新制度社会制定了宪法。宪法中对人人接受教育、男女接受同等教育都作了明确规定。但他也看到，平等的教育只能在平等的社会制度下实现。阶级和社会地位的差别是人为地造成的；这种差别是人们在蒙昧无知、没有经验和缺乏理性的时期构思出来和确定下来的。这种社会划分已经给国民带来无尽的灾祸，为了人人受益和幸福，应"借助于合乎自然和理性的社会划分"。他认为，作为一项基本的正义原则这样规定："任何一个人不曾为别人服务，也就没有权利要求别人为他服务，也就是'一切人生下来就有平等的权利"。[②] 在欧文看来，有理性的政府会了解人的幸福所必需的条件，并采取各种措施，以保证每个人在社会所拥有的知识水平和手段的范围内得到这些条件。欧文晚年再次强调了他所指的平等的含义："我很清楚，知识、智慧和幸福这三者的本质恰恰起源于我们在体力和脑力上的千差万别。人世间正确和合理的新制度下的平等是条件或环境方面的平等。"[③]

综上所述，19 世纪的英国，由于工业革命带来了整个社会巨变，在经济高速发展推动下，社会上层建筑包括社会性质、面貌、阶级结构、政治和意识形态都发生质的变化，这些变化带来经济社会发展的同时，也带来一系列社会问题，特别是儿童受教育权利被剥夺情况严重。此外，在经济高歌猛进对劳动力提出更高要求时，教会已难以担当普及初等教育的职责。这些现实问题引起思想界的积极关注，并形成普及国民教育的思潮，共同的观点是让所有儿童接受教育，国家要承担起教育的责任，建立世俗的教育制度。这些进步的教育思想启迪了民众特别是工人阶级对教育权的渴求，成为挑战特权阶层，导引政府立法的重要力量。

---

① ［英］罗伯特·欧文：《新社会观》，《欧文选集》（第一卷），柯象峰等译，商务印书馆1997 年版，第 90 页。

② ［英］罗伯特·欧文：《关于社会的划分》，《欧文选集》（第二卷），柯象峰等译，商务印书馆 1997 年版，第 33 页。

③ ［英］罗伯特·欧文：《导言——罗伯特·欧文和一位老友关于撰写自传的对话》，《欧文选集》（第三卷），柯象峰等译，商务印书馆 1997 年版，第 4 页。

第二节　普及初等教育政策的形成

工业革命为英国带来物质财富的快速增长，但也带来种种社会问题。尽管普及国民教育的呼声很高，令人费解的是，有关要求国家开办学校的提案均以失败告终。例如，1807 年，怀特布雷（S. Whitebread）提出的《教区学校议案》建议政府提供资金建立或资助教区学校。这项提案在下议院获得通过，但由于国教会的代表坚决反对，因而遭到上议院的拒绝。1833 年 7 月，国会议员罗布克（Roebuck）在议会中提出了一项普及国民教育计划，提出"必须通过立法使大不列颠和爱尔兰的每一个 6—12 岁的儿童接受正常的教育"，"如果家长不能或不愿为其子女提供合格的教育，那么国家就要干预，强迫家长将孩子送入公立学校接受教育"。① 他的这一项计划也受教会及保守的贵族的强烈反对而未能通过。说明教会和贵族对国家控制国民教育进行强烈抵制。

真正推动教育立法的却是对童工使用立法。1933 年议会通过了系列改革措施，其中两项措施对教育发展至关重要，一是议会通过第一个有实效的《工厂法》，将纺织厂劳动的童工工时限制在九小时之内，禁止雇佣 9 岁以下的儿童，并对童工的学习时间提出了更高的要求，指派监察员强制实行以上规定。二是议会通过了《教育补助金法案》，同意拨款 2 万英镑协助教会团体②建造学校。③ 从此，议会教育拨款形成惯例。1839 年拨款增至 30 万英镑。是年，政府成立了枢密院教育委员会（Committee of the Privy Council on Education），监督已成为年度拨款的教育款项的分配与使用。新成立的委员会立即任命皇家督学（HMI）对接受公款资助的学校实施监督。④ 这是英国国家干预公共教育的开端。

然而，教育仍然由教会掌控着，直至 1868 年，自由党成为执政党，

---

① ［英］邓特：《英国教育》，杭州大学教育系外国教育研究室译，浙江教育出版社 1987 年版，第 9 页。

② 教会团体是指 1811 年国教会教士成立的全国贫民教育促进会；1814 年大不列颠和海外学校协会。这两个机构在 20 年内，用自愿捐款在全国建立了许多学校。

③ ［英］E. F. 霍利迪：《简明英国史》，洪永珊译，江西人民出版社 1985 年版，第 109 页。

④ ［英］邓特：《英国教育》，杭州大学教育系外国教育研究室译，浙江教育出版社 1987 年版，第 9 页。

开始大刀阔斧地进行社会改革，两年后，下议院议员、枢密院副院长兼教育署署长福斯特（W. Foster）认为时机已到，向下院提交了初等教育法议案并获通过，即著名的《1870年初等教育法》（The Elementary Education Act, 1870），又称《福斯特法案》（The Foster Act）。这是英国历史上第一个教育法，它建立了公共的初等教育制度，奠定了整个英国教育制度的基础。此后的50年，英国政府不断加强对初等教育的控制，出台一系列教育政策法规，完善公共的初等教育体系。

一　政策目标：让所有儿童接受初等教育

在英国教育史上，由于教会一直控制着教育，因此，在1870年至1918年国民教育初创时期，政策目标主要是建立国家控制的初等教育体系。

作为英国历史上第一个教育法，《1870年初等教育法》没有对国民教育的目标做出明确的规定。但是，负责起草的教育署署长福斯特在1870年2月17日向下议院介绍初等教育法所作的演讲中阐明了立法意图与政策目标。

"我们这个议案的宗旨是什么呢？主要的宗旨是，使英国的每个家庭，当然，还要使那些无家可归的孩子能受到初等教育。这就是该议案欲达到的目的；我相信，这就是该议案能够做的事。我认为，这是该议案最终不仅是最终，而且是尽快要实现的目的。……现在，我们不允许该宗旨在我们的许可下受到挫折；除非该议案能提供完满的国民教育制度，……"①就是不管父母是否贫穷，不管父母属于任何教派，让所有儿童（包括无家可归的儿童）接受初等教育。这一思想在《1870年初等教育法》第5条规定中得到了具体体现："每个学区（school district）必须拥有足够的公共的初等学校，为居住本地区的所有儿童提供有效的、适当的初等教育。"②

福斯特在演讲中这样解释道："所谓'足够的'，是指我们是否能看

① J. S. Maclure, *Educational Documents-England and Wales* 1816 *to the present day*, New York: Methuen and Co. Ltd. 1979, p. 104.

② W. Cunningham Glen, *The Elementary Education Act*, 1870, London: Shaw and Sons, Fetter Lane, 1870, p. 5.

到那里有足够的学校；'有效的'，是指进行适当数量的世俗教学的学校；'适当的'，是指家长没有理由反对的、免受宗教和其他禁锢的学校。"① 简言之，1870 年政府所要建立的国民教育体系，即学校数量充足，实施世俗教学，无教派禁锢的初等教育体系。

《1902 年教育法》（The Education Act，1902）（也称《巴尔福法》（The Balfour Act)）是旨在健全中央和地方两级教育行政管理体制的法案。该法第 5 条从地方教育当局职责的视角，延续了《1870 年初等教育法》的政策目标："地方教育当局根据 1870 年至 1900 年初等教育法和其他法案（包括地方法案）在他们管辖范围拥有学校委员会和入学督促委员会所有权力和职责，还要负责和控制所有公立学校的世俗教学（包括非学校委员会举办的学校，即民办学校），而学校委员会和入学督促委员会撤销。"② 该条款，将非政府举办的民办学校（Voluntary schools）纳入国民教育体系。

1905 年至 1914 年间，以坎贝尔·班纳曼（C. Banner）和阿斯奎斯（Asquith）为首的自由党政府对贫困和穷人的态度起了变化，对社会的许多方面承担了更多的责任。因此，《1918 年教育法》（The Education Act，1918）（也称《费舍法案》（The Fisher Act)）对建立全国公共教育体系的目标更加明确。该法第 1 条开宗明义指出："为了建立所有人可以从中受益的全国公共教育系统，每个郡议会和郡自治市议会的职责应该是，通过促进本地区教育的发展和全面组织本地区教育，力尽所能地为此作出贡献。"③ 这里不仅明确了这个公共教育体系应当使英国所有儿童受益，而且要求地方政府承担起发展教育的责任。

教育委员会（注：1900 年英国政府以"教育委员会"取代"教育署"）主席费舍（H. A. L. Fisher）在下议院介绍教育议案的演讲中的一段话很好地诠释了这一目标的含义："教育是生活中美好的东西，它应该比目前更为广泛地由这个国家的儿童和青年所享用。我们认为，教育对一个

---

① J. S. Maclure, *Educational Documents-England and Wales* 1816 *to the present day*, New York：Methuen and Co. Ltd, 1979，p. 100.

② Montague Barlow and H. *Macan*（ed.），*The Education Act*，1902，（Second Edition）. London：Butterworth & CO，1903，p. 102.

③ Arthur A. Thomas（ed.），*The Education Act*，1918，London：P. S. King & Son，Ltd.，1919，p. 109.

人来说是全面的，包括精神的、智慧的和身体的教育；而且拟定一个具有某种共性，同时又容纳很大的差异性的教育计划，并非是文明资源所不及。……在现存环境中，只有依靠国家进一步强制立法的保护，成长中的一代的生活才能免遭工业压力的有害影响。"① 因此，1918 年《费舍法案》的政策目标还包含扩展国民教育系统、政府承担更大责任的含义。此外，他对工人阶级的教育予以特别的关注。他认为，"一个国家的产业工人有资格被首先视为公民和任何形式教育的合适对象，他们有能力从教育中获益"。②

从 1870 年《福斯特法》到 1902 年的《巴尔福法》直至 1918 年的《费舍法案》，英国政府的教育政策的核心目标是：不管父母是否贫穷，不管父母属于任何教派，让所有儿童接受初等教育。

二　普及初等教育的策略及其实施

（一）建立数量充足的初等学校

自《1870 年初等教育法》规定为本学区儿童提供充足的设施（Sufficient accommodation），此后 50 年来，一直是英国政府教育工作重心。当然，所谓"充足的设施"很难准确解释，按各个地区的要求回答大不相同。教育署发放拨款时的通常做法是，要求初等学校设施能够容纳人口的六分之一。由督学的报告决定具体学校容纳的人数。③

为了让所有儿童接受教育，福斯特设想把整个英格兰和威尔士划分成学区，查明各学区的教育需求状况，接下来的问题是由谁来提供教育。这是一个颇有争议的问题。

于 1869 年成立致力于建立国民教育制度的压力集团——全国教育联盟（National Education League）希望一步到位建立国家控制的国民教育：在全国各地建立地方教育委员会。教育必须是强迫的、免费的、世俗的，

---

① ［英］费希尔：《费希尔向下议院介绍教育议案而作的声明》，毛文洪译，瞿葆奎主编《教育文集·英国教育改革》，人民教育出版社 1993 年版，第 20—23 页。

② 同上。

③ Montague Barlow and H. Macan（ed.），*The Education Act*，1902，（Second Edition），London：Butterworth & CO，1903，p. 11.

学校由税收建立和维持——由政府资助和监督。① 福斯特一开始接受了联盟的许多观点。但最后他认为有必要听取教会的意见,保全民办学校。

福斯特在其演讲中解释了这一思想路线:我们必须注意,不要在建设的同时进行摧毁——不要在引进新制度时摧毁现有制度。在解决以上问题、达到我们的目标的同时,必须尽可能少花费公款,必须尽最大努力不去损害现有的富有成效的学校……我们的目标是:完善目前的自愿捐款制度,填补无校区的空白,在没有公款也能办的事上节约公款,尽我们最大的努力去取得家长的支持,并竭诚欢迎那些希望帮助其邻人的慈善者的合作和支持。②

这一思想贯穿于 1870 年、1902 年和 1918 年教育法中。《1870 年初等教育法》第 6 条规定,"教育署经调查了解到某学区学校数量不足,要向公众公布,并在这样的学区建立学校委员会 (the school board),弥补不足部分。如果学校委员会不履行职责,教育署将根据本法规定的方式追究学校委员会的责任"。第 10 条规定补足的方式:"在最后公告限定的期限之后 6 个月内,教育署确信最后公告所需提供的公立学校设施不能按要求供给,也并非正在建设之中,教育署将依据本法规定为该地区组阁学校委员会,并且向学校委员会发出要求,要求他们立即启动程序按上述要求提供教育设施,并且学校委员会应当提供与教育署要求一致的设施。"第 12 条第(2)款规定了学校委员会接收停办的教会学校的权力,"教育署确信任何学区任何初等学校的管理者不能或不愿继续维持这类学校,假如这所学校停办会造成该地区公立学校设施不足。……教育署认为理由充足的,为这类地区组建学校委员会。"③ 这样依据《1870 年初等教育法》建立的公立初等学校有两种类型:一类是业已存在的民办学校 (voluntary school) 中接受政府拨款学校 (provided school);另一类是委员会学校 (board school),即政府在学校"空白"地区新建的学校。

在"填补空白"的原则下,教会与政府展开了办学竞争。因为根据

① J. Lawson and H. Sliver, *a Social History of Education in Education in England*, New York: Methuen & Co. Ltl. , 1973, p. 315.

② J. S. Maclure, *Educational Documents-England and Wales* 1816 *to the present day*, New York: Methuen and Co. Ltd, 1979, p. 100.

③ W. Cunningham Glen, *the Elementary Education Act*, 1870, London: Shaw and Sons, Fetter Lane, 1870, pp. 6—10.

第 10 条规定，教育署仅公告所需学校，并未指定由谁提供。在 6 个月期限内，若无教会响应，教育署才决定通过选举组建地方教育委员会。教会总是尽最大努力阻止学校委员会的选举。过去，教会内部争议很少涉及教育，较多的是宗教、政治、权力和资金。而今，情况大不相同。受到该法允许缓期的鼓励，教会校舍迅速发展，这给曾经希望委员会迅速扩散从而取代大部分现存学校的联盟以沉重的打击。因为委员会学校接收了大部分无人照管的儿童，许多体面的穷人喜欢教会学校。《1870 年初等教育法》颁布以后，在 1870 年至 1896 年之间，2500 所委员会学校建立起来，将近半数为人口低于 1000 人的社区服务。1895 年委员会学校平均入学人数将近 190 万人，民办学校平均入学数从 1871 年的 120 万人到 1895 年翻番。《1870 年初等教育法》刚通过时，英格兰和威尔士接受督学检查的民办学校约 8800 所，到 1900 年将近 14500 所，这时委员会学校仅 5700 所。[①] 教会学校发展速度远远超过委员会学校。

但是到 19 世纪末，许多重要因素改变了人们对待 1870 年发展起来的教育模式的态度。民办学校被委员会学校超越，其中许多学校在一段时期内入学率整体呈现下降趋势，且资金严重不足，承受着巴尔福（A. J. Balfour）首相所谓的"无法忍受的张力"（intolerable strain）。[②] 因此，《1902 年教育法》的重要改革措施是：首先，将民办学校或不靠地方当局供给经费的教会学校纳入资助范围。但校舍维修仍是教派的责任，拓展了地方教育当局对初等学校控制的范围。该法第 7 条规定："地方教育当局应当有效地维持和确保管辖区域内所需的所有初等公立学校，根据本法，有权控制为了这个目的的所有财政支出和其他支出（由董事会提供的教育）。"[③]《1918 年教育法》第 2 条第 1 款，再次明确"通过中心学校、中心班级或特殊班级提供或确保充足和合适教育"。其次，私立学校第一次被认为是属于公共教育管理的范围。《1918 年教育法》第 28 条第 1 款规定："为了收集到英格兰和威尔士可用于教育的设施和这些设施使用的信息，不接受教育委员会拨款的每所学校或教育机构向教育委员会提供教

---

① J. Lawson and H. Sliver, *a Social History of Education in Education in England*, New York：Methuen & Co. Ltl. , 1973, p. 320.

② Ibid. , p. 367.

③ Montague Barlow and H. Macan, *The Education Act*, 1902, (Second Edition) . London：Butterworth & CO, 1903, p. 105.

育委员会要求填写的表格；假如责任人不能提供本条款要求的信息，他将负有法律责任，一经简易审讯，将处以 10 镑以下的处罚；审讯后仍不能提供信息则每天处以 5 镑以下的处罚。"①

由此，从《1870 年初等教育法》至《1918 年教育法》，政府控制的学校数量、类型不断扩展，从而满足了广大儿童接受初等教育的需求。

（二）建立强迫的入学制度

《1870 年初等教育法》并没有一步到位实现强迫入学。史学家邓特也提到，1870 年法案并未规定强迫入学，虽然常常误传该法案是这么规定的。② 主要阻力在于童工使用以及宗教信念，为了绕过这些阻力，英国普及初等教育走过了从间接强迫入学到直接强迫入学的历程。

1. 间接强迫入学

在制定《1870 年初等教育法》过程中，"强迫入学"成为争议的焦点：一方赞同间接强迫入学，另一方坚持直接强迫入学。

间接强迫入学，是指给父母一定金钱上奖励送孩子上学，以减轻家庭的负担或对儿童劳动力的依赖。持间接强迫入学的观点认为，依赖孩子收入维持家庭生存水平的父母和雇佣廉价童工的雇主（特别是农场主），很少拥有投票权，他们的主张很少被听到。他们用脚表示他们的立场，他们将孩子送去工作而不去学校。

持直接强迫入学的立场的主要是以斯图亚特·穆勒（S. Mill）、罗伯特·洛韦（Robert Lowe）、福斯特以及各种主张建立全国初等教育的压力团体为代表的激进派。穆勒认为，国家提供教育和强迫教育是一体的，不可分割，两者结合的必要前提是国家承担起责任。③ 福斯特本人认为间接强迫存在缺陷，在 1869 年，他给内阁起草的备忘录中写道："如果政府将立法范围仅仅限制在提供学校，那么，我们仅做了一半的工作。我们获得了学校供给，但没有入学；我们得到了学校却没有学生；我们必须面对入学难题。"他在结论部分写道："我们不能完全依赖间接和部分强迫的法

---

① W. Cunningham Glen, *The Elementary Education Act*, 1870, London：Shaw and Sons, Fetter Lane, 1870, p. 12.

② ［英］邓特：《英国教育》，杭州大学教育系外国教育研究室译，浙江教育出版社 1987 年版，第 9 页。

③ G. Sutherland, *Policy-Making in Elementary Education* 1870—1895, London：Oxford University Press, 1973, p. 117.

案，假如法律直接宣布不能将在家里的孩子送往学校（假如在他所及的范围之内有好的学校）是父母的责任，至少会使这些法案实施更容易、更有效。"①但是，福斯特建议未能说服内阁成员。

随后，福斯特在 1870 年 2 月 17 日演讲中，仅提出授权地方委员制定强迫教育的细则。他说，"经过对这问题深思熟虑之后，政府允许我在下议院提出直接强迫（Principle of Direct Compulsion）的原则。这可能是一条使人感到吃惊的原则；……可我还是觉得它是该议案的一条不能不加以阐述的原则。……我们要给地方教育委员会以权力，让它们制定细则，强迫其学区中 5—12 岁的所有儿童入学。委员会必须保证，如果家长讲不出不送子女上学的合适的理由，他们就要被罚以 5 先令以下的款。"②这与原先设想在法案中直接规定强迫教育，已经作出让步。但是即使这样，在第二轮讨论中，引起了激烈争议。最终协商结果是，允许地方教育委员会实施强迫教育的年龄范围为 5—13 岁取代 5—12 岁，但允许地方委员会制定标准，部分或全部免除 10—13 岁儿童入学义务，以便他们可以工作。③

《1870 年初等教育法》第 75 条规定："每一地方教育委员会经过教育署同意，随时根据以下目的制定细则：（1）要求 5—13 岁（细则可以调整）儿童的父母送孩子入学（除非有合理的理由）；（2）有权决定儿童就学期间的学习时间；（3）对违反任何细则者实施处罚"。该条款同时规定了："任何细则的执行以及对违反细则的处罚采取简易审判程序；但是每件违反细则的事件的处罚不会超过 5 先令，这些细则直至女王陛下委员会批准才执行"。此外，该条款还规定了"豁免"条件："依据本条款制定的细则要求 10—13 岁的儿童入学，假如任何一位督学证明这个儿童达到细则中某项具体标准，可以全部或部分免除该儿童的入学义务（the obligation to attend school）"。具体来说，以下的理由被认为是合理的："（1）儿童以其他的方式获得足够的教学；（2）儿童因生病或不可避免的原因不能入学；（3）依据细则规定，根据孩子居住地的最短路程测算，

---

① G. Sutherland, *Policy-Making in Elementary Education* 1870—1895, London: Oxford University Press, 1973, p. 119.

② J. S. Maclure, *Educational Documents-England and Wales* 1816 *to the present day*, New York: Methuen and Co. Ltd, 1979, p. 104.

③ Ibid. .

在三英里内没有公立学校可入学。"① 这代表着坚持直接强迫教育主张的一方，向工业用工需求以及家庭经济收入需要再次作出了让步。

直接强迫教育的另一障碍便是宗教信仰。这在只有宗教学校的地区尤为突出。在宗教问题上，《1870 年初等教育法》体现了对信仰自由的尊重。该法第 75 条授权地方制定强迫入学细则，但同时规定，"在细则中不能出现制止儿童退出宗教礼拜或宗教课程教学，或要求儿童参加学校的专门宗教活动（除非是儿童父母所属的宗教团体的宗教礼拜），或者与本法有关雇佣儿童劳动力的教育管理条款相抵触的条款"。该法还规定教会学校有权在日常教学期间穿插安排宗教活动，但督学无权调查学校的宗教教学内容，而家长有权让其子女退出教会学校的宗教活动。这样，解决了因宗教信仰对儿童入学造成的阻碍。

与此同时《1870 年初等教育法》也体现了向既定政策目标——建立国家控制的公共教育体系的努力。该法第 96 条规定，"在本法规定下，1871 年 3 月 31 日之后，议会不再给非公立初等学校拨款"。第 97 条第（1）款规定，"拨款不得用于宗教科目的教学"。②

由于该法案授权地方教育委员会在本地区实行强迫入学，在实施过程中很不平衡。一些地方确实这么做了，比如伦敦地方委员会在全国率先推行了强制的初等教育，并为一些学区效仿，但大多数学区地方委员会在这一方面一直未有行动。未设立地方教育委员会的学区更是没有这项义务。

2. 直接强迫入学制度的建立

对直接强迫入学制度建立起推动作用的是两个法案——《桑登法》（Sandon's Act，1876）和《芒德拉法》（Mundella's Act，1880）。

1876 年，新托利党副主席桑登（M. Sandon）为了改善初等学校的入学问题向英国议会递交了议案，最终获得了通过，也称《桑登法》。该法规定：每位家长均有义务使其子女接受足够的读、写、算的初等教育，违反者将受到处罚；禁止招收 10 岁以下童工，否则雇主将受到处罚；禁止招收 10—14 岁童工，除非他们在通过读、写、算四级水平考试后获得皇家督学颁发的工作许可证，或者在这 5 年期间平均每年在校学习 250 天；

---

① W. Cunningham Glen, *The Elementary Education Act*, 1870, London: Shaw and Sons, Fetter Lane, 1870, pp. 61—65.

② Ibid. , p. 76.

该法的实施由地方教育委员会负责，在未成立地方教育委员会的地区，由入学督促委员会负责（School Attendance Committee）。① 该法对 10—14 岁儿童达到一定读写算水平，颁发工作许可证，实质上是间接强迫入学观念在立法上的另一种变体。但是，它在推进直接强迫教育上迈出了紧要的两步：其一，明确让子女接受初等教育是家长的责任，违者接受处罚；其二，在没有设立地方教育委员会学区，授权郡议会设立入学督促委员会。这使得扩展强迫教育问题从扩展地方教育委员会问题中分离出来。②

《1876 年教育法》的实施情况却是意外的不顺利，主要是与童工雇佣形成尖锐矛盾。入学问题引起时任新自由党首相斯宾塞（Spencer）和他的副主席芒德拉（Mundella）的关注，芒德拉自 1870 年以来一直主张实施普遍的直接的强迫教育。1880 年，斯宾塞向内阁提交议案，宣布有两个问题需要立刻解决。首先是经济发达地区仍没有制定地方法规，而这些地方拥有将近四分之一的人口。议案建议到 1881 年，如果该地区没有制定地方法规，儿童在 14 岁之前不能被合法地雇佣，除非他已经通过四级水平（或能够提供这 5 年期间平均每年在校学习 250 天的证明）。其次是不同法律影响童工雇佣问题的解决。在过去四年除了地方入学法规与童工法律存在冲突，还有各种不同的劳动法之间相互冲突，这就意味着一些雇主可以从某一法律条款获得童工。议案建议地方入学法规优先于所有童工立法。1880 年 8 月，该议案受到欢迎，很快获得了通过，即《芒德拉法》。

《芒德拉法》实施的结果是乐观的。到 1880 年底，地方法规覆盖了英格兰和威尔士人口的 71.6%，1881 年 1 月中旬教育署为剩余的地区颁布了统一的地方法规，对所有 5—13 岁儿童实施强迫入学，对达到五级水平儿童全部免除入学，10—13 岁达到三级水平儿童则部分免除入学。③ 至此，每个地方当局形成了强迫入学的机制。尽管《1876 年教育法》令人困惑，尽管家长和雇主持续冷淡和阻挠，儿童在学校注册数字占人口的比例从 1870 年的 7.66% 上升到 1885 年的 16.04%，儿童入学数与注册数之

---

① G. . Sutherland, *Policy-Making in Elementary Education* 1870—1895, London：Oxford University, 1973, p. 134.

② Ibid. , p. 145.

③ Ibid. , p. 148.

比，从 1870 年的 68.07% 上升到 1885 年的 76.41%，从 1870 年到 1885 年儿童平均入学的绝对数增加超过 20 万人。[①]

3. 强迫入学制度的完善

与《1870 年初等教育法》比较而言，《1918 年教育法》中对强迫入学的规定有了进一步发展。首先，延长义务教育年限。该法第 8 条第（1）款规定：本法规定的对象，任何 5—14 岁儿童必须入学而没有例外情况，[②] 也就是说接受义务教育的法定年龄延长了一年。这还不止，该法授权地方教育当局在战争结束之后可以延长一年义务教育，即用 15 岁替代 14 岁。

其次，表现在《1918 年教育法》取消了"豁免"制度。该法第 8 条第（1）款规定："任何豁免入学规定（或者细则中的豁免规定）中所授予的权力或委任责任均停止实施。"但该法第 21 条为居住偏远儿童提供了便利。该条款规定："地方教育当局确信以下情况的儿童：由于家住偏远或者其他意外情况影响儿童，这些儿童不能正常地充分地从地方当局提供的日常教育措施中获益，地方教育当局可以在教育署同意下，作出以下永久（或短暂性）安排，包括提供膳宿，按他们认为使这些孩子获得有效初等教育的最合适的安排，可以为此，与他们认为合适的这类儿童的家长签订协议"，并且"假如可能，假如父母也有这样的要求，地方教育当局应当安排属于同一教派的儿童的父母提供膳宿"。[③] 而且，该法对父母在义务教育中的职责作了明确规定，假如父母不将自己的孩子送到初等学校，而是送到某些学校或机构，那么起诉父母的程序将会启动，（父母）的抗辩将会失败。除非这些学校或机构向地方教育局或者教育委员会的巡察员开放，或者这些学校或机构保持令人满意的入学注册记录。

最后，对企业主雇佣儿童作了严格的限制。《1876 年教育法》限制雇

---

① G..Sutherland, *Policy-Making in Elementary Education* 1870—1895, London：Oxford University, 1973, p. 161.

② Arthur A. Thomas, *The Education Act*, 1918, London：P. S. King & Son, Ltd., 1919, p. 114.

③ 注：根据《1870 年初等教育法》，"离儿童居住地三公里内没有公立学校"是豁免入学的条件之一，《1876 年教育法》已经修订为："在两英里内没有（初等学校）。"《1918 年教育法》第 8 条第（7）款："地方法规中不再包含这类距离的规定。"明确了儿童居住地与学校距离不再是豁免的条件。

佣 10 岁以下儿童。而《1918 年教育法》将雇佣的年龄提高到 12 岁以上，其第 13 条第（1）（i）款规定，"不准雇佣 12 岁以下儿童；在星期天雇佣 12 岁及 12 岁以上的儿童不能超过两小时，不得在学校上课日放学之前雇佣儿童，不得在任何上午 6 点钟之前或者晚上 8 点钟之后雇佣儿童。地方教育局可以视职业的具体情况，有必要从保护儿童利益的出发，制定地方法规，允许 12 岁及 12 岁以上儿童在学校上课日之前雇佣或者被父母雇佣；但是根据地方法规，这种雇佣，允许学校上课日的上午 9 点之前必须限制在一小时之内，在下午不准超过一小时。第 15 款规定，"假如地方教育局根据校医报告或其他报告，确信儿童被雇佣的方式是有害他的健康和身体生长（或者致使儿童不能从教育中获得好处）可制止雇佣。或者地方教育局认为合适时，对他的这样或那样的方式雇佣附加条件，尽管雇佣是由本法的其他规定或其他条例授权的"。[1] 可以说，《1918 年教育法》不仅延长了义务教育年限，而且巩固了强迫入学制度。

（三）确立免费入学制度

强迫入学和免费教育是国民教育的两个紧密联系的重要特征，但在英国，政府较多地关注前者，而极少关注后者，或者说对免费教育缺乏兴趣。直至 1891 年实现大部分免费教育，1918 年全面实现免费的初等教育。

1. 缴费上学

在《1870 年初等教育法》形成过程中，对是否实行免费教育也曾经发生激烈争议。建立免费的初等教育也是全国教育联盟奋斗目标之一，但教育署持反对的立场。福斯特在向下议院介绍法案时，这样解释："我们要不要免收学费呢？我知道教育事业的一些热诚的朋友会这么主张的。我现在就表示，政府是不准备支付的。如果由我们支付，耗费将是巨大的"；而且"学费具有快速增长的势头"。此外，这样的学费，"家长是可以承担的"，"他们中绝大部分人有能力，并会继续有能力支付这些费用"。[2]

---

① Arthur A. Thomas, *The Education Act*, 1918, London: P. S. King & Son, Ltd., 1919, pp. 121—125.

② J. S. Maclure, *Educational Documents-England and Wales* 1816 *to the present day*, New York: Methuen and Co. Ltd, 1979, p. 102.

出于上述两方面考虑，最终《1870 年初等教育法》作出缴费上学的规定。该法第 17 条规定："每个儿童进入地方教育委员会提供的学校必须缴纳学校委员会规定的经过教育署批准的每周学费。"① 每周学费由地方教育委员会决定，并报教育署批准。但是该法第 3 条对"初等学校"界定时，对学费上限作了规定："初等学校一词意味着一所学校或者一所学校的部门提供的教育主要是初等教育，但并不包括任何学校或者学校的部门向每生日常收费每周超过 9 便士的教学。"② 也就是说初等教育学费上限每周不得超过 9 便士。

不过，福斯特也意识到，这样做，会把无力支付学费的劳动阶层子女拒之门外。所以，他认为要授予学校委员会两种权力：一是地方教育委员会有权减免学费。该法第 17 条对收取学费作出规定之后，紧接着陈述了地方教育委员会减免学费的权力："儿童被认为其父母贫困到无力支付学费情况下，地方教育委员会可以随时全部免除或部分减免该儿童的学费，免费的最长期限不超过六个月，但是减免学费不应当被视为对这些父母施舍"。如果贫穷家庭儿童选择入学的学校是民办学校，那么地方教育委员会可以替这类儿童支付全部或部分学费。该法第 25 条规定："学校委员会认为合适的话，可以随时在不超过六个月之内延长期限，替本学区入初等学校就学而其父母无力支付学费的儿童支付全部或部分学费；但条件是这类儿童必须进入公立的初等学校（包括接受议会拨款的民办学校）。"二是建立专门免费学校。该法第 26 条规定："如果地方教育委员会有理由使教育署确信，在他们的学区内某个地方是穷人聚居区，提供一所免费学校是为了方便学生从教育中受益。地方教育委员会根据这类条款和条件按照教育署的规定提供这类学校，允许学生进入这类学校而不用交任何费用。"③

但从实施的结果来看，对贫穷家庭儿童支持力度不够。表现为：首先，第 25 条规定很少实施。1872 年，在英格兰和威尔士只有 43 个委员会为 13265 名儿童向民办学校付费。④ 其次，申办免费学校困难。1876 年

---

① W. Cunningham Glen, *The Elementary Education Act*, 1970, London: Shaw and Sons, Fetter Lane, 1870, p. 12.

② Ibid. , p. 3.

③ Ibid. , p. 129.

④ G. . Sutherland, *Policy-Making in Elementary Education* 1870—1895, London: Oxford University, 1973, p. 168.

教育署拒绝曼彻斯特地方教育委员会在非常贫困地区开办免费学校。①

2. 部分免费上学

从 19 世纪 70 年代末到 80 年代初，人们对学费问题的认识日渐清晰起来。当初反对免费教育的人们有了另一种考虑。地方教育委员会收缴学费并不容易；随着强迫教育扩大，教师、管理者都认识到免费教育是实践意义上必然的结果。1889 年 1 月，财政大臣张伯伦（Chamberlain）在伯明翰和格拉斯哥演讲时，号召建立免费学校。

1891 年英国内阁通过了《学费法案》。该法规定，5—14 岁儿童每年的人均政府拨款 10 先令；接受拨款的学校，若前一年平均学费为 10 先令或低于 10 先令，此后不得收取学费；若前一年平均学费超过 10 先令，可以收取学费，但平均不得超过原先学费与 10 先令的差额……接受拨款学校对 5 岁以下和 14 岁以上儿童收费每周分别不超过 2 便士和 3 便士；学费是指学校董事会的所有收益，包括课本费和设备费。② 这就意味着民办学校只能向所有学生收一小部分学费，大部分学费已经免除，由政府承担。

3. 全部免费上学

20 世纪初，政府要负担更多的公共责任的意识被普遍接受，政府要负责劳工介绍所、失业、工人健康的安全保障、老年人的养老金。1906 年的教育（供膳）法要求地方当局向学校供应膳食，1914 年供膳时间延长至学校假期，在战时条件下这是一项重要决定。1907 年成立了以乔治·纽曼（G. Newman）为首的教育委员会医学分部，要求地方教育当局对学生进行体格检查。至此，对初等教育实行全部免费已水到渠成。《1918 年教育法》对废除学费专立一章 "废除公立初等学校学费"（Abolition of Fees in Public Elementary Schools），第 26 条第（1）款规定："任何公立初等学校不许收取学费或其他费用。" 而第（2）款对失去学费收入的民办学校进行补偿："从指定日期开始的五年期，教育委员会将每年向维持学校的董事会拨款，但是这笔款不由地方教育当局提供而是由议会拨

---

① G.. Sutherland, *Policy-Making in Elementary Education* 1870—1895, London：Oxford University, 1973, p. 170.

② Ibid. , p. 299.

出，这笔款在指定日期之前直接支付。"① 至此，英国完全免费的初等教育终于建立。

（四）扩展和充实世俗教学内容

在英国，长期以来教会学校主要传授宗教教义和礼仪，进行道德教育以及简单的读写算。随着政府拨款制度建立起来的皇家督学制度，逐步增强了对世俗教学内容和质量的监督。1862 年，政府首次对接受公款的初等教育的读写算（世俗教育）内容和水平进行了统一，作为督学考查学生成绩的依据。具体见下表：

英国初等学校读写算水平（1862 年颁布）

	第一级水平	第二级水平	第三级水平
阅读	由单音节组成的叙述句	学校中使用的初级阅读课本中较单音节词复杂一级的叙述句	学校中使用的初级阅读课本中短段落
书写	在黑板或石板上听写大小写字母	手抄一行印刷字	同一段落中的一句话，慢慢读一遍，然后逐字听写。
算术	在黑板或石板上听写20以内的数字；读出看到的20以内数字；根据黑板上的例子口头进行10以内的加减法运算。	简单的加减法运算和乘法表	直到短除法的简单规则运算（包括短除法）
	第四级水平	第五级水平	第六级水平
阅读	学校中使用的较高级阅读课本中的短段落	学校一年级阅读课本中的几行诗	报纸或其他现代记叙文中的普通一小段
书写	用同一本书中没有读过的段落，一次读几个字，慢慢听写一个句子。	用学校一年级的阅读课本，一次读几个字，慢慢听写一个句子。	报纸或其他现代记叙文中的普通一小段，一次读几个字，慢慢听写一次。
算术	混合规则运算（钱）	混合规则运算（常用度量衡）	实际运算或包裹单

资料来源：J. S. Maclure, . *Educational Documents-England and Wales* 1816 *to the present day.* New York：Methuen and Co. Ltd. 1979：80.

1. 初等教育课程的扩展

《1870 年初等教育法》对初等学校任务做了模糊的界定：即一所学校或者一所学校部门提供的教育主要是初等的教育，但并不包括任何学校或者学校部门一般向每生每周收费超过 9 便士的教学。对学校教学内容的进

---

① Arthur A. Thomas, *The Education Act*, 1918, London：P. S. King & Son, Ltd. , 1919, 129.

一步界定也就是福斯特演讲中初等学校提供对有效教育的解释，即"进行适当数量的世俗教学"。

从 1870 年开始，在斯宾塞（Herbert Spencer）、赫胥黎（Thomas Huxley）等人的促进下，教育的公共利益得到发展，教育署开始尝试各种办法，拓展初等教育的课程。1871 年的修正案规定，为每位通过 3R 以外两门特殊的世俗课程并达到令人满意成绩的学生提供专门资助。同时特殊科目大大地拓展了，以至包含了外国语、各种纯学科分支、应用科学或者具体的家用科目，已超出四、五、六级考试分类。在 1875 年，由于"经典"科目，即语法、地理、历史和缝纫课程的引进，课程上取得了更大进步，学习这些科目将得到额外的资助。后来的修正案，特别是 1880 年，扩展了这些"经典"科目的清单。① 初等学校课程从 1875 年到后来 90 年代主要由两部分组成：一是义务教育科目，就是 3R（初等科目）和女子缝纫；二是可选择科目：（1）经典科目（the Class Subjects），一级水平以上所有学生可选择，即语法、地理、历史等；（2）特殊科目（the Specific Subjects），对达到四、五级水平以上个别学生进行教学。

2. 初等教育中的高级教学和实用教学的萌芽

1882 年教育署在原先六级水平的基础上增加了七级水平。然而，通过七级水平考试后，仍有大量儿童留在学校。为这些儿童组织的超标准班级相应地建立起来了，经过一段时间，人们发现将这些儿童转移到中心学校更加便利。在 19 世纪最后 20 年，大量的高年级学校（Higher Grade School）、"有组织的科学课程或学校"（Organized Science Course or School）以及一些学校委员会为一些超过标准水平学生设立的"科学班级"发展起来了，均隶属科学与工艺部。许多学校委员会，特别是大部分城市区域，致力于发展高年级学校。例如，谢菲尔德大约在 1878 年为六、七级水平建立了"高年级中心学校"，学生通过竞争入学。课程教学由机械、物理、化学、图画（包括机械制图和建筑）构成；曼彻斯特的中心学校是这个城市的四所高级学校之一，也是有组织的科学学校。伯明翰学校委员会建立了一所开设三年课程的类似学校。它们基本上是《1870 年初等教育法》建立的初等教育体系的自然发展结果，同时又超越了初等教育的

---

① The Consultative Committee, *The Education of the Adolescent*, London: HM Stationery Office 1926, p. 16.

范围。

实用教学在初等学校课程中一直是重要组成部分。皇家技术教育委员会报告（1882—1884），特别是第二个报告（1884）对加强高级教学和丰富传统的初等学校课程产生间接的影响。委员会认为，与工业相关的初级科学教学应当构成初等学校课程的一部分，制图教学，特别是用尺和圆规制图，对将来以工人和手工业作为职业的儿童特别有用，应当比以前予以更多关注。委员会关于技术教育的建议大部分包含在《1889 年技术教育法》（1891 年作了修正）中，此法授予新建立的郡议会和其他地方团体权力提供或资助技术和手工教学。"技术教学"是指工业上有关的科学原理和工艺，以及与专门工业或就业有关的分支科学和工艺的应用。"手工教学"则指与工具利用、农业过程、用木材或其他材料制作模具有关的教学。①

随着国家对初等教育的普及，初等教育的课程内容也逐步从宗教教义和礼仪、道德教育以及简单的读写算转移到世俗教育上来，发展了实用教学和技术教学，为儿童未来适应工业社会需要奠定基础。

（五）保障措施

在英国公立教育体系初创阶段，确保初等教育普及的保障措施主要是教育行政管理机构的设置和完善，以及教育财政支持制度的改革。

1. 教育行政管理机构的设置和完善

1839 年之前，英国政府在教育管理方面从行政机构到职能几乎是空白。1939 年，英国政府设立了第一个中央教育机构——枢密院教育委员会，管理议会拨款的分配与使用。② 这是英国教育从教会控制朝国家化方向发展的转折点，也是政府干预公共教育的开始。同年，任命皇家督学（HMI）对接受议会拨款资助的民办学校实施监督。此后，英国政府不断完善中央和地方两级管理机构。

一是中央教育行政管理机构的设置。1856 年，英国成立教育署（Education Department）作为枢密院教育委员会的行政机构，负责初等教育；

---

① The Consultative Committee, *The Education of the Adolescent*, London：HM Stationery Office 1926，p. 20.

② ［英］邓特：《英国教育》，杭州大学教育系外国教育研究室译，浙江教育出版社 1987 年版，第 9 页。

1853 年成立科学与工艺部（Department of Science and Art，）主要负责中等教育和技术教育；1869 年设立捐赠学校委员会（Endowed Schools Commission）管理捐赠学校；1874 年成立慈善委员会（the Charity Commission）在教育信托方面（Trusts）具有宽泛的权力。1899 年政府通过《1899 年教育委员法》（the Board of Education Act，1899），决定在中央成立一个教育委员会，主要职权是管理和检查初等、中等和职业教育，并分配补助金。该法于 1900 年生效，委员会合并了原教育署、科学与工艺部以及慈善委员会的教育管理职能，在英国教育史上第一次统一了对初等和中等教育的管理。委员会设主席和枢密院院长，5 位国务大臣。[①]

中央政府随着机构的完善，控制教育的力量也在增长。据《1870 年初等教育法》，教育署拥有以下权利：（1）在民办学校不足的地方建立地方委员会；（2）教育署有权问责地方教育委员会；（3）接管民办学校；（4）审批公立学校学费；（5）审批建立免费学校；（6）负责议会拨款的分配和使用。

根据《1902 年教育法》中央教育委员会是整个教育体系的最高领导机构，除了《1870 年初等教育法》赋予的权利，还增加了以下权利：[②]（1）与地方教育当局协商中等教育事务。（2）解决非拨款学校与地方教育当局的争端。（3）解决有关新学校供给的争端；确定初等学校管理团体的人数；分配学费收入（当协议不能达成时）。（4）发布命令，任命拨款学校的董事。（5）对捐款展开调查；处理有关捐款问题。（6）制定贷款条例。其中，最为重要的是第一条，中央教育委员会开始掌管中等教育，使英格兰盼望已久的法定的中等教育制度有可能实现。

二是地方教育管理机构的设置和职能的加强。据《1870 年初等教育法》教育署在学区学校数量不足的情况下，在这样的学区建立学校委员会（the School Board），学校委员会由地方选举产生，其职责是弥补学校供给不足部分；根据 1876 年《桑登法》，在未成立地方教育委员会的地区，设立入学督促委员会（School Attendance Committee），负责儿童强制入学；根据《1902 年教育法》，地方教育当局（Local Education Authorities，

① T Montague Barlow and H. Macan，*The Education Act*，1902，（Second Edition），London：Butterworth & CO，1903，p. 4.

② Ibid.，p. 30.

LEA）取代入学督促委员会和学校委员会，1902 年全国总共有 331 个地方教育当局。

地方管理职能的加强。《1870 年初等教育法》赋予地方教育委员会以下权利：（1）建立和维持新的公立初等学校；（2）决定公立初等学校每周学费（最高不超过 9 便士）和贫困学生学费减免；（3）委任（或撤销）学校董事；（4）经教育署批准，可以接管愿意归属其管理的民办学校；（5）征收地方税；（6）有权决定是否制定细则对 5—13 岁儿童实行强迫入学。《1902 年教育法》进一步加强了地方教育当局权力，主要的变化是：废除了特设的地方教育委员会，授命郡和郡自治市议会为地方教育当局；责成这些议会提供和资助"不属于初等教育的教育"；对民办学校提供地方税资助；根据《1918 年教育法》，许多新的权力和职责转移到地方教育当局：有权将离校年龄提高至 15 岁；为年龄较大或者更勤奋儿童组织公立初等学校高级教学（Advanced Instruction）课程；提供和培训教师。

2. 建立教育财政制度

1833 年，议会表决了一项提案，即"请陛下批准一笔不超 2 万镑的款子，以补充私人捐款的不足，把这项拨款和私人捐款一起用于建造校舍和对大不列颠的贫民阶级子女进行教育"。[①] 这是政府资助教育的开端。1862 年，枢密院教育委员会副主席、教育署署长罗伯特·洛厄（Robert Lowe）参照《纽卡斯尔报告》的建议，主持颁布了初等教育《修正法规》（Rivised Code），将"按成绩付款"原则引入议会年度教育拨款的分配过程。新制度将政府拨款与学生读、写、算的成绩联系在一起，使初等学校的教学主要局限于读、写、算方面，以迎合督学的考试要求，从而造成学校课程狭隘、教学机械呆板，招致社会各界批评。

《1870 年初等教育法》不仅建立了英国第一个公共教育制度，并且改革了公共教育财政制度。该法第 53 条明确了地方教育委员会的财政来源："根据本法，地方教育委员会支出费用称学校基金。学校基金来源于学费、议会拨款，或者贷款筹集来的，或者地方教育委员会以任何方式获得的收入以及地方教育委员会根据本法规定筹措到的不足部分。"简而言之，地方委员会的财政来源主要是三方面：一是学费，每生每周最高不超

---

① ［英］奥尔德里奇：《简明英国教育史》，诸惠芳等译，人民教育出版社 1987 年版，第 78 页。

过 9 便士；二是议会拨款；三是地方教育委员会以任何方式获得的收入，主要是地方税或捐赠。而贷款和补偿拨款是在特殊情况下获得的。

获得中央拨款的条件和额度是：（1）拨款不能用于宗教科目的教学。（2）这样的年度拨款不会超过学校自愿捐款的收入、学费的收入以及议会拨款之外的其他任何来源。（3）当学校委员会因提供或扩建校舍遭受财政困难，经教育署同意，他们可以贷款，分期还贷，期限最多不超过50 年。

1914 年的《坎普报告》被视为关于教育经费的基本政策，即：中央与地方的经费分担要尽量相等；政府补助要配合地方经费开支而随时扩展。[①] 这样，激发了地方办学的积极性。

《1918 年教育法》延续了《坎普报告》精神并改革了拨款方式。首先，授权教育委员会决定教育经费的分配方法和支出总额，而且教育委员会可以全权支付地方教育局的任何支出，只要这些支出是地方教育局的合法开销。其次，由于取消了初等教育的学费，所以教育经费基本上由政府承担，关键是中央与地方如何分摊问题。该法确立了中央和地方政府各承担一半的原则。根据第44 条第（2）款规定，"教育委员会拨款的总数一般不超过地方教育局在初等教育或高等教育纯支出的一半，依照教育委员会制定规则执行。假如根据一般规则，拨款不超出总的净支出的二分之一，补偿拨款补足另外二分之一"。[②] 再次，对于非拨款学校因废除学费造成的损失，该法规定由地方教育局给予补足。该法明确："根据本条款，应补足不靠地方当局供给经费的教会学校管理者承受的损失，地方教育局要付给管理者五年期的根据《1902 年教育法》第 14 条规定的平均数。根据这项规定，董事会按学费的协议比例获得款项。"[③]

从财政政策来看，英国政府逐步增加对教育拨款，使普及初等教育有了财政保障，儿童受义务教育的年限逐步延长，家庭负担日渐减轻，于是，义务教育普及率迅速超过了欧洲其他国家。

① 王晓辉：《比较教育政策》，江苏教育出版社 2009 年版，第 45 页。

② Arthur A. Thomas, *The Education*, 1918, London：P. S. King & Son, Ltd. , 1919, p. 139.

③ Ibid. , p. 140.

第三节　小结

在英国，从《1870 年初等教育法》至《1918 年教育法》颁布，政府的政策目标是：不管父母是否贫穷，不管父母属于任何教派，让所有儿童接受初等教育。为此，政府用了将近 50 年时间建立起免费的强迫的初等教育制度，在英国教育发展史上具有开创性意义，是教育从少数人享受的特权向大多数人开放的开端，是教育民主化进程中的第一篇章。

首先，这一艰难而独特的经历，我们可以归纳出以下动因。

第一，工业革命胜利为英国教育发展提供了强大的物质基础，并向教育提出了发展要求。历史上，由于物质上匮乏，英国教育仅限于贵族阶层。工业革命使英国经济迅猛发展，为发展教育提供了物质基础，但同时，童工的大量使用，剥夺了儿童受教育的权利，引发了社会诸多问题，如少年犯罪，道德堕落，社会环境的恶化。因此，迫切需要建立国民教育制度，让所有儿童接受教育，此外，经济的进一步发展也对教育提出了要求。为此，必须普遍提高劳动者的识字水平以及纪律意识以适应大机器生产的工厂制度，而当时的教会办学已经不能满足工业发展的需求，这就需要由国家来普及初等教育。

第二，工业革命使英国上层建筑包括阶级结构、政治力量结构、意识形态等都发生了根本性变化。工业革命中，随着工场主阶层的崛起，代表这一阶层利益的自由党日渐强大，与代表贵族利益的保守党轮流执政，两党为了争取工人阶级选民，竞相改革，推行资产阶级民主政治，推出一系列社会改革政策，解决工业革命带来的社会问题，改善工人阶级的生存状态，这样的政治背景下，促使普及初等教育立法提上议事日程。

第三，英国上层阶级中有识之士的先进教育理念为普及初等教育注入了精神源泉。资产阶级的自由主义思想、功利主义思想以及空想社会主义思想在当时中产阶级和工人阶级中极具影响力，滋养了普及国民教育的理念。自由主义奠基者亚当·斯密认为国家有责任为公民提供一些市场无法提供的、"有限定"的公共产品（包括教育），奠定了自由民主国家的责任范围；功利主义者詹姆士·穆勒从教育目的是为人们谋求幸福生活视角出发，认为教育应该面向大众；而欧文采取更为激进的观点，从人权的视角出发呼吁：让一切人接受教育，特别是工人阶级子弟接受教育才能改变其悲惨的命运，有助于形成良序社会。尽管视角相异，但理想的目标都是指向普及国民教育，形成强大的思潮，逐步改变了英国社会传统教育理念，有力地引导着社会舆论方向，对英国国民教育制度的建立产生了重要影响（斯密有关国家办教育的具体建议一百年之后为英国政府所采纳）。

其次，英国普及初等教育制度建立的艰难历程，凸显大不列颠民族那个历史时期的独特性：传统政治体制——政府对教育放任不管；宗教——认为教育属于宗教事务；利益集团——工场主、父母争夺童工；传统文化——下层人民对教育的漠视等因素形成了强大的阻力，使得英国政府在普及初等教育的策略上走过了独特路径：从间接强迫教育到直接强迫教育；从收费教育到部分收费教育，再到完全免费教育；教育内容从 3R 到不断扩展丰富；教育经费由个人为主，地方、政府为辅逐步转移到以中央和地方政府为主；学校开办由政府和教会共同承担，逐步过渡到以政府开办为主。

再次，从政策效应来看，与欧洲大陆、美国相比较，一直以来教育史学界认为英国国民教育制度缺乏革命性和彻底性。劳森（J. Lawson）和西尔弗（H. Sliver）就认为，《1870 年初等教育法》是 19 世纪英国最切实可行的妥协的法案。它并没有建立免费的强迫的教育，但是使建立免费的强迫的教育成为可能。它并没有超越民办学校，只是补足民办教育的不足。[①] 如果撇开政治意义和立场，从公平的受教育权利普及视角来看，其意义远远不止这些，我们会发现，《1870 年初等教育法》是一部成功的法案，它充分利用当时教会和民间的办学资源，以最快速度普及初等教育，从义务教育落后国家转变为先进国家，对发展中国家基础教育的普及有积极的借鉴意义。

最后，尽管《1870 年初等教育法》为英国公共教育制度奠定了基础，并经过《1902 年教育法》、《1918 年教育法》的不断完善，还是存在根本性缺陷，即初等教育和中等教育两部分互相不衔接。初等教育限于 16 岁以下的儿童，对 14 岁以下的儿童实行强迫教育，但这是名义上的，法律

①　J. Lawson and H. Sliver, *A Social History of Education in Education in England*, New York: Methuen & Co. Ltd. , 1973, p. 314.

允许已达一定教育水平（各地标准不同）的儿童免予入学，因此，很多儿童在 13 岁时就离开学校。中等教育一般从 10 岁或 11 岁开始，有时甚至更早一些。因此，初等和中等教育之间，有几年是平行的。① 这为所有儿童平等地接受中等教育设下了障碍。

① ［英］邓特：《英国教育》，杭州大学教育系外国教育研究室译，浙江教育出版社 1987 年版，第 14 页。

第二章

人人受中等教育

随着初等教育的普及，大众对中等教育的热情日益高涨。但是从1914年到1945年，正值第一次世界大战到第二次世界大战，战争使英国政府和人民经历了前所未有的考验，物质生活异常匮乏；但是战争拉近了各阶层之间的差距，上至女王陛下、下至平民百姓团结一致，创造了前所未有的民族团结局面，共同面对战争残酷现实，取得了战争胜利。与此同时，战争也改变了英国人民的思想和观点，人们对平等以及公民权利有了更深刻的认识，孕育了福利国家的思想。因此，两次战争期间，是英国中等教育普及的重要时期，英国人民在教育公平发展史上又写下重要一章。

第一节　时代背景

19世纪最后30年，欧洲列强在世界范围内争夺殖民地，造成许多积怨。各列强为保护自己的利益便互相结盟，到20世纪初形成了两大军事集团，一是德、奥、意三国组成的同盟国；二是法、俄、英三国组成的协约国。战争一触即发，1914年8月1日德国对俄宣战，3日又对法宣战，4日英国站在俄法方面参战，世界大战爆发。第一次世界大战历时四年，于1918年以协约国胜利告终。由于英法作为战胜国对战败的德国在战争赔款上处置不当，德意法西斯主义趁机抬头，仅隔22年，第二次世界大战再次爆发。从战争到战争，对英国社会的影响是全方位的，不仅对英国经济造成重创，而且使人民生活在水深火热之中。但战争促进了政治的进步，英国政治和社会朝着民主化方向发展，有力促进了教育公平政策的发展。

一 一战到二战期间英国的经济状况

第一次世界大战历时四年多，波及全世界，世界上有7000多万人走上战场，约1000万士兵掩尸沙疆。英帝国整体卷入战争，投入兵力约950万，其中600万出自英国本土。在战争中，英国军队伤亡300多万，其中阵亡的士兵大约有100万，约80%是英国士兵。在大战中，英国承受重大经济损失，支出战费近100亿英镑，损失船只900万吨位，其经济结构遭受重大破坏。[①] 战后，虽说在1919—1920年经历了短暂的繁荣，其结构性的伤害却难以补救。从20世纪20年代起，英国经济一直处于不景气状态。尽管通过《凡尔赛条约》，英国殖民地版图扩大了，但是其世界经济霸主地位开始丧失。

工人罢工风起云涌。1919年，大约260万工人直接卷入劳资纠纷，造成了3400万个工作日的损失；1920年的相应数字为200万工人和2700万个工作日。1924年夏季以来，失业人数再次增加。失业率从10.3%上升到1925年的11.3%。1926年煤矿劳资双方发生冲突，引发了全国性总罢工。工会代表大会声援矿工罢工，许多行业参加进来，卷入罢工的有300万工人。[②] 但总罢工还是失败了，罢工中没有一项要求得到满足。

1929—1933年，爆发世界性经济危机，波及英国，失业率很高，人民生活很苦，物资特别匮乏，20世纪30年代被称为"饥饿的时代"。1935年，英国经济是其他工业国中第一个开始出现复苏迹象。但战争的阴霾密布，英国保守党政府开始进行军备准备，军费开支从1935年的1亿多英镑增加到1939年的7亿英镑，而且军备的重点在发展空军。[③] 事实证明，这些军备在第二次世界大战中发挥了重要作用。

1940年春天，英国人民在温斯顿·丘吉尔为首的三党联合政府领导下参战，此时法国已经投降，英国人民开始了艰苦地孤军奋战；1942年1月，英、美、苏、中等26个国家建立反法西斯统一战线；1943年中战局开始改观，1944年英、美、法等国组成的盟军取得诺曼底战役胜利，战

---

① 钱乘旦、许洁明：《大国通史——英国通史》，上海社会科学院出版社2007年版，第315页。

② 阎照祥：《英国史》，人民出版社2003年版，第361页。

③ 钱乘旦、许洁明：《大国通史——英国通史》，上海社会科学院出版社2007年版，第335页。

争胜利在望；1945 年 9 月，历时六年的第二次世界大战以盟军的胜利告终，英国又是战胜国。

第二次世界大战给英国造成惨重损失。战争中近 30 万英军战死，6 万多平民丧生，英国商船损失惨重，约一半运载量在战争中被摧毁，35000 名海员被打死。为换取美国"租借法案"的援助，英国将纽芬兰、百慕大、巴哈马、牙买加等殖民地的许多军事基地租给美国，租期达 99 年。英国欠下巨额战争贷款，1945 年外债达到 35 亿美元，其黄金、美元储备及海外投资在战争中几乎耗尽，英国事实上已一贫如洗，它的"世界首富"的称号已一去不复返了，战后只有靠"马歇尔计划"以及 50 亿美元的美、加贷款勉强维持。更重要的是，战后英国已经从世界一流强国的地位上迅速滑落，世界上出现了两个超级大国——美国和苏联，英国逐渐向欧洲二流国家萎缩。[1]

但是第二次世界大战又是一次"人民的战争"，英国上下同仇敌忾，举国一致，上自王室公爵、下至黎民百姓，全心全意投入战争，为战争胜利作出了贡献。在德军入侵最危险的时刻，贫民自动组成国土保卫队，日夜巡逻，时时警惕；在战争进行到最激烈的日子，国王和他的全家都以各种方式参与战争，包括年仅 14 岁的国王长女（后来的英国女王）伊丽莎白公主和她的妹妹，都参加妇女辅助队。[2]"人民的战争"导致"人民的和平"，战争孕育了人民对"新英国"的期盼。

二　政党的更替和意识形态的变化

（一）自由党的衰落和工党的崛起

第一次世界大战对英国政治的冲击是多方面的，最重要的变化是英国工党的崛起。

工党的崛起与自由党衰落密切相关。一般认为自由党领导人劳合·乔治（Lloyd George）分裂了自由党，但有两个深层原因更为重要：一是自由主义理念正经受全面危机，其国家不干预的传统受到重大打击。出于战争需要，国家在一战中对社会生活的各个方面进行控制，不仅指导战争，

---

[1]　钱乘旦、许洁明：《大国通史——英国通史》，上海社会科学院出版社 2007 年版，第 335 页。

[2]　同上。

而且直接管理经济生活，调节物资分配，调度全国人力。这些措施与自由党的意识形态是背道而驰的，很容易造成党的思想基础不稳；二是自由党失去了其社会基础。尽管 19 世纪末，自由主义已出现理论转向，以"新自由主义"争取工人选民，但作为有产者的党，自由党不可能代表工人阶级的利益，因此，当工党以工人党的面目出现时，工人选民大量涌向工党。工党则在这种背景下急速发展，1918 年大选，工党得到约 60 个席位；1922 年再次大选，工党以 142 席位居第二。① 1923 年，工党领袖拉齐姆·麦克唐纳（La Qimu. McDonald）组阁，成为英国历史上第一届工党政府。此后，便与保守党轮流执政。

工党的阶级基础除了工人阶级，还有中产阶级。19 世纪末一些中产阶级知识分子，出于良知和对资本主义经济制度下的不公正、不公平社会的不满，希望能有一个新的社会可以实现平等的理想，于是产生了许许多多的社会主义团体。如，费边社、独立工党、社会民主同盟等，它们是工党的重要组成部分，费边社不仅是工党的思想库，而且是工党的精英分子。比如，韦伯夫妇、艾德礼等，就是费边社成员。

1918 年工党特别大会通过了麦克唐纳和费边社领袖韦伯起草的党纲，明确提出：党的目标"是在生产资料公有制和对每一工业或行业所能做到的最佳的民众管理与监督的基础上，确保手工和脑力生产者获得的其辛勤劳动的全部成果和可行的最公平的分配。"② 这就是所谓的工党党章第四章"公有制条款"。该条款近百年来一直是工党作为"左"翼政治力量的象征。同年 6 月，工党根据新党纲召开第一次会议，通过了韦伯起草的政策声明《工党与社会秩序》，提出了"国民最低生活标准"、"工业民主管理"、"国家财政情况改革"和将"剩余财富用于公共事业"的四项基本原则，补充了 2 月工党党纲在社会改造方面的不足。后人把"二月党纲"和《工党与社会秩序》看作一个整体，统称为"1918 年工党党纲"，并成为工党制定政策的主要基础。③

1918 年的党纲使工党具备了一定的社会主义色彩，同时工党也公开

① 钱乘旦、许洁明：《大国通史——英国通史》，上海社会科学院出版社 2007 年版，第 319 页。

② 阎照祥：《英国史》，人民出版社 2003 年版，第 356 页。

③ 同上。

承认自己是一个社会主义政党。此时的工党接受了费边社会主义的意识形态。它有别于马克思主义，不赞同马克思的暴力学说，但赞成生产资料公有制，主张在资本主义议会民主的框架内，以渐进的方式完成对资本主义的改良，达到实现社会主义的目的。① 由于这一特征，它被称为"英国式社会主义"或"民主社会主义"。

因此，英国工党，一方面在纲领中许诺要为广大的工人阶级争取最大程度的利益，把工人阶级的利益放在首位；另一方面，工党作为一个遵守资本主义议会选举规则的宪政党，要顾及工人阶级之外的选民的需求并争取得到他们的支持。由于只有执政党才能真正维护自己的利益，所以，英国工党致力于议会斗争。这是英国工人阶级政党有别于其他国家工人阶级政党的重要特征。

（二）福利国家思想的萌生

福利国家思想在二次战争期间萌生。自亚当·斯密发表《国富论》以来，英国政府一直奉行放任的自由主义，认为市场机制——"看不见的手"能够进行资源最有效的配置，经济社会在没有政府干预的情况下能够拥有最高绩效，最小的政府便是最好的政府。但是持续的经济危机引起经济学界对自由主义的反思。20 世纪 30 年代，约翰·凯恩斯（John Keynes）的《就业、利息和货币通论》发表，这部具有革命性的经济学著作否定了从亚当·斯密开始的放任自由主义理论传统，提出要用国家干预的方式刺激消费、促进生产，达到充分就业，从而消灭贫困。② 凯恩斯主义为英国向福利国家过渡准备了理论基础。

1934 年工党发表了《社会主义和平》的纲领，其中包括这样一些目标："给男女公民以政治和经济平等的机会；保证每个公民能受雇于使他过上保持人的尊严、独立的生活的工作；尽快扩大种种社会服务的范围……失去这些服务，个人就会被经济机遇所嘲弄而成为环境的牺牲品；按有利于工业生产发展并使剩余价值为所有人的福利服务的原则调整税收"，等等。③ 保守党对工党福利国家计划基本上表示赞同；在国有化问

---

① 孙洁：《英国的政党政治与福利制度》，商务印书馆 2008 年版，第 21 页。
② 钱乘旦、陈晓津：《英国——在传统和变革之间》，四川人民出版社 2003 年版，第 181 页。
③ 同上书，第 182 页。

题上，保守党的内心深处是反对的，但并不反对在部分行业中实行公有制。因此，两党在许多方面达成共识。

1941 年，二次世界大战尚未结束。联合政府曾组织一个委员会来考虑战后的社会发展问题，威廉·贝弗里奇（William Beveridge）爵士任委员会主席，1942 年 12 月，委员会发表一份报告，这就是著名的《贝弗里奇报告》（The Beveridge Report），这份报告为战后建立一个完整的福利体系勾画了蓝图。报告的主要内容包括以下七个方面：[1]

（1）统一社会福利事业的行政管理；

（2）有工作的国民按统一标准缴纳保险款；

（3）对不定期失业的人给予补助；

（4）给老年、产妇、工伤致残者提供补助；

（5）废除贫困调查、按统一标准支付补助金；

（6）为贫困家庭提供补助；

（7）建立国民卫生保健服务。

这是一个包罗万象的社会保障体系，让所有英国人——不分阶级，不分贫富——都有权享受社会福利制度的保护，"从摇篮到坟墓"，永不受贫穷疾病之苦！《贝弗里奇报告》深受饱经战争之苦的英国人民热烈欢迎。

（三）创建福利国家

英国政府以一系列的社会政策奠定了"福利国家"的基础。首先是就业政策，政府 1944 年白皮书中承诺在战后致力于维持"高而稳定的就业水平"，旨在消除贫困和赤贫。其二是通过《1944 年教育法》，对所有 11—15 岁的孩子实行免费中等教育。其三是 1945 年的《家庭津贴法案》，该法规定，对于每个家庭的第二胎的子女，政府每周发给其家庭 5 先令（25 便士）儿童补助金，这表明政府用财政投入帮助家庭抚养孩童。其四，于 1946 年出台了《国民保险（产业性伤害法案）》和《国民保险法》，前者确立了四种保险给付——工伤赔偿、残疾救济金、额外津贴（如辛劳津贴）以及为家属支付的死亡抚恤金；后者，政府提供了七种保险给付——生病津贴、失业救济金、退休金、产期津贴、寡妇救济金、孤

---

① 钱乘旦、陈晓津：《英国——在传统和变革之间》，四川人民出版社 2003 年版，第 183 页。

儿监护人津贴、丧葬补助等，该法的实施开启了英国政府广泛的国内公民福利责任。其五，同年议会通过了《国民医疗保健法》，建立了完全的对所有国民免费的卫生服务，主要收入来自税收。该法由三个管理机构管理：由卫生大臣任命的区域性医务委员会管理以前的地方公立医院和私立医院；由当地的执行委员会综合管理执业医生，以及口腔健康、眼科服务和医药服务；最后一个机构是基层政府，负责妇幼保健、疫苗和免疫接种、家庭援助、家庭护理、家庭访问等保健和福利服务。除了该法明文规定的收费项目外，其他医疗服务一律实行免费制。[①] 由此可见，实行免费的中等教育是福利政策中的一项福利。

1948 年，上述各种政策开始生效，英国基本上实现了贝弗里奇设计的"从摇篮到坟墓"（指自始至终全程服务）的福利制度；两年以后，首相艾德礼（Attlee）宣称这种新制度为"福利国家"。[②]"福利国家"的确立，大大改善了多数人民的生活，几乎是一场社会革命，英国在社会平等方面取得了重大成就，也为英国人民追求人人受中等教育，营造了良好的社会环境。

三　英国中等教育机会的不平等状况

英国中等教育的发展有三个历史渊源：一是大约中世纪与大学教育同时发展起来的文法学校和公学，称古典中学，属于捐赠部分；二是工业革命中诞生的中产阶级为子女开办的民营学校和私立中学，属于私立部分；三是沿着初等教育普及过程中为年龄较大儿童或较聪明儿童开设的高级教学基础上发展起来的中等教育，属于公立部分。

（一）社会上层阶层子弟的中等教育状况

英国当时公认的中等教育，主要由文法学校和公学承担，哈多报告称之为"狭义的中等教育"，因为它们是面向少数贵族子弟。诞生于中世纪的英格兰与威尔士文法学校和公学带有慈善性质，但渊源有所不同。

---

① ［英］比尔·考克瑟等：《当代英国政治》，孔新峰等译，北京大学出版社 2009 年版，第63 页。

② 钱乘旦、陈晓津：《英国——在传统和变革之间》，四川人民出版社 2003 年版，第185 页。

1. 文法学校

文法学校起源于宗教活动，并逐渐从宗教活动中分离出来。根据王承绪先生考证：① 早在 6 世纪当奥古斯丁和他的传教士来到英国时，不仅带来了宗教，也带来了教育。奥古斯丁在坎特伯雷建立了一个教堂时，便规定教会的职责之一就是提供两种教育，一是"文法"教育，即对所有的男孩或男人进行普通知识教育；二是"歌咏"教育，以培养教会的唱诗班歌手和牧师举行仪式时的助手。但学校形式的文法教育出现在 12 世纪。所谓"学校"，事实上不过是一些办在教堂建筑的某一处的班级，由一名牧师或一名年轻的教士教导男童。到 13 世纪结束前，英国的主要牧师会大教堂和教区教堂都办了这类学校，在林肯主教管区出现了 6 所学校，分别是巴顿（Barton）、帕特尼（Partney）、格林姆斯比（Grimsby）、合恩卡斯尔（Horncastle）、波士顿（Boston）和格兰萨姆（Grantham）文法学校。

文法学校最初教授七艺，即文法、音乐、修辞学、逻辑学、数学、天文学和几何学，文法主要指拉丁文。由于古典文学作品和基督教文献均以拉丁文写成，所以拉丁文成为学习其余各艺的基础，逐步成为首要的学习内容。到 16 世纪，文法中学的教学内容上与大学的普通教育已有着明显的区分和衔接：七艺的高级部分由算术、几何、天文和音乐组成，属于大学；初级部分，由文法、修辞和逻辑组成，相当不系统，分布在文法中学和大学一年级。在文法学校，拉丁文语法的初步学习被认为是学校的专门"业务"。② 实际上，直至 18 世纪上半叶，拉丁文很大程度上仍是西欧神学、法律和科学，甚至外交的主要语言。

除了教堂举办的文法学校，16 世纪后半期伴随着教育慈善的浪潮，出现了一批捐赠文法学校（Endowed Grammar School）。捐赠者是商人阶层，特别是伦敦富裕的企业家和批发商。慈善学校，包括初级学校、文法学校和牛津、剑桥大学新学院，主要建立在与捐赠者有联系的地方，基本的捐赠物是土地或土地的年租金，由此提供学校聘用教师的费用，也有捐赠房子的。捐赠后任命托管人，由他负责任命校长、管理财产和保护学校

---

① 王承绪：《英国教育》，吉林教育出版社 2000 年版，第 58 页。

② The Consultative Committee，*Secondary Education-with Special Reference to Grammar Schools and Technical High Schools*，London：HM Stationery Office，1938，p. 3.

利益。有的捐赠人还亲自规定学校的课程和一般的学校规则。除了开办学校之外，捐赠者还可能提供附加的机会，如在文法学校建立大学奖学金，由学校董事会管理，一些学校在牛津大学和剑桥大学的特定学院有固定学额。但捐赠文法学校规模较小，最多不超过 30 人，学生免费入学或部分收费。① 16 世纪以来，还有一些文法学校是私立的。这种学校的具体做法与捐办文法学校相似。

尽管文法学校创办之初，是为穷苦孩子提供学习机会，但实际上很少有穷人的孩子能进文法学校学习。当时文法学校的生源，是来自各个阶层的男孩，但大多数高于劳动阶层。"穷人"往往在学校章程中提及，在某种程度上表明确保学校为他们举办的愿望，但在实际上并未构成学生的大多数。② 而大学奖学金是吸引穷人子弟学习并向社会上层流动的唯一途径。

2. 公学

公学的办学经费来源捐赠，不依附教堂，相当独立。英国最早的公学是建立于 1382 年的温彻斯特公学（当时称温彻斯特学院），由温彻斯特大主教威廉·威克尔（William Wykeham）捐资创办，供 70 名贫穷的学生、牧师学习神学、经典著作、民法和艺术的学校。温彻斯特学院也以教授语法为主，旨在为牛津大学新学院输送生源。温彻斯特学院章程这样写道："语法教学是所有其他自由艺术的基础、入门和源泉，假如没有语法，不能了解这类艺术，也不能达到使用它们的目的。"③ 英国第二古老公学是 1440 年亨利六世捐资创办的伊顿公学。伊顿公学以温彻斯特的章程为蓝本，但规模比温彻斯特公学大得多。它是由一名院长和 10 名学者与 70 名学生组成的。学校既招收富人和贵族子弟入学，也允许穷人的子弟入学。20 名贵族子弟要付费入学，13 名"穷学生"可以搞学校内务来抵偿学费。当语法学习到较高水平时，学生可以进入伊顿在剑桥的姐妹机构——皇家学院。④

可见，公学初创时期主要招收贫穷有才华学生。学者徐辉指出，在中

① 徐辉、郑继伟编著：《英国教育史》，吉林人民出版社 1993 年版，第 76 页。
② The Consultative Committee, *Secondary Education-with Special Reference to Grammar Schools and Technical High Schools*, London：HM Stationery Office，1938，p. 3.
③ 同上。
④ 徐辉、郑继伟编著：《英国教育史》，吉林人民出版社 1993 年版，第 39 页。

世纪，公学实际上就是文法学校。只不过文法中学没有像温彻斯特和伊顿这样规模大、捐赠多。公学的公"public"的一个意思是指这种学校的教育与赢利性质的私立或家庭教育不同，它带有慈善性质；另一个意思是指向全国各地开放的，而不像大多数捐办文法学校那样只收本地的学生。①

由于公学毕业生大多获得了社会地位较高的宗教职务，使得公学的地位不断攀升。② 到 18 世纪，公学成为"品牌学校"，招收特权阶层和富人子弟，具有良好的教学设备、优秀的教师和优异的教育质量，以升学为目的。它们"与两所大学都有奖学金联系，逐渐成了贵族政治家、主教、学者、文人、陆海军将军的摇篮"。③

（二）中产阶级子弟的中等教育状况

工业革命中，新兴的中产阶级拒不接受文法学校和大学那些枯燥无味、脱离实际的课程。他们开始赞助私立学校，为自己的子女提供比较现代化、比较有效的教育。④ 民营学校和私立中学应运而生。

1. 民营学校

民营学校是仿效公学类型的寄宿学校，这些学校契合了财富快速积聚的中产阶级要求。新的铁路设施系统建设意味着交通方式的改变，导致大量新的寄宿学校建立，大部分由股份公司创办。这种类型最著名学校是彻尔特纳姆学院（Cheltenham College，1841）、马尔巴勒学院（Marlborough College，1843）、罗塞尔学校（Rossall School，1844）、拉德里学院（Radley College，1847）、威灵顿学院（Wellington College，1853）、爱普森学院（Epsom College，1855）、布拉菲尔德学院（Bradfield College，1859）、马尔文学校（Malvern School，1863）和巴斯学院（1867）。这些机构在 1864 年公学报告中被称为民营学校（proprietary schools），满足那些负担不起老牌公学昂贵学费的中产阶级。⑤ 这些新的学校不受创始人章程约束，多数

---

① 徐辉、郑继伟编著：《英国教育史》，吉林人民出版社 1993 年版，第 153 页。

② 易红郡：《公学——英国社会精英的摇篮》，《地质大学学报（社会科学版）》2008 年第 8 期，第 73—78 页。

③ 徐辉、郑继伟编著：《英国教育史》，吉林人民出版社 1993 年版，第 118 页。

④ ［英］邓特：《英国教育》，杭州大学教育系外国教育研究室译，浙江教育出版社 1987 年版，第 6 页。

⑤ The Consultative Committee, *Secondary Education-with Special Reference to Grammar Schools and Technical High Schools*, London：HM Stationery Office, 1938, p. 24.

情况下没有捐赠，不得不努力对时代需求作出回应，提供的教育带有一定职业教育倾向。

2. 私立中学

中产阶级的中低层的大部分负担不起送孩子到公立学校、文法学校或新的民营学校。他们中大多数送孩子到私人寄宿学校或日间学校。这些私立学校特点是标准较低，并迎合家长开设某些实用课程。阿诺德（Thomas Arnold）在1832年描述了商人和农民儿子在商业学校或英语学校获得的教育，他写道："在某些情况下，他们是初等学校，更加常见的是，他们通过私人运作作为个人和家庭获利手段。学生获得算术、历史、地理、英语语法和作文的教学。……也教入门物理学，为了将来参与专门商业生活，比如农业，他要学习土地调查，如果他打算进入商界，那要学习会计。"①

1861年，政府任命了一个由克拉伦敦（Clarendon）勋爵为主席的皇家委员会，对伊顿、温彻斯特、威斯敏斯特、查特豪斯、哈罗、拉格比、施鲁斯伯里等九大公学和所有寄宿学校进行了调查。1864年，该委员会发表了调查报告。该委员会指出:② 全国中等学校总的分布是不足的，尤其在人口密集地区。英格兰和威尔士传统的捐赠学校共782所，只有209所是真正的古典学校，约占27%；183所是半古典，约占23%，教授少量或不教授希腊文；340所既不教授希腊文也不教拉丁文，且很少提供数学、语法或自然科学方面的有效教学，约占43%。事实上，占大多数的340所学校提供的教育范围没有超过普通的初等学校（ordinary elementary school）。该委员会认为，中等教育不但概念不清晰，也没有适当地课程区分以适应不同离校年龄儿童的需要，只有少数现存的学校充分利用各种外部考试团体所建立标准的好处。整体上看，捐赠学校和民营学校质量最好，但几乎所有学科的教学结果是不能令人满意的。私立学校是令人最不满意的部分，这是因为家长干涉，他们只对当前有实用价值的教育感兴趣。显然，委员会以古典文法中学的评价标准评价现存中学。

（三）女子中等教育的产生与发展

像西欧其他国家，英格兰大部分女子接受私立教育是随着女权运动发

---

① The Consultative Committee, *Secondary Education-with Special Reference to Grammar Schools and Technical High Schools*, London：HM Stationery Office, 1938, p. 26.

② Ibid., p. 30.

展起来，大约开始于 1845 年。传统教育主要由外语和强化性别差异的才艺组成。妇女中等教育的新运动构成社会运动的一部分，首先在法国和德国开始，试图为那些准备执教的妇女提供合适的训练。女家庭教师协会在 1843 年建立，1846 年建立了基于授予女家庭教师资格证书的外部考试。这直接导致 1848 年女王学院的建立。早期的女王学院作为运动的开拓者，是以男孩所受的教育为样板。在第一届学生中有巴斯女士和多萝西·贝尔。她们成为女子中等教育体系的奠基者，前者成为伦敦寄宿学校（the North London Collegiate School）校长，后者成为切尔滕纳姆女子学院（Cheltenham College for Young Ladies，1853）负责人。① 这两所学校的课程大部分模仿当时男孩的课程，区别仅是拉丁文和希腊文学习相对少些，增加诸如音乐、缝纫和舞蹈科目。这两所学校被看作是领导妇女运动的典范，深刻影响着 1869 年以后大量新建女子中等学校课程的形成。

从 1869 年捐赠委员会成立之后，女子中等教育有了长足发展。教育信托基金的部分资金在许多情况下通过这个委员会提供给女子教育。1869 年剑桥高级地方考试（the Cambridge Higher Local Examination）设立，为女子参加考试提供了便利，这导致了 1871 年纽纳姆学院（Newnham College）建立，格顿学院于 1869 年在希钦成立，1873 年迁到剑桥。1869 年伦敦大学建立旨在获得高级专门证书的女子会考制度，1870 年女子获准参加牛津地方考试。

1871 年，改进所有阶层女子教育的全国联盟（the National Union for the Improvement of the Education of Women of all Classes）建立，该联盟的首要目标是促进女子日间学校的发展，通过向女教师提供普通教育和良好的教学技能训练，提高她们的地位。出于这个目的，全国联盟于 1872 年建立公立女子日间学校公司（the Girls' Public Day School Company），其目的是"为女孩尽可能提供最好的，与男孩在公立学校中相应的教育"。公司首先在伦敦建立，此后一些较大的镇纷纷建立优秀学校，课程大部分模仿伦敦北部专门学校。到 1900 年，信托基金资助的已有 33 所学校，吸收了 7100 名女子入学。结果，英格兰和威尔士中等教育的标准由于允许女子

---

① The Consultative Committee, *Secondary Education-with Special Reference to Grammar Schools and Technical High Schools*, London：HM Stationery Office，1938，p. 42.

参加外部考试以及经过大学培训的女教师数量的增加而迅速提高。[1]

（四）公立中等教育的萌芽

1. 初等教育体系中高级教学的发展

公立中等教育是随着初等教育体系中高级教学的发展而发展起来。19世纪最后20年里，高级教学的组织形式和课程相当多样，学生大部分来自富裕的工人阶级。1895年中等教育皇家委员会发表的报告，特别支持中等学校的公立制度，包括对初等学校中希望继续接受教育的聪明学生的转学安排。皇家委员会建议应当建立一个中央教育当局。这一建议在1899年通过的《教育委员会法》得到实施，它综合了教育署、科学和工艺部以及慈善委员会的权力，同时，被授权监督中等学校。《1902年教育法》在英国中等教育发展史上具有里程碑意义，该法授权新成立的地方教育当局资助高级教学。该法第2条第（1）款规定："地方教育当局应该关注本地区的教育需求，并采取对当地来说必要的措施，对初等教育以外的教育，提供经费或提供资助，促进各类教育之间的总体协调。"[2]这里初等以外的教育主要是指"高级教学"。

《1902年教育法》颁布后，许多高年级学校和实习教师中心开始转变为郡立中等学校（Council Secondary Schools）。这种高年级初等教育的重要类型的出现，随着《1870年初等教育法》颁布以来缓慢发展起来，演变为中等教育，在英格兰和威尔士中等教育史上标志着一个非常重要的阶段。因为这些多样化的中等学校，受到高年级学校传统影响，比起旧的中等学校类型，与整个现代科学联系更紧密些。[3]

进一步的发展是《1918年教育法》的推动，该法第2条第（a）款有关地方教育当局职责中明确：通过中央学校、中央班级或特殊班级提供或确保充足和合适教育，包括各个年龄阶段的公立初等学校的课程、适合儿童的年龄、能力和要求的实用教学；为在公立初等学校就学（包括超过14岁仍在这类学校就读）的年龄较大或者更聪明儿童组织的高级教学课

① The Consultative Committee, *Secondary Education-with Special Reference to Grammar Schools and Technical High Schools*, London: HM Stationery Office, 1938, p. 45.

② Montague Barlow and H. Macan (ed.). *The Education Act*, 1902, (Second Edition), London: Butterworth & CO, 1903, p. 102.

③ The Consultative Committee, *The Education of the Adolescent*, London: HM Stationery Office, 1926, p. 26.

程（courses of advanced instruction）。^① 在议会讨论中，对"高级教学"的解释是，不是实用的或职业的教学，是实用的普通教育。它不仅仅适合较大年龄（超过法定要求）仍然留在学校的儿童，也适合达到最高标准的聪明的儿童，可能还有一年或更长时间才能合法地离开学校，假如没有适合他们要求的高级教学，他们容易陷入散漫的学习。^② 各个地方教育当局根据1918年法案第2条规定迈开步子，提供或组织实用的高级教学。

2. 中心学校和中心班级的发展

《1918年教育法》颁布之后，中心学校和中心班级迅速发展，在政策文献中频频出现。

（1）中心学校的发展。最早试办成功的中心学校要数伦敦学区的中心学校。伦敦中心学校制度可以追溯到1911年，当时伦敦学区有许多高级初等学校和高年级学校长期提供超过通常初等学校标准的高级教学，包括首创的"有组织的科学学校"。伦敦郡议会教育委员会的《初等教育手册》第14章解释道：中心学校的主要目标是为女孩和男孩离校后直接就业做准备，所以这些儿童的教学应当为进入商业或车间做准备的完整课程，有"工业或商业的倾向"、但不是"中级的专业训练"。^③ 也就是说，这类学校提供的是实用的中等教育，而非中等职业技术教育。

1918年以后，中心学校主要分成三类：一类是由儿童在11岁通过选拔考试组成的学校，大多数在学校逗留3年，个别情况下逗留4年，在英格兰某些地方称中等学校或中间学校（middle schools or intermediate schools），这里将它们称作选拔性中心学校；第二类是从五级水平开始运作的学校，所有或大多数普通儿童来自一个地区的捐赠学校（contributory schools），他们所学的课程已经达到这一水平，某些情况下，儿童达到特定年龄，这类学校称作非选择性中心学校。除上述两类学校以外；第三类是多样化的中心学校（variety of central school），提供一种对应普通小学中五级至七级标准的课程教学，但是超出这些阶段招收的学生，根据父母申请，提供令他们满意的首席教师，收取学费。这些学校，也属于选拔性的

---

① Arthur A, Thomas. Ed. *The Education*, 1918, London: P. S. King & Son, LTD, 1919, pp. 109—110.

② The Consultative Committee, *The Education of the Adolescent*, London: HM Stationery Office, 1926, p. 34.

③ Ibid. , p. 31.

中心学校。

（2）中心班级的发展。许多地方教育当局除了为大龄学生举办的选拔性或非选拔性中心学校，在现存的初等学校中组织了高级教学课程，这些课程分为两类：一类是规模较大的公立初等学校为那些通过较低级考试的学生组织的较高级部分。这种类型的高级班试图提供的高级教学课程，称为"高级班"或"尖子班"（higher or upper tops）；另一类，公立初等学校从其他学校招收儿童组成的高级班，并提供高级教学课程，这类学校高级部被称为"中心班级"。《哈多报告》指出，两种类型的高级课程安排仅在令人满意的规模较大的高年级班级实施。[①]

3. 选拔考试

学生转移到高级课程学习，主要通过以下三种方式：竞争性考试；资格考试；达到一定年龄的升学。第三种情况与学生达到某种学业水平相联系，如五级水平。基于年龄的升学在高年级学校很普遍，不管有没有尖子班。中心班级经常使用年龄和资格考试的相结合方法。选拔性的中心学校通常使用各种经过修正的竞争性考试。[②]

（五）免费学额制度的实施

在英国，文法中学面向贵族阶层子弟，而公立初等学校主要面向社会下层子弟，与捐赠的公学和文法中学并不相通，而是平行发展。免费学额（Free Places）的实施，使这两条平行线有了一个交集。

1907年英政府颁布《中等学校章程》，规定所有接受中央教育委员会资助的中等学校必须每年将其招生总数25%作为免费学额，招收初等学校毕业生。这是从初等学校到大学的"奖学金阶梯"（scholarship ladder）。该政策实施之前，教育委员会在1906年公告表明，23000镑奖学金学额抵消全部或部分学费，但是此时清单显示许多地方当局没有提供奖学金，到1913年奖学金增加到6万镑，到1927年数字接近15万镑。[③]

免费学额制度的实施，不仅国家在奖学金投入上大幅增加，而且下层子弟有机会进入文法中学。据统计，1916—1917年，在约20万名中学生

---

① The Consultative Committee, *The Education of the Adolescent*, London: HM Stationery Office, 1926, p. 53.

② Ibid. , p. 55.

③ J. S Maclure, *Educational Documents-England and Wales 1816 to the present day*, New York: Methuen and Co. Ltd, 1979, p. 162.

中，有近 62000 名学生享受免费学额。1920—1921 年获得免费学额的学生中 42% 来自中下阶层，41% 来自熟练工人家庭，17% 来自非熟练工人家庭。① 免费学额制度成为沟通公立初等教育和传统中等教育系统的唯一通道。

起初，许多历史悠久的文法学校讨厌这些"免费生"，但随着时间的流逝，以及这些免费生所表现出来的才能，这种偏见慢慢地消失了。这一制度所造成的最令人不快的后果是：由于免费名额往往大大少于报考者，因此，许多初等学校开始系统地辅导优等生，拼命地向他们灌输知识，以便应付正在形成的高度竞争性的考试。② 并且随着免费学额增加，人们对如何选拔候选人发生兴趣，主要集中在地方教育当局和教育心理学家所进行的智力测试。其公正性在 20 世纪 30—50 年代一直是争议的焦点。

综上所述，在英格兰和威尔士，从最初产生的时候起到相对比较近代的时期，中等或以上的学校作为儿童（主要是男生）进一步教育的机构，要么是属于富裕阶层，要么通过对他们的能力筛选。至 20 世纪 20 年代仍有 90% 左右的儿童接受初等教育至 13 岁或 14 岁，只有少数儿童在 11 岁左右转到中等教育或者转到中心学校提供的中等教育方面去。③ 就在 10% 接受中等教育的儿童中，其所受的教育也是分层的，其所属的阶级地位决定他受中等教育的学校类型，而学校类型又决定了其未来的职业前途。因此，中等教育机会不公平问题十分突出。

四　人人受中等教育的公平理念

随着一战结束，福利国家思想的萌芽，人民对现行双轨制的教育制度的不满以及对接受中等教育的期盼，酝酿成教育机会平等化的运动。在这场运动中，工党作为工人阶级政党扮演了急先锋角色，站在工人阶级立场，对不公平的教育制度给予猛烈抨击，提出"人人受中等教育"的口号。因此，在英国，对教育公平问题的讨论首先出现在政治领域。与此同

---

① J. Lawson and H. Sliver, *A Social History of Education in Education in England*, New York: Methuen & Co. L. , 1973, p. 381.

② ［英］邓特：《英国教育》，杭州大学教育系外国教育研究室译，浙江教育出版社 1987 年版，第 14 页。

③ The Consultative Committee, *The Education of the Adolescent*, London: HM Stationery Office, 1926, p. 72.

时，心理学家基于智力理论提出了教育公正观，这些理念对 20 世纪 20—40 年代英国中等教育政策的形成产生重要影响。

（一）托尼：人人受中等教育

史学家斯里夫（H. Silver）指出，这一运动的起始点发生在 20 世纪 20 年代，而对社会不公正与现存教育体制的关系建立起一种新的认识的关键人物是托尼。[①] 托尼（R. H. Tawney）作为英国经济学家、历史学家和工党的教育发言人，在 1922 年为工党政府撰写了《人人受中等教育（*Secondary Education For All*，1922）一书及随后著名的《平等》（Equality，1931）一文，在对英国国民教育体系进行细致考察的基础上，对英国国民教育体系进行了严厉批判，并提出了"人人受中等教育"的著名口号。

1. 经济和社会地位是造成教育机会不平等的主要因素

托尼在对《1870 年初等教育法》、《1902 年教育法》实施以来初等教育和中等教育现状全面考察的基础上，用大量数据揭示初等教育和中等教育互不沟通、分属两个阶级的事实。他说："差不多到 19 世纪末，英国的公共教育是作为一种阶级制度发展起来的，初等教育是贫民的教育，……中等教育是富人的教育。初等和中等教育的划分不是建立在教育因素之上，而是建立在社会和经济因素之上的。教育分化不是始于小学之后，而是之前；与儿童的前途无关，而与家长的地位有关。"[②] 托尼犀利的言辞道出了社会地位和经济因素成为教育不平等的根源，并对英国国民教育体系进行了严厉的批评："这种沿着社会阶级划分而发展起来的组织结构是英国教育的遗传的恶疾。"[③]

2. 对"免费学额"制度的批判

托尼对免费学额制度进行了深入的分析。他说，以奖学金为手段来进行接受较高教育的挑选是近年来英国公认的教育政策。由此从小学升入中学的儿童数量尽管很少，但已有了稳步增长。如果地方教育当局根据

① Silver H, Editor's Introduction, Harold Silver, *Equal Opportunity in Education: A Reader in Social Class and Educational Opportunity*. London: Methuenl& Co Ltd, 1973, pp. xi—xxxiv.

② ［英］托尼：《人人受中等教育》，瞿葆奎主编《教育文集·英国教育改革》，陈晓菲译，人民教育出版社 1993 年版，第 24—33 页。

③ Tawney R. H, Equality, Silver H. *Equal Opportunity in Education*, *A Reader in Social Class and Educational Opportunity*, London: Methuenl & Co Ltd, 1973, pp. 51—55.

1918 年法制定的计划得到执行的话，这个数字将来还会有更快的增长。但是，事实并非如此，这种选拔政策显然可以作两种相反的解释：一是，如果像教育委员会奖学金与免费学额委员会（Department Committee on scholarships and Free Place）所暗示的那样，这一政策实行的结果是 75% 的小学儿童升入中学的话，那么选拔将与普及中等教育无多大区别。二是，当这一政策的实行像目前某些地区那样，导致了中学学生数在该地区人口中不到 2% 时，选拔就与根本未提供中等教育没什么区别了。①

他对"免费学额"政策隐含的阶级利益冲突进行了深入分析。在发展中等教育上，可以采用两种策略：一种是包容的，通过努力保证所有儿童（明显低能者除外）都在青少年期进入某种形式的中学，另一种是排他的，通过把全日制中等教育看作是为具有特殊才能的儿童保留的一项特权，来着手发展中等教育。从当时英国基础教育现实来看，大多数地方教育当局采取了第二种策略，即排他性的选拔。因为现代工业在其更高层次要求少数"知识无产阶级"，就需要较聪明的工人阶级子弟。让所有儿童到 16 岁接受平等教育，"是不可能达到的，若达到的话也是有害的。工业既需要参谋也需要炮灰，普通士兵的头脑即使能够发展（英国工业联合会怀疑这一点），过分发展也是不合需要的"。②

3. 提出"人人受中等教育"国民教育体系的设想

托尼认为，工人阶级已经觉醒，他们要求的是一切正常儿童至 16 岁的全日制中等教育。因此，他提出，教育机会平等应该成为一项公共政策原则。建立统一的初等和中等教育制度在英国已经成为当务之急，国家应该使所有的青少年受到各式各样的中等教育。他说："工党已把刻不容缓地健全教育制度并使之适合民主的社会，作为一项极其重要的教育政策。根据这项政策，初等教育和中等教育是统一的、连续的教育过程中的两个阶段。其中，中等教育是为青少年的教育，初等教育则是它的预备阶段的教育。"③ 为此，他构建了初等和中等教育一体化的国民教育体系："初等教育的改善和中等教育的发展在于使所有正常的儿童都能在 11 岁后从初

---

① ［英］托尼：《人人受中等教育》，瞿葆奎主编《教育文集·英国教育改革》，陈晓菲译，人民教育出版社 1993 年版，第 24—33 页。

② 同上。

③ 同上。

等学校或预备学校过渡到任何一所中等学校，并在那里学习到 16 岁，而不管他们的父母的阶级、职业或收入情况如何。"① 在托尼看来，这个新的教育综合设想将消除一般的阶级不平等和经济压力等问题。

托尼的"人人受中等教育"思想在英国教育公平史上具有里程碑意义，它勇敢地向特权阶层提出了挑战，提出人人可以接受中等教育，人人入学机会均等的理念，在 20 世纪 20 年代具有开创性意义。由于其反映了英国中下层人民尤其是工人阶级的愿望，《人人受中等教育》一书很快就作为工党的一项政策宣言出版。它所提出的普及中等教育目标成为工党未来 20 世纪 20—40 年代教育政策的基础，并且实际上为《1944 年教育法》奠定了理论基础。

（二）西赛尔·伯特：基于智力测验的教育公正

20 世纪 20 年代，智力理论的兴起对英国教育政策和教育公平理念产生了极大影响。美国心理学家推孟（L. M. Terman）作为倡导智力测验的先驱之一，认为可以用智力测验鉴别儿童。他的依据是，一般情况下，人的智商在两次测验中得分上下相差 10%，因此，智商完全是恒常的，可以作为进行智力分类的基础。这种智力的恒常性和遗传决定论迅速被持有精英主义教育观的保守党政府所利用，并成为英国"11 岁选拔考试"的理论基石。

英国教育心理学家西赛尔·伯特（C. Burt）深受推孟智力理论的影响，积极倡导智力测试。伯特与一批心理学家被吸收到中央教育咨询委员会智力测试分委员会，从事智力测试设计与分析等研究工作，其研究目的是"减少规模较大学校对个别学生的关注和特殊训练的因素，设计一种对没有任何准备的候选人公平或者接近公平的选拔程序"。② 1924 年伯特将分委员会的研究成果写成备忘录，1938 年《史彭斯报告》（The Spens Report）第二部分收录了这份备忘录。伯特在备忘录中建议：

1. 由于智力具有恒常性，如果要满足有学术能力儿童的需求，选拔应在 11 岁进行。

---

① Silver H, Editor's Introduction, Silver H, *Equal Opportunity in Education: A Reader in Social Class and Educational Opportunity*, London: Methuenl & Co Ltd, 1973, 前言 pp. xi—xxxiv.

② Vernon P. E. (ed.), *Secondary School Selection——A British Psychological Society Inquiry*, Fakenham: Wyman and Sons Ltd, 1957, p. 23.

伯特认为，11 岁以后最引人注目的特征是智力方面发展迟缓，一般智力（general intelligence）发展到了极限，一般智力可以广泛地描述为先天的无处不在的智能，它渗透到儿童思考、说话、做等活动中，决定儿童学习所有因素中最重要因素。伯特在备忘录中写道，"智力之所以可以测量，是因为一般智力，大致稳步上升到 12 岁，但之后上升速度明显下降。操作测试显示，16 岁以后一般智力进一步发展非常少，智力成熟较早完成可能与身体成熟一样属于相同原因。而例外情况非常少，在较早年龄预测儿童最终智力发展水平达到一定准确程度是可能的，但千真万确，这只是一般智力，对特殊性向或兴趣并不有效"。[①]也就是说，智力测试是可以筛选出具有学术能力的儿童，而且在 11 岁选拔是可行的，因为 11 岁之前是儿童一般智力快速发展期，11 岁以后基本是不变的。

2. 个体之间存在巨大差异，公正地对待儿童差异，教育类型在某些重要方面应作相应变化。

伯特确信个体间一般智力发展存在巨大差异。有能力的儿童继续发展时间要比一般儿童要长，尽管青春期以后相对缓慢。能力逊常儿童以及智力缺陷儿童更早到达一般智力发展的最终阶段。伯特认为，一个儿童与另一儿童的差异远远超过一般人想象，每个正常儿童沿着同样的课程前进是错误的。因为每个儿童的心理年龄与实际年龄比接近一致，当他的实际年龄增加，心理差异将越来越大，到青少年达到最大。因此，伯特强调，"儿童从 11 岁开始差异明显，如果公正地对待他们能力的差异，要求教育类型在某些重要方面作相应变化"。[②]

在 20 世纪 20—50 年代，伯特等人的研究成果成为 "11 岁考试"和三类中学制度的理论基础。

第二节　人人受中等教育政策的确立

人人受中等教育思潮、福利国家思想以及教育自身发展的需要汇聚成强大动力，推动政府采取行动，解决中等教育机会不平等问题。1923 年，

---

① The Consultative Committee, *Secondary Education-with Special Reference to Grammar Schools and Technical High Schools*, London: HM Stationery Office, 1938, p. 123.

② Ibid., p. 125.

刚刚执掌政权的麦克唐纳工党政府，为了解决中等教育问题，于 1924 年 2 月任命了以哈多爵士为主席的教育咨询委员会，授权调查文法中学和公学以外适合 15 岁前全日制在校儿童的组织、目的和学习课程状况，并对超过入学正常年龄的个别学生转到中学的安排提出建议。该委员会成员包括托尼博士、贝克博士（E. Borker）、沛西·能教授（P. Nunn）等，1926 年 10 月，委员会完成题为《关于青少年的教育》（The Education of the Adolescen）咨询报告，也称《哈多报告》（The Hadow Report），该报告试图将托尼的"人人受中等教育"理想变成政策蓝图；1933 年，英国"国民政府"任命史彭斯（W. Spens）为协商委员会主席，授权调查向 11 足岁以上的学生提供教育的学校组织和相互关系，即文法中学和技术教育的状况。该委员会于 1938 年发表《中等教育——关于文法中学和技术中学的专门报告》（Secondary Education-with Special Reference to Grammar Schools and Technical High Schools），也称《史彭斯报告》（The Spens Report），弥补了《哈多报告》不曾涉及的部分——文法中学和技术教育；1941 年 10 月，教育委员会主席巴特勒（Hon RA Butler）授权以西里尔·诺伍德（Cyril Norwood）爵士为主席的中等学校考试委员会（the Secondary School Examinations Council）"考虑修改中学课程和学校考试有关的问题，并提出建议"。1943 年，该委员会向教育委员会提交了《中等学校的课程和考试》（Curriculum and Examinations in Secondary Schools），也称《诺伍德报告》（The Norwood Report）。这三份报告和 1943 年政府颁布的教育白皮书《教育重建》（Educational Reconstruction）一起奠定了《1944 年教育法》的基础。由于《1944 年教育法》由教育委员会主席巴特勒（Richard Archer Butler）起草并提交英国国会讨论通过，该法也称《巴特勒法案》（Butler Act），成为英国基础教育公平发展史上又一里程碑。

一　政策目标：人人接受免费的中等教育

《1944 年教育法》在英国基础教育发展史上具有里程碑意义。首先，它的目的在于建立初等教育、中等教育和继续教育三个相互衔接又有递进关系的公共教育体系，实现托尼提出的"人人受中等教育"的目标。英国教育史学家考恩在总结 1944 年以来的教育改革时也指出，"《1944 年教育法》要解决的核心问题，便是建立一种面向所有年轻人的中等学校教育体制"。① 该法第7条简要阐明了这一目标："法定的公共教育系统将由初等教育（primary education）、中等教育（secondary education）和继续教育（further education）三个衔接的阶段组成，各地方教育当局将在它们的权限范围之内，致力于本地区公众精神、道德、心理和身体的发展，通过保证提供那些阶段的良好教育来满足本地区公众的这些需要。"② 事实上，这一目标率先在《哈多报告》中提出，该报告第三部分指出，"我们认为对教育政策目标总的认识必须是，不仅仅选拔少数儿童进入中等学校阶段，而是确保第二阶段充分灵活，包含足够多样类型的学校，满足所有儿童的需要"。③ 为此，报告建议应重新划分教育阶段：初等教育至11足岁结束，此后为初等后教育阶段，取代现行的几乎所有的儿童接受"基础"（elementary）教育至14岁，极少数儿童从11岁起接受"中等"（secondary）教育的重叠分类。④ 该报告率先在理论上厘清英国当时中小学校阶段混乱的局面。1943年的《教育重建》白皮书进一步明确了这一目标："新的重建方案是基于这样一个原则性的认识，即教育是在各个连续的阶段实施的一个连续的过程。……儿童从5岁开始至义务教育结束年龄，将分为两个阶段，第一阶段称为初等教育，直至11岁结束；11岁以后称为中等教育阶段，多样但地位平等，提供给所有儿童。"⑤ 由此可见，政府目标是让所有儿童都有接受中等教育的机会，实现的方式是多样而地位平等。

其次，《1944年教育法》实现的是免费的中等教育，地方教育当局只可以收取部分寄宿费用。该法第61条规定"禁止在地方教育当局维持的学校中和郡立学院中收费"。⑥ 这意味着地方教育当局开办或维持的选拔性中学（包括文法中学和技术中学）学费都将取消，这些学校的学额全

---

① ［英］考恩：《1944年以来英国教育改革》，石伟平译，引自瞿葆奎主编《教育学文集·英国教育改革》，人民教育出版社1993年版，第764页。

② ［英］教育委员会：《1944年教育法》，王斌华、郭玉贵译，引自瞿葆奎主编《教育学文集·英国教育改革》，人民教育出版社1993年版，第4页。

③ The Consultative Committee, *The Education of the Adolescent*, London：HM Stationery Office, 1926, p. 78.

④ Ibid. , p. 76.

⑤ The Bord of Education, Educational Reconstruction, London：HM Stationery Office, 1943, 1.

⑥ ［英］教育委员会：《1944年教育法》，王斌华、郭玉贵译，引自瞿葆奎主编《教育学文集·英国教育改革》，人民教育出版社1993年版，第48—49页。

部取决于入学选拔考试。此外，收费学校的学费也由地方教育当局承担，实现全部免费的中等教育。

因此，《1944 年教育法》的政策目标是一步到位，建立面向所有青少年的免费的初等和中等教育相互衔接的公共教育体系，实现"人人受中等教育"理想。

二　普及中等教育的策略及其实施

(一) 延长义务教育年限至 15 岁

《1918 年教育法》将义务教育的法定离校年龄提高到 14 岁，事实上初等学校中超龄学生越来越多，他们不能进文法中学，因为只有约 10% 儿童转移到文法中学学习到 16 岁或 18、19 岁，而初等学校的高级班或中心学校的高级教学质量差强人意。《哈多报告》提出新的单一的、连续的以 11 岁为分界线的初等和中等教育两段制体系，中等教育成为独立阶段，使得在全国范围内将儿童最低离校年里提高到 15 岁变得顺理成章，因为这样可使每个儿童至少接受 4 年的中等教育，因此，将离校年龄延长至 15 岁是人心所向。《1936 年教育法》根据《哈多报告》建议将离校年龄提高至 15 岁，但因战争而搁浅。《1944 年教育法》再次作出规定，延长义务教育年限一年，从原来的 14 岁提高到 15 岁，并为今后提高到 16 岁做准备。第 35 条规定："'义务教育年龄'指 5—15 岁之间的年龄，因此，5 岁以上 15 岁以下的儿童将被视为义务教育年龄的儿童"；"一旦教育和科学国务大臣相信，把义务教育年龄的上限提高到 16 岁是切实可行的，他将向议会提交枢密院令草案，指令本条的上述规定仍将有效，有关 15 岁的条文将作为 16 岁的条文。"①

(二) 保证足够的初等学校和中等学校满足儿童青少年入学要求

这个教育法案规定，由地方教育当局负责保证初等学校和中等学校的开办。第 8 条提出："各地方教育当局将负责保证在本地区开办足够的学校"，第 11 条进一步明确地方教育当局要向教育和科学国务大臣提交本地区教育"发展计划"，以"保证在本地区将开设足够的初等学校和中等学

---

① ［英］教育委员会：《1944 年教育法》，王斌华、郭玉贵译，引自瞿葆奎主编《教育学文集·英国教育改革》，人民教育出版社 1993 年版，第 173 页。

校，并且表明为实现那个目的所要采取的相继措施"。① 具体来说，一是向年龄还未达到 10 岁零 6 个月的儿童提供适合他们要求的全日制初等教育；二是向年龄达到 10 岁零 6 个月以上青少年提供适合他们要求的全日制中等教育。因为，《哈多报告》已对初等教育、中等教育作出明确界定："初等教育旨在满足儿童的需求，而中等教育则是满足青少年的需求。"② 中等教育不再是少数青少年的特权。

为了确保有足够的中小学满足儿童入学的要求，英国政府再次采取了渐进的方式，对教会学校进行改造。《1944 年教育法》第 9 条对学校性质进行了区分：地方教育当局维持的初等学校和中等学校是由地方教育当局或前当局建立的，将称为郡立学校（county schools）。如果由上述当局以外的其他部门建立的，主要是由教派出资创办的学校，将称为民办学校（voluntary schools）。第二次世界大战中，民办学校受损严重。在中央教育委员会的"秘密名单"上，校舍破旧的学校四分之三是民办学校，并且只有 16% 的 11 岁以上的教会学校儿童在重组过的学校或班级中学习——这一结果被看作教会及其学校不能跟上教育变革步伐的证明。然而，《白皮书》所建议的解决办法不是废除民办学校，而是通过立法措施增加政府对它们的拨款补助，同时加强政府对它们的控制。③ 这一建议在《1944 年教育法》第 15、18、102、103、104 条等规定中得到了体现。法案根据民办学校的权利和义务分成三类：

第一类是特别协议民办学校（Voluntary Special Agreement Schools），这个名称从《1936 年教育法》中延续下来，政府提供 50%—70% 的基建费，同时，地方教育当局与教会签订特别协议建立现代中学。《1944 年教育法》保留了特别协议学校，并规定特别协议学校可以提供教派性质的宗教礼拜和教学，可以任命三分之二董事，称基本董事（Foundation Managers），地方教育局代表占三分之一。但学校董事会有义务改建和维修学校建筑物，并承担这方面所花费的二分之一；政府承担其余的二分之一校舍维持费以及日常经费。在需要兴建学校接受转学学生的地方，政府支持教

① ［英］教育委员会：《1944 年教育法》，王斌华、郭玉贵译，引自瞿葆奎主编《教育学文集·英国教育改革》，人民教育出版社 1993 年版，第 145—148 页。

② The Consultative Committee, *The Education of the Adolescent*, London：HM Stationery Office, 1926, p. 94.

③ 徐辉、郑继伟编著：《英国教育史》，吉林人民出版社 1993 年版，第 283 页。

会新建特别协议学校，但提交的拟建计划须经政府批准，同样地，政府承担二分之一的建校费。

第二类为受控民办学校（Voluntary Controlled Schools），这类学校的董事会中地方教育当局的代表占三分之二，基本董事只占三分之一，学校不进行教派性质的宗教礼拜和教学，但根据学校的托管契约，如果家长要求为其子女提供教派性质的宗教教育，学校也可以做出安排。也就是说，教会放弃在这类学校的宗教教学，学校所有经费开支均由政府承担。

第三类是受助民办学校（Voluntary Aided Schools）。相比较而言，这类民办学校承担较多的财政负担，但同时享有较多的办学自主权。它们承担校舍扩建和维修费用的二分之一，相应地，教会有权任命三分之二基本董事，并且董事会只要得到地方教育当局批准，可以任命和解雇各类教师。

法案给教会 6 个月的时间，决定其学校选择哪一类学校。选择的结果是，一半以上的圣公会学校选择"受控民办学校"，而罗马天主教学校则大多选择自主权较大的"受助民办学校"类型。[①] 这样，大大弥补了二战后因普及中等教育以及战争中校舍损坏造成的教育资源不足。

（三）确立三类中等学校的结构体系

《1944 年教育法》对建立怎样的中等教育结构没有作出明确规定，而是将这一权利授予了地方教育当局。该法第 8 条规定："如果一个地区开办的学校没有在数量、性质和设备方面足以向所有学生提供教育机会，没有按照学生的不同年龄、不同能力、不同性向以及他们可能在校学习的不同时期提供令人满意的各种教学和训练，包括适合学生各自需要的实科教育和训练，那么将认为，该地区没有开办足够的学校。"[②] 这一条款模糊的表述，为地方教育当局设立何种中等教育留足了空间。因为根据"年龄、能力和性向"而提供的教育既可以在选拔性中学也可以在综合性中学实施这两种教育。但从实施的结果来看，20 世纪 40 年代各地方教育当局偏好发展多种类型中等学校。这与《哈多报告》、《史彭斯报告》和《诺伍德报告》三份报告一致主张建立多样而地位平等的中等学校制度密切

---

① 徐辉、郑继伟编著：《英国教育史》，吉林人民出版社 1993 年版，第 287 页。

② ［英］教育委员会：《1944 年教育法》，王斌华、郭玉贵译，引自瞿葆奎主编《教育学文集·英国教育改革》，人民教育出版社 1993 年版，第 145—146 页。

相关。

1. 多种类型中学的初步发展

《哈多报告》明确表示了对儿童差异性的重视。报告指出，20世纪兴盛的智力测验使得许多人相信，人的能力和兴趣存在某些差异，通过不同类型的学校适应这种差异既是必要的、也是可能的。为此，假如坚持在所有儿童发展过程中在某个时间点开始初等后教育是重要的，那么记住这种教育只有与儿童的实际需求相关才能成功是同样重要的。儿童的天赋多样化，由于这个理由，教育的供给必须多样化。"平等，简单地说，不是同一性。大部分儿童取得初等后教育，更本质的是教育不应当将不同类型特征和天赋压入一个模型，然而，教育必须是卓越的，应当提供在类型上和程度上范围足够广的教育机会，以吸引多样兴趣，并培养不同的能力"。①该报告还建议课程设置也应该考虑儿童不同需求。

《哈多报告》认为，以选拔为基础组织中等教育，使它适应不同能力、不同兴趣的儿童需要以及他们不同的离校年龄和职业前景。为此，《哈多报告》提出了三种类型的初等后教育：第一种是文法中学，为最有才华的初等学校学生提供文学课程和科学课程，让学生接受并完成16足岁教育的中等类型学校，以使他们今后能进大学或从事专业性工作；第二种是现代中学，将现有的选拔性和非选拔性中心学校合并而成，面向11足岁绝大多数的青少年。它在前两年开设的课程与文法中学性质相同，后两年提供实用性质课程，直接与日常生活的现实联系起来，但非职业性质；第三种是高级部，由于地方条件限制，不能提供上述两种类型学校，则向超过11足岁学生提供高年级教学的高级班、中心部、"尖子"班及类似安排，总称高级部。为此，公立中等教育的发展，必须保证不妨碍现有中学即文法中学的发展。报告认为，"当前初等学校学生进入文法中学的百分比约8.3%左右，在5%和27%之间浮动，大幅度增长是人心所向。在近年中，中等教育的发展是我们这个时代最引人注目的运动之一，重要的是，不要束缚文法中学的未来发展"。②

《哈多报告》要求地方教育当局应为学生接受适当教育作出安排。首

---

① The Consultative Committee, *The Education of the Adolescent*, London: HM Stationery Office, 1926, p. 79.

② Ibid., p. 80.

先要负责组织选拔性考试，将不同能力的学生安排到不同类型的中等学校去。其次，地方教育当局对不适应当前学校教育的学生作出转学安排，即安排能从中等教育受益直至超过 15 足岁的 12 岁或 13 岁儿童从中心学校转移到文法学校，反过来，也为学习"较慢"（Slower）学生从文法学校转移到中心学校或初级技术学校作出类似安排。

《哈多报告》强调各种类型学校地位平等。报告指出，儿童 11 岁后在现代中学和高级班受到的教育属于"中等教育"的范畴，它并非低人一等，也不应该因为校舍设备劣于文法中学而受到妨碍。[①] 但《哈多报告》显然对强调多样而造成的学校地位不平等估计不足。报告轻描淡写提到："我们相信，事实上，只要稍加注意，令人不快的激烈竞争引起的危险将不会非常严重。"[②]

《哈多报告》发表后，中央教育委员会原则上接受了这份报告的建议，1928 年中央政府正式拨款实施哈多重组计划，但随后的经济危机使之搁浅。尽管这样，许多地方教育当局还是按照哈多重组原则发展中等教育，一些地方教育当局纷纷设立高级学校（Senior schools）或高级学部（Senior departments），到 1930 年 3 月，全国受"重组计划"影响新建高级学部 1186 个，到 1937—1938 年 11 岁以上儿童中 63.5% 在高级学部或高级学校学习。一个重要障碍是民办学校不愿参加地方政府的重组计划。[③]

2. 三种类型中学并存局面的确立

1938 年发表的《史彭斯报告》支持《哈多报告》发展多种类型中等学校以实现"人人受中等教育"的政策路线，但建议将初级技术学校转变为中等技术教育。依据有两方面：一是现存中等教育的结构不能满足经济社会发展的需要。报告指出："在英格兰和威尔士，为 11 足岁以上男女孩子更高层次的全日制教育所作的现行安排，已不能适应当代社会的现实结构和目前形势下的经济状况。"[④] 二是心理学研究结果表明，报告援引

---

① The Consultative Committee, *The Education of the Adolescent*, London: HM Stationery Office, 1926, p. 131.

② Ibid., p. 81.

③ J. Lawson and H. Sliver, *A Social History of Education in Education in England*, London: Methuen & Co. Ltd, 1973, p. 493.

④ The Consultative Committee, *Secondary Education-with Special Reference to Grammar Schools and Technical High Schools*, London: HM Stationery Office, 1938, p. 352.

了伯特的结论："如果要公正的对待他们的不同能力的话，从 11 岁起，不同的儿童就应该受到侧重面不同的各种教育。"① 基于此，报告认为，文法中学应当继续为那些有可能到大学深造的男女提供适当的教育，提供《中等学校章程》第 7 款规定的所有课程的教学。此外，除了发展《哈多报告》之后蓬勃发展起来的现代中学，报告建议，建立一种新的中等教育类型——技术中学。因此，《史彭斯报告》在《哈多报告》建议的文法中学、现代中学类型基础上，再增加了技术中学类型。

发展技术中学是《史彭斯报告》的重要贡献。《哈多报告》并没有将初级技术教育列入中等教育范围内，认为初级技术教育是职业教育，并认为技术教育发展受到一定条件限制。在学校分类中仅提到："初级技术学校和商业学校（Junior Technical and Trade Schools），它们的基本功能是为获得工业上某一具体技术资格做准备，它们能够大量发展区域是那些工业具有相当规模的地区。"② 而时隔 10 年，《史彭斯报告》重点论述技术教育作为一种中等教育类型的必要性。"我们相信，建立新型的更高层次的技术性学校是非常重要的，这种学校完全不同于传统的学术性文法中学。"作为实现这个目标的第一步，报告建议，"正在传授工程工业（我们把建筑工业包括在内）课程的若干现有的初级技术学校和其他可能实施这种训练的学校转变为技术中学，其意义是让这些学校在各个方面得到与文法中学平等的地位。"③ 这种中等技术教育，不仅提供具有技术价值的训练、良好的智力训练，还要让学生获得多种职业有关的技术价值。报告为技术中学的课程安排和入学考试作出详细安排。④

（1）技术中学的课程安排：11 至 13 足岁学生课程应该与同等地位的其他类型中学的课程具有同样广博的特征。13 岁以上学生的课程应该提供科学的自由教育，其应用性作为核心和灵魂。科目将是英语、历史、地理、数学、科学、工程制图、车间实用工艺、物理教育和美术，以及一门

---

① The Consultative Committee, *Secondary Education-with Special Reference to Grammar Schools and Technical High Schools*, London：HM Stationery Office, 1938, p. 140.

② The Consultative Committee, *The Education of the Adolescent*, London：HM Stationery Office, 1926, p. 85.

③ The Consultative Committee, *Secondary Education-with Special Reference to Grammar Schools and Technical High Schools*, London：HM Stationery Office, 1938, p. 272.

④ Ibid. , p. 275.

外语（能够从中受益的学生选修）。

（2）将技术中学招生年龄从13岁改为11足岁，学生必须通过文法中学招收新生的一般选拔考试（从达到考试必要标准的儿童中选拔），选拔技术中学学生应该根据下列标准：1）父母的选择；2）小学校长的报告；3）技术中学校长和地方教育当局代表与儿童及其家长的面谈结果。其中，面谈是关键环节。

《史彭斯报告》的另一贡献主要表现在对文法中学、现代中学和技术中学的地位平等作出具体规划。报告认为，在各类中学之间建立平等地位是一项基本要求。报告指出："这个原则在哈多报告中已有含糊表示，我们希望明确地表达出它的重要性。假如学校提供不同类型的中等教育为父母平等地接受，进入某种类型学校能够最好地发展他们能力的机会，能平等地为孩子们所利用，在各种类型的中等学校之间建立平等关系是一项基本要求。"① 具体表现为：

教师薪俸相同：在三种类型的中等学校，即现代中学、文法中学和技术中学中，应该建立教学岗位编制，以至教师的薪俸将不再直接取决于其服务的学校类型。

班级和建筑物规模一致：文法中学和现代中学的班级最大规模应该是相同的。相应地，评估两种类型学校的学额的基础应当是相同的。文法学校和现代学校的建筑物，包括运动场、体育馆、餐厅、休息室，除了充分保证文法中学教授某些科目的需要以及满足第六学级使用较小的教室以外，校舍的要求应该大致一样。

学费相同：文法中学和技术中学的学费制度在同样的地域应该是同样的，否则，哪一所学校有更高学费制度，某些家长由于处在较高阶层，会希望自己的孩子进入他们认为有较高社会地位的学校而不考虑其他因素。报告建议，一旦国家财政许可的情况下，现代中学免交学费，并扩大到其他类型中学。报告承认文法中学的独特性但不得享受特殊地位。"我们认为，直接属于我们职权范围的学校（即文法中学）应该保持某种特征，具有某种特别的重要性，不是由此得出结论，它们应该享受特殊的优待，相反，我们认为，除了课程不同具有正当理由以外，要公开严肃地反对不

---

① The Consultative Committee, *Secondary Education-with Special Reference to Grammar Schools and Technical High Schools*, London：HM Stationery Office, 1938, p. 376.

同条件的存在"。①

毕业证书价值相等：报告建议建立新型技术中学毕业证书制度。报告指出，我们已经强烈感受到初级技术学校迄今全部免于外部考试制度的好处，代表这些学校的观察员有力陈述了免于外部考试对成功发展这类学校的重要性和至关重要的因素。因此，我们不追求对技术中学实施以统一而僵化的课程大纲为内容的外部考试制度，但随着其发展，考试是不可避免的。为了实现我们建议的技术中学和文法中学地位完全平等，也为了呈现在父母、雇主和公众面前，这些学校与文法中学地位平等的事实，要求某种类型学校毕业证书普遍通行，但无须严格的外部考试。我们的观点是为了充分保障全国技术中学证书的统一的最低标准，这类证书设立通过基于学校课程的外部考试手段，由教育委员会任命的评估者执行外部考试，毕业考试应类似那些现存的国家证书考试——众所周知，技术学院的这一制度自从 15 年以前诞生以来，产生了极好的效果。② 这里报告强调的是，为技术学校设置有别于文法中学而类似国家证书的外部考试，这样为技术教育赢得较大的发展空间。在此基础上，报告进一步建议是技术中学的证书和"学校证书"应该看作等价的，对证书持有者而言同样可信，在他们各自领域价值相等，作为满足大学入学许可的第一条件同样可接受。

离校年龄一致：报告认为，学校间的平等意味着，在这些学校里最早离校年龄提高到大致相同的水准，文法中学规定最早离校年龄为 16 岁，那么，其他类型学校也应延长到这个年龄水平，并且应将它视为一种不可避免的趋势。

建立开放式的 13 足岁的转学制度：报告指出，在现存的管理制度下，技术学校不招收 13 足岁前儿童，文法学校迄今从小学获得大多数通过 11 足岁的选拔考试的有天分学生，而其他类型中等学校，选拔性的现代学校则获得考试中不能获得文法学校的入学资格的候选人。因此，技术学校在 13 足岁入学，在生源质量上非常不利。这就是说学生从文法学校转移到技术学校或从技术学校转到文法学校的数量微不足道。事态已经严重影响到社会秩序，聪明而有雄心的学生瞄准文法学校和专业职业，而不是技术

---

① The Consultative Committee, *Secondary Education-with Special Reference to Grammar Schools and Technical High Schools*, London: HM Stationery Office, 1938, pp. 179—280.

② Ibid., pp. 279—281.

和工业高级学校，这种趋势不可避免地在被广泛地称为专业（the profes-sional）和工业之间造成智力分布的不平衡。进一步讲，在社会领域形成令人遗憾和不快的差异。

而对在文法中学中学习的学生来说，并不是所有学生都能适应文法中学的学术性课程。随着一战期间文法学校的学生数快速增长，文法中学中部分学生不能很快抓住事物之间的联系和概念，他们学习语法和数学感到困难，远远不能达到"学校证书"考试。这些学生，经常被描述为"非学术性"、"不合适"。这些学生数量各个地区不等，但某些地区个别学校高达25%—35%。为此，报告建议用开放式的13足岁转学制度弥补为所有三类中学所设的"11岁选拔考试"的不足。报告认为11—13岁，个别儿童的兴趣和性向还会有所发展，为了让儿童得到最适当的教育，报告建议："应该有另一年龄点，称13足岁，所有学校之间可以转学，假如可行的话，从一种类型转到另一种类型，目标是消除任何已经发生的不合适，以及鼓励儿童在11—13足岁期间发展起来特殊性向。进一步来讲，允许父母改变选择。"① 这样，学生转学容易，就消除了任何含糊或失败的含义。

史彭斯委员会事实上看到了三类中学并行发展可能造成的教育机会的不平等，试图从管理的角度完善三类中学的平等发展。正如该报告所指出的那样："我们关注、确保并强调所有类型的中等学校的平等，……相信我们的建设性建议将在很大程度上帮助弥补我们教育制度的缺陷。"② 《史彭斯报告》的三类学校设想在二战前被英国公众广为接受，并推动了英国中等教育的发展。据统计，1936年，中等学校的学生人数48.2万人，1938年，人数增加为56.9万人。③

3. 三种类型学校的课程与考试制度的确立

由于初等教育与中等教育的衔接以及中等学校的组织问题已经解决，未来中等学校的课程和考试问题迫切需要解决。1941年10月，教育委员会主席巴特勒（Hon RA Butler）授权以西里尔·诺伍德（Cyril Norwood）

---

① The Consultative Committee, *Secondary Education-with Special Reference to Grammar Schools and Technical High Schools*, London：HM Stationery Office, 1938, p. 273.

② Ibid. , p. 274.

③ 王承绪：《英国教育》，吉林教育出版社2000年版，第369页。

爵士为主席的中等学校考试委员会考虑中学课程和学校考试有关问题并提出建议。1943 年，该委员会向教育委员会提交了《中等学校的课程和考试》（Curriculum and Examinations in Secondary Schools），也称《诺伍德报告》（The Norwood Report）。这份报告事实上追随了《史彭斯报告》关于"三类学校"的设想。

《诺伍德报告》认为，中等教育是儿童发展的第二级阶段，持续健康地生长意味着，从初等教育到中等教育变化是一个过程。由于这个原因，所有学校提供的中等教育将有某种程度的相似性，但是，因为中等阶段的功能是满足特殊兴趣和才能，一种类型课程和另一种类型课程之间的差异随着儿童年龄增大而越来越明显。假如中等教育作为一个整体公正地对待学生个人和社会，每种类型必须为实现这些目标而奋斗，同时为那些有特殊需要的学生提供特殊教育形式。[①]

《诺伍德报告》提出，根据历史经验，儿童大约分为三类：[②] 第一类是那些对学习本身感兴趣，能够很快把握一个论点或沿着一条线索进行推理的儿童，适合接受文法学校课程教育，进入专业或高级管理或商业职位；第二类是在应用科学和应用工艺领域有明显兴趣和能力的儿童，他们拥有超常或中度智力，这类儿童拥有工程师和其他技工所特有的一系列特殊兴趣和独特才能；而第三类儿童表现为在实践领域对具体事务或具体操作感兴趣，这类儿童的智力水平接近或在一个有限的范围，他们的思维总是比较慢，作为适合他们的教育类型要更清晰地呈现，提高离校年龄，课程变得越来越有柔性和灵活性，使得他们的特定兴趣和才能得到发展的机会。

上述三种智力类型对应的三种课程类型是：第一种最有个性特征的课程是适合那些对各领域知识作连贯和系统学习的人；第二种课程类型将紧密地导向（尽管不完全）与特定职业类型联系的专门数据和技能，它的前景和方法总是与工业、贸易和商业等多样性行业密切相关；第三种课程类型使人的心智和身体达到平衡训练，与人文、自然科学和艺术相关的方法将提供多样装备，足以使学生承担起生活和工作，它的目的不是为特定

---

① The Secondary School Examinations Council, *Curriculum and Examinations in Secondary Schools*, London: HM Stationery Office, 1943, p. 5.

② Ibid. , p. 3.

工作或专业做准备，而是唤起对实际工作的兴趣。

这三类课程相应地由现存的三类学校提供：① 文法学校的课程应该持续至 18 足岁，输送大部分学生进入大学或各种类型（专业）学院进一步学习，大部分学生应当进入商业和工业界。文法学校的质量标准维持在较高水平上，这取决于大学和其他高等学校对学习质量的追求；中等技术学校的功能首先是提供 16 足岁进入工业和商业的训练，满足地方工业现状的需求，并且在可能和适宜情况下，为 16—18 岁青年提供先进的学习设施。当前这类学习经常在技术学院进行，与初级技术学校保持密切联系；现代中学提供的课程密切联系学生与当前环境相关的兴趣，采用实践的具体的方法。目的是提供一个一般背景（general grounding），唤醒学生进入具体职业前对生活和公民身份的多方面兴趣，但不提供任何特定职业的专门训练。

为此，将不同类型儿童分配到不同类型学校变得异常重要。报告认为，区分儿童是一个过程。报告建议，儿童的区分应该基于小学教师的判断，以智力和其他测试作为补充方法。② 小学教师有机会对他的学生形成判断。小学教师对学生的一般兴趣和其他方面判断要基于儿童平时学习的观察，例如，小学生显示出来的持续努力的能力——作为考虑推荐适当教育最重要的因素。这些重要因素由经过培训的小学教师汇编成学校记录。学校记录意味着由了解该儿童并教过他的老师积累的该儿童的发展历史，它包含进步的客观记录、值得考虑的特殊环境；这样对决定他未来最合适教育提供不可缺少的前瞻性判断，这种判断将对以后负责教育他的人提供指导。由于 10 岁或 11 足岁的区分不能被认为最终的，必须提供修正错误的机会，以解决发展迟缓或不能完成预先设定学业的情况。由于这个原因，报告倡导进入中等学校学生一般前两年属于"初级学校"（Lower School），由专门教师负责观察每个学生的进步和发展。两年结束时，每位学生应当经过仔细、技术娴熟地评审，在大约 13 足岁时升学，进入适合学生的高级形式教育。这类升学不应该是自动的或由低年级学校升学的自然结果，它不仅因为依据有资格的判断，而且要提供更高形式适合那些

---

① The Secondary School Examinations Council, *Curriculum and Examinations in Secondary Schools*, London：HM Stationery Office, 1943, pp. 20—21.

② Ibid., p. 17.

升学的需要的课程。于是，利用小学记录和其他考试以及在"初级学校"一个时期的观察和判断，区分儿童变成一个过程，在这个过程中考虑有关学习提供时间和机会，而不是依赖考试成绩的快速判断。

《诺伍德报告》是《哈多报告》、《史彭斯报告》的延续，它采纳了《史彭斯报告》关于三类学校的建议，也与《哈多报告》提出的中等教育重组计划的原则吻合，因而得到政府的欢迎，为《1944 年教育法》奠定了基础。

《1944 年教育法》颁布后，从第二次世界大战结束到 50 年代初，各地方教育当局大多以三类学校的方式重建和发展中等教育，以满足经济发展的需要和人们不断增长地接受中等教育的需求。其中，发展最快的是现代中学、发展最慢的是技术中学。从学校数量来看，1947 年，英国有现代中学 3000 所，文法中学 1200 所，技术中学 317 所；到 1956 年，现代中学发展到 3636 所，文法中学 1200 所，而技术中学只有 303 所。从入学人数来看，战后初期，现代中学学生数占中学生总数的 70% 左右，文法中学的比例为 20%，技术中学还不到 4%。[①]

（四）保障措施

这一时期为了实现"人人受中等教育"的目标，政府排除一切有可能使青少年失去受中等教育机会的因素，因此，主要保障措施有：

1. 确立父母让子女接受义务教育的责任

为了使每一个义务教育适龄儿童接受教育，该教育法案明确规定家长保证子女接受教育的职责，对没有履行其职责的家长，地方教育当局要负责通知他们并下达书面的"就学令"，如家长仍不履行其职责将受到罚款或监禁。

2. 提供医疗、午餐、寄宿、交通等方面的保障

地方教育当局必须为所属学校的学生提供免费的医疗保健服务以及牛奶和午餐服务等。该法案还对地方教育当局在寄宿、交通方面责任作出规定，如果由于没有寄宿设施，造成某学生无法继续接受教育，地方教育当局必须在寄宿学校或寄宿学院以外的地方提供寄宿设施；同样，地方政府还要提供交通设施和其他设施，方便学生就读于学校、郡立学院，或者参加本地区实施继续教育课程或班级学习。如果地方教育当局不能提供交通

---

① 王承绪：《英国教育》，吉林教育出版社 2000 年版，第 370 页。

设施，可以向学生支付他们认为合适的、全部或部分的、合理的交通费用。

3. 禁止企业主雇佣义务教育阶段的儿童

《1944 年教育法》规定没有超过义务教育年龄的任何人将被视为本条例规定范围内的儿童。该法授权地方教育当局，如果地方教育当局认为，郡立学校、民办学校或特殊学校中某位在册生的受雇方式有害于他的健康，或者使他不能从为他所提供的教育中充分受益，地方教育当局有权向雇主下达书面通知，禁止雇主雇用这位儿童，或者对雇主雇用这位儿童提出地方当局认为适宜的、有利于该儿童的限制。对屡次违反该条款的雇主，处以 5—10 镑以下的罚款，或者一个月以下的监禁，或者同时处以罚款与监禁。①

4. 责令地方教育当局培养足够师资

普及中等教育需要大量师资。该法对教育和科学国务大臣及地方教育当局在师资培训方面的职责作出了规定，教育和科学国务大臣可以向地方教育当局下达其认为必要的指令，要求它们建立、维持或资助师范学院或其他师资培训机构。

5. 增加财政支持力度

《1944 年教育法》对中央教育委员会承担的经费项目做出了规定。中央教育委员会向地方教育当局支付年度补助费，补偿地方教育当局为履行教育职责以及其他与学生医疗检查和治疗相关职责已经花费的开支；向地方教育当局以外的人员支付补助费，补偿他们或他们的代表为提供教育设施、管理教育设施或从事教育研究的开支；向收费学校支付在校儿童全部或部分费用。这样，比《1918 年教育法》有所扩展。中央政府承担的比例也有所增加，据邓特的描述：以百分比计算，中央政府所提供的约占教育经费总数的 60%，地方教育当局提供的约占 40%，这种情况一直延续到 1958—1959 财政年度。② 而 1944 年之前，中央和地方各占一半。

---

① ［英］教育委员会：《1944 年教育法》，王斌华、郭玉贵译，引自瞿葆奎主编《教育学文集·英国教育改革》，人民教育出版社 1993 年版，第 190 页。

② ［英］邓特：《英国教育》，杭州大学教育系外国教育研究室译，浙江教育出版社 1987 年版，第 33 页。

第三节　小结

首先，从政策目标来看，从一战到二战结束这段历史时期，英国政府的教育政策目标主要是建立初等、中等和继续教育相互衔接的公共教育体系，实现人人可以享受的免费的中等教育。这一目标的实现主要有以下几方面的动因：

第一，中等教育机会严重不平等。现存的中等教育局限于少数富裕阶层子弟和有才能的儿童，90%少年被排除在中等教育之外；就在10%受中等教育的青少年中，其父母所属的社会阶层决定其进何种类型的中等学校，并决定其未来的职业地位。受中等教育的机会严重不平等，推动政府关注中等教育问题。

第二，社会现实的需求。初等学校生活过早结束，许多儿童在街头游荡，直接导致个体道德颓废和社会浪费。正如《史彭斯报告》指出的那样："教育不能为孩子过积极劳动者和社会合作者生活作准备，教育就没有实现它的目的；工业不能利用和加强通过教育获得心理素质和品格，工业还是失败的工业。许多男孩女孩在他们生命的关键期，在很大程度上暴露出来危险性，是一个清楚的现实。[①] 延长儿童的学校生活，显然对社会安定和工业发展均有很大好处。

第三，教育自身进步的结果。《1918年教育法》实现了免费的、强迫的国民教育制度的建立，使初等教育在英格兰和威尔士得到普及。《1921年教育法》已将义务教育年龄提高到14岁，超过义务教育年龄留在初等学校的大龄学生越来越多，为学生提供高级教学应运而生，五花八门。《史彭斯报告》指出，"1904年前后，适合11、12—16、17岁男女儿童需要的中等教育和以升大学为方向的传统学术课程之间开始出现混乱状态，中等教育领域里的问题大多是从这种混乱状态中衍生出来的"，[②] 迫切需要重新规划教育体系。

第四，福利国家政策的推动。工党成立之后，作为为工人阶级谋求利

---

① HM Stationery Office, *The Education of the Adolescent*, 1926, p. 41.

② HM Stationery Office, *Secondary Education-with Special Reference to Grammar Schools and Technical High Schools*, 1938, p. 71.

益的政党，致力于建立平等、民主的社会秩序，中等教育机会平等成为工党政治目标的一部分。工党教育发言人托尼提出的人人受中等教育的理念，成为工党政府制定教育政策的基础。后来工党与保守党在建设福利国家的政策目标达成共识，使人人接受免费的中等教育成为福利政策一个重要组成部分。

第五，在《1944 年教育法》形成之前，政府委托咨询委员会做了大量的调查研究工作，连续发表了《哈多报告》、《史彭斯报告》和《诺伍德报告》三份咨询报告，为两党在教育政策上达成共识铺平了道路。

其次，从政策效应来看，《1944 年教育法》最后完成了自《1870 年初等教育法》颁布后开始的基础教育国家化进程，并形成了初等教育、中等教育和继续教育相互衔接的现代国民教育制度，因而从根本上结束了英国学校制度混乱的状况，实现了早在 20 世纪 20 年代初提出的"人人受中等教育"的目标。英国教育史学家邓特（H. C. Dent）指出：这个教育法案关系到我们的每一个人，成为英国"在后来的 25 年内教育空前大发展的序曲"。[①] 英国教育学者劳顿（D. Lawton）指出：这个教育法案"确立了为所有人提供免费和义务中等教育的原则"。[②] 英国教育社会学家哈尔西（A. H. Halsey）更是指出："1944 年以后，在趋于教育机会公平上有了明显的进步。"[③] 我国台湾学者林本作了精辟的概括：《1944 年教育法》中最有意义的改革之一，在于"中等教育"一词含义的改变。在此之前，这一名词仅指含有学术性的教育而言，享受此种教育者往往需要交纳学费。自此以后，这种狭义的界说已有较广泛的概念所取代，中等教育成为每一个儿童所必经的教育阶段之一，其职责在于促进和协助每一个儿童如何最大限度地发展自己的能力。[④]

但是，在如何实现人人受中等教育目标上，当时的中央教育委员会接受了《哈多报告》、《史彭斯报告》和《诺伍德报告》三份咨询报告的建

---

① ［英］邓特：《英国教育》，杭州大学教育系外国教育研究室译，浙江教育出版社 1987 年版，第 22 页。

② ［英］劳顿：《1988 年教育改革法前后英格兰和威尔士的教育与培训》，王维臣、崔允漷译，引自瞿葆奎主编《教育学文集·英国教育改革》，人民教育出版社 1993 年版，第 780 页。

③ A. H. Halsey, *Origins and Destinations: Family, Class, and Education in Modern Britain*, Oxford: Clarendon Press, 1980, p. 202.

④ 林本：《世界各国中学教育制度》，台湾开明书店 1976 年版，第 81—82 页。

议，三类学校成为战后英国重建中等教育的总政策。因此，从战争结束到50 年代初，英国中等教育重建的主要目标，就是建立一个整齐的、从 11 岁开始分流、由七年制（11—18 岁）文法中学和与之平行的技术中学，以及四年制或五年制（11—15、16 岁）现代中学组成的中等教育结构。①而《史彭斯报告》和《诺伍德报告》中关于建立"三类学校地位平等的管理体系"、"开放式的转学制度"以及"区别儿童是一个过程"的建议被忽略了，未能成为《1944 年教育法》中的条款，使得三类学校地位平等的设想化为泡影。结果，三类中学沿着三条轨道各自发展，演变成很不平衡的"三轨制"。

---

① 王承绪、徐辉主编：《战后英国教育研究》，江西教育出版社 1992 年版，第 105 页。

第三章

追求更大的教育机会均等

二次世界大战结束至 20 世纪 70 年代中期，是英国经济高速发展期，在政治上两党进入"共识"时期，两党都赞同扩展社会福利政策，让人民免受贫穷之苦，消除阶级间差异。基础教育作为社会福利政策的组成部分，也得到快速扩张，追求更大的教育机会均等成为这一时期公平政策的主要目标。

第一节 时代背景

1945 年，二次世界大战结束，工党在大选中获胜，面对战后英国经济的困境，工党政府继续推进福利国家政策，并不失时机地推出国有化政策，由于这些政策符合战后民众对"新英国"的期盼，集体主义高涨，1947 年底工业生产总值就恢复到战前水平，之后经济持续增长。1953 年，英国制造业产量占全球的 8.6%，仅略低于 1939 年的水平。1959 年，整个工业生产比 1938 年增长了 60%，比 1954 年增长了 13%。这样一套社会经济政策在战后大约 20 年时间里效果很好。这段时间里，经济稳定，失业率低，人民生活水平明显提高，英国似乎已走进了一个"富裕社会"（affluent society），人民为自己创造了前所未有的繁荣。[①]

一 "富裕社会"时代的混合经济

1946 年，工党对英格兰银行国有化，开始了国有化进程。两年时间里，煤矿、民航、铁路、公路、运输、煤气、钢铁、电力等部门相继完成

---

① 钱乘旦、许洁明：《大国通史——英国通史》，上海社会科学院出版社 2007 年版，第 342 页。

国有化。从实行国有化的行业来看，主要是公用性质的部门，其中某种形式的国家控制本来就是需要的。另一些部门则是长期亏损的行业，比如煤矿，既不赚钱，不经营又不可能，于是由国家接管。但国有化不等于公有化。所谓国有化只是国家出钱买回原企业主的产权，经营管理原封不动。劳工既不能分享利润也得不到经济上的实惠。对于工业上的决策问题，同从前一样，他们没有发言权。① 至 1948 年，国有化基本上告一段落，这时，80% 的劳动力仍然在私营企业中工作。

但国有化仍然是巨大的观念变化，在英国这样一个自由资本主义的发源地，国有化意味着双重否定。它意味着"社会主义"是一种可以接受的实践，而资本主义也可以不"自由"的。于是，形成了奇特的经济政策——"混合经济"。在这种经济制度下，国有企业和私有企业共存，"计划经济"和自由竞争也同时起作用。国家不仅通过立法来干预经济，而且下达指标，对经济发展实行"指导"。国家并不直接参与生产与经营活动，却可用"计划"来引导经济发展的方向；同时用税收的手段调节财富的分配，用福利制度来保障最低的生活标准。②

这样，英国社会发生了显著的变化，在财富享受方面，虽然社会上层和下层之间贫富差距仍然巨大，但差距正在缩小，从此，"贫困"不再包含"吃不饱穿不暖"的意思了。

二　"共识政治"与政治重心下移

1947 年保守党工业政策委员会提出的《工业宪章》，被视为保守党思想转变的一个重要文件。③ 其中，一方面，保守党宣称对战后工党政策的若干方面，如充分就业、低利贷款、"节制"和赤字预算等表示认可；在"原则上"反对国有化，但继续承认英格兰银行、煤矿和铁路业已造成的状况。另一方面，它提议把公路运输恢复私人企业经营，"坚决"反对钢铁工业国有化。对于保留在公营范围内的那些工业，保守党所期望的是高

---

① ［英］阿伦·斯克德、克里斯·库克：《战后英国政治史》，王子珍、秦新民译，世界知识出版社 1985 年版，第 18 页。

② 钱乘旦、许洁明：《大国通史——英国通史》，上海社会科学院出版社 2007 年版，第 342 页。

③ ［英］T. F. 林赛、迈克尔·哈林顿：《英国保守党 1918—1970》，复旦大学世界经济研究所译，上海译文出版社 1979 年版，第 154 页。

标准的"商业效率",更多的"地方分权",以及"保护"消费者免受那些公营垄断企业侵害。由此可见,保守党在经济政策上与工党的共识大于分歧。该委员会主席 R. A. 巴特勒(R. A. Butler)指出:"《工业宪章》保证,为了提高生产效率,保障充分就业和社会安全,现代保守主义坚持对经济活动实行强有力的中央指导。"① 这番表白表明,保守党基本接受福利国家和计划经济的思想。

保守党向左转了点,而工党开始向右转。1956 年工党的理论家安东尼·克罗兰斯(A. Crossland)发表《社会主义和未来》,宣称社会主义的本质是平等而非共有制,国有化是手段而非目的;超意识形态的税收、福利政策会加快社会主义的理想。克罗兰斯还认为,由于社会阶级的变化,工党应由原来工人阶级的党转化为全民党,应该认可现有的以私有经济为主体的混合经济体制。② 这样,两党政治上距离进一步缩小。英国《经济学家》杂志将两党的"共识"体现为一个新的符号:"巴特茨克尔主义。"这个词来源于理查德·巴特勒和休·盖茨克尔的姓,他们分别担任过保守党政府和工党政府的财政大臣,由于两党执行的经济政策有一定的连贯性,两人的姓被合在一起。"巴特茨克尔主义"是两党"共识政治"的标志,一直延续至 70 年代中期。

在"共识政治"期间,英国政府制定政策的权力结构发生了转移,表现为上院的权力日渐衰落,权力的重心倾向下院。上院议员由世袭贵族构成,1949 年《议会法》颁布之前,可以否决下院通过的法案,但 1949 年的《议会法》做出规定,上院对下院所通过的法案,只能行使一年的延置权,一年之后,法案将自动成为法律,送英王批准。这样上院在立法方面的权力就几乎被剥夺殆尽。1958 年议会又通过《终身贵族法》,这项法案规定国王可以册封"终身贵族",终身贵族不可世袭,终生而终。这以后,英国很少再册封世袭贵族,企图以这样的方法逐步减少贵族人数,改变上院的组成。但《终身贵族法》并不取消世袭制度,因此改变不了上院的性质。而 1963 年颁布的《贵族法》,规定世袭贵族可以放弃世袭头衔,成为平民。因为作为贵族,他们无法参加大选,不可以成为下院议

① [英]阿伦·斯克德、克里斯·库克:《战后英国政治史》,王子珍、秦新民译,世界知识出版社 1985 年版,第 64 页。
② 阎照祥:《英国史》,人民出版社 2003 年版,第 382 页。

员，也就不可能成为党的领袖进入到主流政治中。[1] 这样，1963 年的《贵族法》弥合了贵族和平民之间参与政治的人为鸿沟。

二战以后，下院的影响却在持续增长。二战前，英国已经实行全民普选，1948 年制定的《选举权法》实行彻底的一人一票制，把过去残存的一人多票现象完全消除了。1969 年将选民的年龄降为 18 岁，凡年满 18 岁的英国公民，不分男女，都有权参加选举。[2] 因为下院议员普选产生，代表民意，因而在英国政策制定中具有举足轻重的意义，人民群众的意愿在政策中得到较多的表达。

三　第二次世界大战后基础教育的发展及教育不公平问题

随着经济的增长和政治上改革，当时英国所谓的"宽容社会"观念的盛行，传统的社会限制的松动，使得自由和民主的观念日益为人们接受，权威主义的方法已逐渐失去市场。因此，人们对教育认识和期望也发生了变化。教育被看作是更多的人获得个人幸福和财富的一个重要途径。

二战后，影响扩大教育机会的另一个重要因素便是人口扩张。这一时期人口因素对教育发展的影响比任何时期要显著。1947 年，英国迎来了战后第一个出生率高峰（第二个高峰出现在 1957 年）。20 世纪 50 年代英格兰和威尔士人口增加约 250 万，到 1961 年增加 4600 万。战后的人口"膨胀"（bulge）和 1947 年离校年龄的提高，使接受政府拨款学校中儿童数量大增，从 1946 年的 500 多万到 60 年代初增加到约 700 万。50 年代初和 60 年代初大量儿童汇聚在小学，尽管第一波"膨胀"最引人注目，但是 50 年代初大量的教育发展计划已经考虑越来越多的儿童将进入中学和大学。[3]

政府在公共教育上的支出从 1952 年的 4 亿镑到 10 年后飙升至 9 亿镑，[4] 相当于翻了一番。初等教育和中等教育都有了长足的发展。

---

① 钱乘旦、许洁明：《大国通史——英国通史》，上海社会科学院出版社 2007 年版，第 342 页。

② 同上书，第 343 页。

③ J. Lawson and H. Sliver, *A Social History of Education in Education in England*, New York: Methuen & Co. Ltl. , 1973, p. 428.

④ Ibid. , p. 431.

（一）初等教育的发展

初等教育自从《1918 年教育法》颁布，实现了强迫的免费的普及教育。初等教育的基本问题已解决，战争期间，英国政府把主要精力放在中等教育与继续教育的发展和完善上，初等教育在一定程度上被忽略了。《1944 年教育法》仅对儿童接受初等教育的上限和下限作出限定，明确初等教育是指 5 岁至 10 岁零 6 个月（个别可以延至 12 岁）之间的教育，至于初等教育如何发展都没有明确指导。但是，初等教育还是在两方面取得显著进步。

1. 独立初等学校的发展

战前，英国初等教育一般采取一贯制学校（a11—age school）。学校大致分为三个部分，幼儿部、女生部和男生部。幼儿部通常在学校的第一层，到 7 岁男孩和女孩分别上升至二层的男生部和三层的女生部。一般实施男女分开教学，直到他们离校为止。这种学校又称"三层式"学校（three - decker school）。

1931 年哈多委员会发表《初等学校》（the primary school），该报告建议，"初等教育可以分为两个阶段，一个阶段至 7 足岁，另一个阶段在 7 足岁至 11 足岁之间。在条件许可的地方，7 岁以下的儿童应设置独立学校"。"幼儿应该由负有专门责任并拥有适合这个阶段的现代方法的专门知识的女教师照顾"。但两类"独立学校应该保持密切的联系，应该经常举行教师会议，两类学校教师共同参加"。[1]

报告支持小学阶段男女合校教学，报告指出："我们没有社会学和教育学方面的依据反对男女'混合'小学，但我们应该关注男女儿童在游戏和身体锻炼上的不同需要。"[2]

在《哈多报告》影响下，各地方教育当局纷纷建立独立的初等学校（Junior school），一贯制学校逐步消失。史学家劳森指出，"战前占主导地位的一贯制学校现在逐步地减少，尽管进步是依赖经济、校舍和善意的目的取得（到 20 世纪 60 年代，它们实际已经消失——1966 年只留下 133

---

[1] The Consultative Committee, *The Hadow Report-The Primary School*, London: HM Stationery Office, 1928, pp. 133—135.

[2] Ibid. .

所）"。① 初等学校高年段男女混合学校有所发展，1926 年有近一半 9 岁的儿童就读于单性别学校，到 1965 年，这个比例只剩 3%。② 说明男女儿童性别差异造成的教育机会不平等正在缩小。

2. 民办学校和中间学校的发展

二战后，许多民办学校面临重建资金困难，《1944 年教育法》颁布以后，许多民办学校愿意注册并接受监督，受资助的数量大幅增长。战争期间 60% 相关年龄组儿童在地方教育局维持的学校接受教育，只有 16% 儿童在民办学校。战后到 1959 年，对受助民办学校资助从 50% 上升至 75%，对新办民办学校资助也升至 75%。至 1970 年 9000 多所民办学校中 5000 多所受助，将近 4000 所成为受控学校。在 20 世纪 60 年代，三分之二儿童在民办小学接受教育。③

《1944 年教育法》规定初等教育在 10 岁 6 个月结束，最迟不得超过 12 岁。然而，《1964 年教育法》授权各地方教育当局和非法定机构建立一些不同于上述年龄规定的学校。法案第 1 条规定："确定一个早于 10 岁 6 个月或高于 12 周岁的年龄阶段。"但《1964 年教育法》仅仅授权地方教育当局自行斟酌执行此法案，地方教育当局对建立法案所建议的学校不承担法定义务。于是产生了"中间学校"，其学生年龄为 8—12 岁、9—13 岁，或者偶尔也有 10—14 岁。这类"中间学校"可以称为小学，也可以称为中学。1980 年，大约有 1700 所中间学校，其中小学约占十分之四。④

（二）中等教育的发展

《1944 年教育法》确立了中等教育按三类学校发展的路线，满足了国民对中等教育的迫切需求。

1. 现代中学的快速发展。英国史学家邓特指出，在 1945 年以后的 20 年里，现代中学发展速度之快，意义之重大，是英国所罕见的。⑤ 不仅如

---

① J. Lawson and H. Sliver, *A Social History of Education in Education in England*, New York: Methuen & Co. Ltl. , 1973, p. 418.

② 王承绪、徐辉主编：《战后英国教育研究》，江西教育出版社 1992 年版，第 37 页。

③ J. Lawson and H. Sliver, *A Social History of Education in Education in England*, New York: Methuen & Co. Ltl. , 1973, p. 418.

④ ［英］邓特：《英国教育》，杭州大学教育系外国教育研究室译，浙江教育出版社 1987 年版，第 80 页。

⑤ 同上书，第 103 页。

此，现代中学办学目标也有所变化。本来，现代中学的学生是被"11 岁选拔考试"淘汰的，人们认为他们不适合学习学术性课程，毕业后直接就业，不参加"普通教育证书"（GCE）考试。但是，从 1951 年开始，新的以单科考试为特点的"普通教育证书"考试取代了学校证书和高级学校证书考试。该考试分普通水平（O-level）和高级水平（A-level）两组分别在 16 岁和 18 岁举行。"普通教育证书"主要为文法学校学生设计。学生通过规定科目的"普通教育证书"考试并达到所要求水平后，便可免试进入大学。大学入学标准各异，但最低要求是通过四至五门科目的"普通教育证书"考试，其中至少两门必须达到高级水平。约从 1953 年起，现代中学学生开始参加"普通教育证书"考试。此后，许多现代中学便开始增设五年级、开设学术性课程并鼓励学生在校学习至 16 岁以参加普通水平的"普通教育证书"考试。学术性课程的设置，使得超过"义务教育年龄"的学生在校人数迅速增加。据邓特描述：1954 年，357 所现代中学约有 5500 名学生参加了"普通教育证书"考试。10 年以后，参加考试的学校数增加了五倍，考生人数增加了十倍。与文法中学相比，现代中学考生的数目是少的，而且大多数考生的目标只是想通过普通水平的考试。每个考生平均只考四门。合格率刚过考生的半数，低于文法中学考生的合格率。即便如此，但对原来仅仅是为那些"非学术型"的学生而设的现代中学来说，这仍然是一个令人吃惊的、完全出乎意料的成绩。①

2. 文法中学的变化。《1944 年教育法》实施以后，1200 所文法中学，其中 231 所属于直接拨款学校，160 所仍然保留直接拨款地位，36 所被拒绝，35 所成为独立学校。直接拨款学校至少要为公立小学提供 25% 免费学额，有些甚至更多。比如，布里斯托文法中学，除了提供 25% 免费学额，还要为地方教育当局提供另外 25% "保留学额"以便其充分利用。1950 年，将近 83000 名儿童进入直接拨款学校，其社会构成也越来越类似公立学校。② 说明社会中下阶层子弟进入文法中学的人数大大增加。

3. 技术中学缓慢发展。技术中学由初级技术学校改造而成。《史彭斯

---

① ［英］邓特：《英国教育》，杭州大学教育系外国教育研究室译，浙江教育出版社 1987 年版，第 104 页。

② J. Lawson and H. Sliver, *A Social History of Education in Education in England*, London: Methuen & Co. Ltl. , 1973, p. 421.

报告》发表之后，许多地方教育当局对初级技术学校和商业学校进行改造，招收 11 岁学生，16 岁时技术中学学生可以从事某种职业，如当学徒或办事员等。他们可以参加"普通教育证书"考试，合格者升入高等技术学院继续深造，毕业时可获得土木、化学、机械或电机工程等专业证书。1947 年英国教育委员会对技术中学的特点是这样说明的："它与一个特定的工业（或职业）或若干工业（或职业）相联系……所设课程带有浓厚的工业或商业色彩，特别适合一小部分有才能的学生的需要，因为它所开设的课程有利于未来就业，这种教材对他们很有吸引力。"①

英国技术中学的数量相对来说是少的。1947 年只有 317 所，1956 年 303 所，并且从那时起，技术中学的数量还一直在减少。早在第二次世界大战后初期，由于当时国家对科学家、技术专家、技术员和技工的迫切需要，新的技术中学就有了大批增加的可能；但事实并非如此，其确切原因至今难以解释。邓特的解释是：可能是技术中学的课程学术性不断增加，与文法学校日趋一致。60 年代各技术中学不断增设类似文法中学课程，导致不少技术中学与文法中学合并为"文法—技术"双边中学。②

（三）基础教育发展中的不公平问题

由于《1944 年教育法》对中等教育的组织结构没有作出明确的规定，文法中学、现代中学和技术中学沿着三条轨道各自发展，使得中等教育结构很不平衡，教育过程和教育结果不公平日益凸显。

1. 三类中等学校导向地位不同的职业阶层

《1944 年教育法》的实施，尽管人人受中等教育的愿望实现了，但人人所受的并不是多样而平等的教育。《哈多报告》、《史彭斯报告》和《诺伍德报告》建议三类学校相互转学，选择学校不取决于考试而是考察过程等管理策略都化作了泡影。正如史学家邓特指出的那样：公众对这三类中学已形成了完全不同的等级观念。文法中学显然地位最高，它是通往自由职业和行政官员职位的大门。那些渴望进入文法中学而考试落选的学生，则把初级技术中学（通常在 12—13 岁入学）视为"第二流学校"（后来发展为技术中学）。高级小学（后来发展为现代中学）则是那些被认为无

---

① ［英］邓特：《英国教育》，杭州大学教育系外国教育研究室译，浙江教育出版社 1987 年版，第 102 页。

② 同上书，第 103 页。

能或无志于受较高教育的学生学习的场所。学生受哪种性质的教育与其未来的社会和经济地位有着千丝万缕的联系。文法中学不仅在社会地位上，而且在经济地位上都被认为优于技术中学，因为文法中学的毕业生可以获得较高的薪金和较有保障的职业（这在失业普遍的二次大战期间，的确是个要害性的问题）。技术学校毕业生进入熟练工行业后，在经济和社会待遇方面，也享有某些明显的好处（当然远不如文法中学毕业生）。而高年级小学根本不能提供上述好处，所以高级小学在公众心目中的威信也必然最低。[1] 所以，新型的中等教育体制仍然是分割和不统一的。它不但没有兑现白皮书中所承诺的废除"11岁选拔考试"，反而使这种竞争变得更加激烈。不同类型的中等学校之间也没有获得同等的条件、地位和应有的尊重。考恩指出，《1944年教育法》赋予这一制度的目的以及该法颁布之前发表的许多全国性的调查研究报告的出发点，都是强调了在儿童的能力范围内向他们提供教育的重要性。然而，这个学校教育制度本身确实也提供了通向不同职业的三种不同的轨道。这个学校教育制度是巩固英国社会中的社会经济分层的方式。[2]

2. "11岁选拔考试"的负面影响

儿童进入三类不同学校是通过11足岁的选拔开始的。由于"11岁选拔考试"事关儿童的未来，竞争异常激烈。政府投入大量人力和物力确保选拔过程的公正性，许多与之有关的研究机构如全国教育研究基金会（NFER）等此时应运而生。[3]

"11岁选拔考试"由各地方教育当局负责举行，各地所采用的考试程序大同小异，下面是几种常用的方法：（1）标准化的客观的智力测验（通常称为"言语推理"测验）；（2）正规的英语和算术成绩测验，一般是客观的，并且经常是标准化的（除了以上两项测验外，一般还要参考下列两点：小学校长对学生的鉴定报告；记录学生整个小学阶段的成绩报告单）。这两项测验，通常于每年的二、三月份在学生所在学校里由他们的老师主持进行。教师根据上级有关规定评分（不得以任何个人意见判断答

① ［英］邓特：《英国教育》，杭州大学教育系外国教育研究室译，浙江教育出版社1987年版，第96页。
② ［英］考恩：《1944年以来英国教育改革》，石伟平译，引自瞿葆奎主编《教育学文集·英国教育改革》，人民教育出版社1993年版，第769页。
③ 王承绪、徐辉主编：《战后英国教育研究》，江西教育出版社1992年版，第108页。

案正确与否），并将"原积分"转换成"标准"分数。然后再把答卷和成绩送到地方教育当局检验，并将所属地区所有学校的考生根据成绩排列名次。接着，由地方教育当局任命的考试委员会决定进入文法中学的考生名额，以及名列末尾的应进现代中学的学生名额。名次线划分的标准大体是根据这一地区现有文法中学的招生数决定的。① 因此，进入文法中学的学生资格没有绝对的标准。各地方教育当局及其管辖的区域所拥有的文法中学的学额多寡相差悬殊，为此，人们一直抱怨不休。

"11 岁选拔考试"随着战后 50 年代出生率猛增引起中学适龄人口迅速增长而竞争愈加激烈，迫使小学早在学生 7 岁时就开始进行能力分组，以便让成绩最好的学生为"11 岁选拔考试"做准备。这种分组甚至波及幼儿园。此外，由于人们相信智力测试成绩可以通过培训提高，社会上到处充斥智力测试培训资料，智力培训泛滥，儿童把很多时间花在各种智力测试题上，以期提高成绩。在 1952 年有 200 位中学教师参加的会议上，心理学家弗农（P. Vernon）教授说："我无法用确切的词汇表达从与会人员中得到信息，在这个国家，智力测试培训分布有多广。"②

"11 岁选拔考试"所引起的种种弊病，如家长焦虑，学生灰心丧气甚至失望等，在英国教育制度中则是罕见的。邓特指出，"即便说由'11 岁选拔考试'造成的严重后果大于英国教育制度中其他所有弊病的总和，也未必夸张。假如我们没有认识到这类苦恼牵涉的范围之广，那么我们就不可能充分理解 50 年代和 60 年代的中学朝着综合化方向发展的趋势"。③ 从本质上讲，"11 岁选拔考试"是英国人民对优质教育资源激烈竞争的缩影，体现了普通百姓对成功机会的渴求，至此，"11 岁选拔考试"已经演化为严重的社会问题。

---

① ［英］邓特：《英国教育》，杭州大学教育系外国教育研究室译，浙江教育出版社 1987 年版，第 96 页。

② Simon Brain, *Intelligence testing and the comprehensive school*, Harold Silver. *Equal Opportunity in Education: A Reader in Social Class and Educational Opportunity*, London: Methuenl& Co Ltd, 1973, 116.

③ ［英］邓特：《英国教育》，杭州大学教育系外国教育研究室译，浙江教育出版社 1987 年版，第 95 页。

四 对教育过程和教育结果不平等的探索

《1944 年教育法》实现了"人人受中等教育"的目标,但是中等教育三轨制及"11 岁选拔考试"造成教育过程和结果的不平等,引起公众不满和理论界的争议,推动了理论界和政府对教育公平问题的研究。人们发现学生就读的学校类型(文法学校、现代中学或综合学校),确实对儿童的成绩有重大影响,儿童的职业前途是在接受教育之前而不是在教育完成之后分岔,于是,人们对教育公平的思考从入学机会均等转移到教育过程和教育结果的平等。

(一)备受质疑的智力理论

20 世纪 50—60 年代,作为"11 岁选拔考试"理论基础的智力理论受到教育心理学领域和教育社会学领域两方面的挑战。

首先是英国心理学家弗农(P. E. Vernon)发现推孟智力理论的纰漏:推孟所说的初测与再测上下误差 10%,事实上两次测试的间隔时间很短,如果间隔的时间延长则误差的幅度会更大。1955 年,弗农对拥有相同智力水平的人群在 9 年之后进行再测,得出与瑞典教育家胡森(T. Husen)相似的结论,那些接受全日制中等教育和大学教育的人比起那些在 14 岁或 15 岁离开学校又没有接受继续教育的人在智商上要领先 12 个点。弗农对这个结果的解释是,智力刺激和文化兴趣(cultural interests)比很少涉及人的大脑"练习"的做事和闲暇更能促进人的智力发展。[1] 这说明教育在人的智力发展过程中发挥重要作用。而弗农进行的另一项调查研究则证明,不同类型的教育导致儿童的智力变化方向是不同的。例如,他对南安普敦地区所有 14 岁男生的调查发现,被选拔到文法中学和技术中学的学生的智商在 3—4 年的时间里平均提高了 4.9 分,而被分配到现代中学的学生的智商平均下降了 1.9 分。[2] 调查结果说明,在文法中学和技术中学中,学生的智力水平随着教育过程不断提高,而现代中学学生的智力水平在教育过程中反而降低了。

对弗农的研究结论给予有力支持的是道格拉斯(J. W. B. Douglas)和

---

① Vernon P. E. (ed.), *Secondary School Selection——A British Psychological Society Inquiry*, Fakenham: Wyman and Sons Ltd. 1957, p. 105.

② 王承绪、徐辉主编:《战后英国教育研究》,江西教育出版社 1992 年版,第 113 页。

威斯曼（S. Wiseman）的研究成果。1964年，道格拉斯在其调查报告《家庭和学校：小学学习成绩和能力的研究》（The Home and the school：a study of ability and attainmet in the primary school）中分析了家庭背景与儿童在"11岁选拔考试"分数之间的关系，得出结论：中上阶层儿童在取得高水平成绩中占有优势。在这个年龄组的儿童中，对能力顶端的2%的儿童来说，社会背景并不重要。但在此水平之下，社会背景对儿童进入文法中学的机会影响相当大。那些中产阶级上层的儿童获得文法学校的学额约占51%，中产阶级低下层的儿童获得学额约占34%，手工劳动阶级上层获得学额约占21%，手工劳动阶级下层占22%。[1] 他认为，天赋可能是影响学校学习成绩水平的决定性因素，外部因素比如父母的兴趣和鼓励、家庭环境、教学质量等可能对成绩影响是很小的因素，但当这些因素一起发生作用时，导致那些被排斥在文法中学之外儿童的才能极大地浪费。

同年，曼彻斯特大学心理学教授威斯曼发表了一份名为《教育与环境》（Education and Environment）的调查报告，也极具影响力。威斯曼和他的同事在曼彻斯特地区进行了三次大规模的调查（1951年和1957年对14岁中学生的调查和1963年对7—16岁小学生的调查），得出的结论是，不良家庭和邻居的影响在妨碍儿童的成长方面比其他因素在导致其落后方面更突出。[2]

这些研究推翻了智力的遗传决定论和恒常性的假设，说明无论从能力水平还是从能力类型上看，在11岁时完全正确地区分儿童都是不可能的，同时揭露了基于智力测验的教育资源分配的巨大的不平等。

其次是社会学家弗拉德等人的调查。弗拉德（J. E. Floud）、哈尔西（A. H. Halsey）和马丁（F. M. Martin）合作的《社会阶层和教育机会》（Social Class and Educational Chance，1956）是对《1944年教育法》实施情况的调查。该研究对英格兰赫特福德郡西南部（Hertfordshire）和北部的米德尔斯布勒郡（Middlesbrough）文法中学入学男孩的社会阶层进行深入调查，数据表明，工人阶级的孩子每年进入文法学校的人数在飞速增

---

① J. W. B. Douglas, *The home and the school*, Harold Silver. *Equal Opportunity in Education：A Reader in Social Class and Educational Opportunity*, London：Methuenl& Co Ltd, 1973, p. 229.

② 易红郡：《从冲突到融合：20世纪英国中等教育政策研究》，湖南教育出版社2005年版，第266页。

长，学校的数量也比以前多了很多。尽管如此，工人阶级的孩子就读文法学校与 1945 年以前没有很大的区别：在 1931—1941 年，年龄达到 11 岁的工人阶级的孩子中，低于 10% 的孩子就读选拔性中学。而在 1953 年，工人阶级的孩子就读文法学校的比例，米德尔斯布勒是 12%，赫特福德郡西南部是 14%。其中，在米德尔斯布勒，大约 8 个工人阶级的孩子有 1 个可以读文法学校，而职员的孩子，3 个中就有 1 个上文法中学。在赫特福德郡西南部，大约 7 个工人阶级的孩子有 1 个可以读文法学校，而职员的孩子，2 个就有 1 个读文法中学。[1] 瑞典教育学家胡森声称：这个结果令所有人震惊，所有的经济障碍已经取消，所有的录取者都取决于考试时，在"11 岁选拔考试"范围内，中产阶级和小资产阶级家庭出身的儿童所取得的级别高于更低级别阶层出身的儿童，因此前者进入这种学校的人数更多。[2] 最后，弗拉德及其合作者得出结论：入学筛选是社会性选拔伪装成学术性选拔。[3]

　　基于智力理论的教育公正观，试图以智力决定入学机会取代血统（阶级出身）决定入学机会，这本身是教育公平史上的一大进步；另外，它强调儿童的能力差异，对能力不同的儿童施以不同的教育，也是符合教育原理的。问题是大量证据表明智力测试不能正确区分儿童（误差达 20%），智力理论在尚不成就阶段引入教育选拔领域，结果造成了更大的不平等，并且后续研究表明，影响智力因素还有先前的教育、家庭环境、家庭规模等因素。正如威廉姆斯（Williams R）指出的那样：学习能力的差异是明显地存在的，但将这些差异进行区分并绝对分类更危险。儿童应以适合他的学习能力的方式进行教学，是正确的。但是因为这本身是依赖他的整体发展，不仅包括个性发展，也包括他所处的社会现实环境以及他从中获得

① J. Floud, A. Halsey, F. Martin, *Intelligence Social Class and Educational Chance*, Harold Silver, *Equal Opportunity in Education*: *A Reader in Social Class and Educational Opportunity*, London: Methuenl& Co Ltd, 1973, p. 163.

② ［瑞典］托尔斯顿·胡森：《平等——学校和社会政策的目标》，张人杰主编《外国教育社会学基本文选》，华东师范大学出版社 2009 年版，第 173 页。

③ Wooldridge A, *Measuring the mind Education and Psychology in England*, c. 1860 – c. 1990, Cambridge: Cambridge University Press, 1994, p. 278.

的刺激，过早地划分智力等级，是制造一个不完善的情境来满足他的需求。[1] 此外，基于智力理论的教育公正观是一个非常有限的目标，即精英教育观下的教育公正。对智力理论的批评，使"11 岁选拔考试"的理论基础发生动摇。

（二）基于社会分层和社会流动的教育公平理念

在英国，基于社会分层和社会流动分析的教育公平研究兴起于 20 世纪 50—70 年代，主要探究不同的阶层或不同的群体之间有多少代际变动。从事这一领域研究的教育社会学家坚信：通过高速率的社会流动，尤其是通过教育的社会流动，将减少工人阶级儿童中的才能浪费，并使经济、社会和政治等方面的活动效率更高。[2] 推动这项研究不断扩大影响的是伦敦大学经济学院的格拉斯（D. Glass）教授和牛津大学的哈尔西（A. H. Halsey）教授。

1. 格拉斯：英国社会流动处于僵滞状态

20 世纪中叶，格拉斯领导的伦敦大学经济学院研究团队取得了对社会流动的实证性研究中最重要的成就，并出版《英国社会流动》（Social Mobility in Britain，1954）一书。他们不是基于阶级分析，而是根据职业等级（occuption grading）将整个英国社会设想为七个等级层次组成的社会结构：第一层，专业人员和政府高级官员；第二层，管理人员和行政官员；第三层，非体力的较高级监督或管理人员；第四层，非体力的低级监督或管理人员；第五层，熟练工人和非体力劳动的事务员；第六层，半熟练工人；第七层，非熟练工人。[3] 格拉斯以 1949 年第一个儿子年龄为 20 岁的男性作为研究对象，运用政治算术（political arithmetic）的方法，描述研究对象的职业阶层与父辈所处职业阶层相联系的状况，探索教育在多大程度上影响社会流动中的最终机会和其他方面的发展。统计结果表明：在等级的顶端，代际之间有相对大量的自我补充（Self-recruitment），等级制的底层也并非静止不变，中层则有相对多的流动。关键的数据是：处于

---

① Derek Gillard. *Education in England：the history of our schools.* 2014 年 8 月 http：//www. educationengland. Org. uk/history/chapter06. html.

② ［英］A. H. 哈尔西：《趋向于能人统治吗？——英国实例》，赵明译，张人杰主编《国外教育社会学基本文选》，华东师范大学出版社 2009 年版，第 109—125 页。

③ Glass D. V. （ed.），*Social Mobility in Britain*，London：Routledge and Kegan Paul，1954，p. 31.

顶层的研究对象中 48.5% 的父亲属于同样的阶层,[1] 揭示了英国社会流动处于僵滞状态。

2. 哈尔西:平等的目标应放在结果的平等而不是入学机会的平等

格拉斯的学生、牛津大学教授哈尔西不仅深受格拉斯的社会分层思想影响,而且吸收了美国学者布劳和邓肯的路径分析法,改进了格拉斯的统计方法。他认为,社会分层概念已经超越了阶级对立的分析,教育社会学领域"已有一种从阶级更迭的老概念到等级制的职业化思想的转变"。[2]哈尔西以个人家庭出身、教育、首次职业和目前职业为变量,以 1972 年25—59 岁的男性数据为样本,向上追溯,探讨社会政策尤其是教育政策在使英国的生活机会成功地平等化上发挥作用,揭示在塑造新一代中获致的因素(教育)在多大程度上排斥了先赋的因素(家庭出身)。研究结果表明,二战后家庭背景与个体所受教育对其职业地位的影响在同时增长,代际社会流动既是教育日益发挥作用的过程,也是家庭出身继续施加影响的过程。与此同时,二战后的经济和技术变化扩大了就业的机会,但社会和教育的政策没有成功地利用这一点,以实现一个平等的或能人统治的社会。[3] 也就是说,教育政策在推进社会平等化上是失败的。

格拉斯和哈尔西等人试图以政治中立的立场分析教育对职业成就的影响,在他们的教育公平的理念中暗含一种假设:人有权利更公平地重新分配生活的机会,例如,接受高等教育,从事高社会地位的工作,或者处于分层化体系中上流社会或优势轨道。[4] 在哈尔西看来,平等的目标应放在结果的平等而不是入学机会的平等上,即权力和利益更为平均的分布,将接受教育机会与获得社会地位联系起来。从而使教育公平内涵从入学机会平等拓展到职业成功的机会平等上。

格拉斯、哈尔西等人的研究成果对教育政策产生了积极影响。不仅伦敦大学经济学院和牛津大学的社会流动研究的数据经常被政策文件所援

① Glass D. V. (ed.), *Social Mobility in Britain*, London: Routledge and Kegan Paul, 1954, p. 183.

② [英] A. H. 哈尔西:《趋向于能人统治吗?——英国实例》,赵明译,张人杰主编《国外教育社会学基本文选》,华东师范大学出版社 2009 年版,第 109—125 页。

③ 同上。

④ [爱尔兰] 凯瑟琳·林奇:《平等与教育的研究和理论》,傅松涛等译,莫琳·T. 哈里楠主编《教育社会学手册》,华东师范大学出版社 2004 年版,第 110—137 页。

引，在"把国家自身置于公众监督之中"发挥了重要作用。① 而且，有力支持了《普洛登报告》中提出的补偿教育原则。

（三）基于积极的差别对待原则的教育公平理念

"积极的差别对待"原则（positive discrimination）最先由《普洛登报告》提出，即在教育资源分配上有必要向社会条件不利地区倾斜，也称补偿教育原则（the Compensatory Education）。但最早对社会条件不利儿童生存状况与教育落后关系作深入调查研究的是教育咨询委员会在 1963 年颁布的《纽瑟姆报告》；同年，以普洛登（L. Plowden）女士为主席的教育咨询委员会继续深入研究了这一问题，1967 年在对初等教育的全国性调查基础上发表了一份题为《关于儿童与他们的小学的报告》（Children and Their Primary Schools），亦称为《普洛登报告》（Plowden Report）。《普洛登报告》由于提出了"积极的差别对待"和"教育优先区"（educational priority areas）的公平理念，在英国本土乃至国际上产生深远的影响。

1. 《纽瑟姆报告》：关注贫困区学校及其儿童的教育

《纽瑟姆报告》经过大量调查表明，贫困区长期投入不足，教育落后，社会问题丛生，而政府从未给予更多的关注。报告中指出，"我们没有看到或听到任何事可使得我们相信，对能力稍逊学生的严格教育的问题，在贫困区学校与在其他学校有所不同。"②

报告对贫困区学校作如下界定：那些"学校建筑物等远远低于现代的标准，这些房屋很可能被认为是不适合的，在我们的界定中这些不是贫困区"。只有"在一个社会问题高度集中的社区，我们将其归类为贫困区"。其中，住宅破旧、社会问题严重的社区和为该社区提供服务的学校组合在一起，成为该报告所称的"贫困区学校"，与单纯贫民区学校区别开来。贫困区学校表现出以下特征：首先是教育质量低下。报告指出，20% 学校为"问题区域"提供服务，那里学生占入学学生总数 18%。③ 贫困区失败学校比例高、校舍不足、师资匮乏且变动频繁，教学质量低下，学生学业成绩低于混合邻区内（the mixed neighbourhoods）平均成绩；其次，贫困

① ［爱尔兰］凯瑟琳·林奇：《平等与教育的研究和理论》，傅松涛等译，莫琳·T. 哈里楠主编《教育社会学手册》，华东师范大学出版社 2004 年版，第 110—137 页。

② The Central Advisory Council, *The Newsom Report*, London: Her Majesty's Stationery Office, 1963, p. 9.

③ Ibid. , pp. 23—24.

问题还关涉儿童健康问题。在现代中学儿童的健康问题令人担忧，四年级学生获得免费午餐的人数大约是整个现代中学人数的两倍，两倍之多的男孩身高低于 5 英尺，两倍之多儿童的体重不足 91 磅；再次，是学生出勤率比较低。在三年级学生中，有一半人缺半学期以上的课，其中三分之二是由于健康原因；还有一半人不能令人满意地解释其缺席的原因，其中六分之一的三年级女孩属于这一类。

基于贫困区教育问题的复杂性，报告认为，在贫困区，改革不仅仅限于学校，而是需要全面的改革。因为任何社会设施都不是一个"孤岛"，所以，需要有一种跨部门的工作组（an interdepartmental working party）来计划重大行动的"战略"，但是这不能以推迟"开战"作为代价。[1] 此外，报告建议对于贫困区儿童的教育应该采取特殊措施：一是对于那些掌握一些技能较慢甚至有极大困难的学生给予更多支持。具体做法是，在整个能力范围内最低的 10%—15%，应当挑选出来组成一组，大部分时间有专门教师教。因为从学生的利益来考虑，当他们长大与能力强的同伴应该是肩并肩；他们在校外生活世界，能够习惯同数量更多、更多样老师一起学习。[2] 二是加强对贫困区学校优秀师资的配备。报告指出，如果贫困区的学校要具有使其学生获得最好发展的平等机会，则确实需要特别考虑教职员配备比例，起码拥有与其他学校同样稳固的教师队伍的措施。由于在贫民区、重工业区和其他有虐待儿童倾向地区各种类型学校，获得和保留好的教师特别困难。这些地区的儿童，因为他们的环境，一开始就对他们的教育造成严重障碍，他们需要具有特殊天赋的教师。报告强调，"任何趋向造成学校教师和学生分类的任命或培养制度都应该避免；任何在现代综合中学进行教学的师范生应该在他们的训练中包含我们学生提出的教育问题的研究。……"[3]

《纽瑟姆报告》首次从教育的视角，而非阶级的视角对儿童的发展进行了分类，对能力一般儿童和逊常儿童的教育和生存环境进行了深入调查，提出了对社会条件不利下儿童给予更多支持的设想。这份报告对后续

① The Central Advisory Council, *The Newsom Report*, London: Her Majesty's Stationery Office, 1963, p. 26.

② Ibid., p. 100.

③ Ibid., p. 99.

的《普洛登报告》提出"积极的差别对待"原则产生极大影响，从某种意义上讲《普洛登报告》是《纽瑟姆报告》的延续。

2.《普洛登报告》：以"积极的差别对待"原则对待社会条件不利儿童

《普洛登报告》从三方面阐述了对社会条件不利儿童采取"积极的差别对待"原则的必要性，报告认为：

第一，任何智商分数代表了遗传禀赋和环境相互作用的结果

遗传因素在整个生长过程中起作用，但不是所有的基因在出生时就很活跃。一些基因仅仅在一段时间以后才施展它们的影响。报告引用了胡森在瑞士和伯特在英国所做研究。这两项研究均表明智商在 10 年时间内误差范围为 10%，假如标准在 19 岁再用一次，那么会发现错案大约占 20%。所以，"智商严格恒常（the constancy of the IQ）不能在任何情况下取得的"。[①] 此外，报告还指出，儿童的智商和父母的职业也有显著的相关性。父母为专业人员的孩子平均智商约为 115，而在另一端，非技术工人的孩子平均约 93。

报告根据大量证据认定，多数心理学家同意在智力测量和教育成就之间没有明显区别的观点。它们都是遗传和环境的产品，二者都是后天习得的。智力是指在校内外的经验中发展起来的一般的思维力：学业成就更多地受学校课程的影响。为此，报告建议，尽管智力分数是潜在能力一个有用的直接指标，但以它决定职业的判断应尽可能推迟。[②]

第二，环境差异造成教育机会的不平等

《普洛登报告》认为环境差异，表现在家长态度、家庭环境、学校状况等方面。

在家庭方面，尽管《哈多报告》提到家庭的重要性，但还不够突出，需要进一步予以关注。这份教育报告明确提出，教育政策应该清楚地认识到环境对学校和学校对环境的作用，加强学校与家庭的联系。因为"学校不仅能直接对其学生施以影响，而且可以通过它们与学生家长的关系来施

---

① The Central Advisory Council, *The Plowden Report*, London: Her Majesty's Stationery Office, 1967, p. 20.

② Ibid., pp. 22—26.

以间接的影响"。① 在学校与家庭的联系中，由于社会经济地位越高的家长参加学校的活动越多，例如，学校开放日、学校音乐会、家长—教师联席会议、与校长和教师的谈话等，因此，这就要求政府更多地关注社会经济地位较低的家庭的学生。

报告在调查学校状况基础上，提出了"被剥夺地区"（deprived areas）的概念。"被剥夺地区"的小学操场很小、校舍残破、通道狭窄、教室光线很差、教师办公室狭小等，没有办法满足教育和教学的需要，使得生活在这些地区的儿童通常是后进的。这些地区最需要的是正规的和好的小学。实际上，居住在这种地区里的几代人一直都渴望有新的学校、新的教室和各种新的投资。但是年复一年，机会总是给予新的城镇和郊区。许多教师不愿在这样的地区工作，越来越多有成就的年轻人从这里向外流失，这样"恶性循环就一代一代传下去，学校在此过程中起中心作用，既造成了又受害于这种渐增的剥夺"。②

此外，英国儿童中学业成绩悬殊，最成功和最不成功者所达到的水准在很早就开始分岔了。应该采取步骤来改善教育机会和最差的学业成绩，把它们提高到普遍的水平。这就要求对教育资源进行重新分配。

第三，对"被剥夺地区"学校采取"积极的差别对待"原则

这些问题，最终集中到教育资源分配问题上。报告认为，在资源分配上，平等是不够的，要采取"积极的差别对待"（positive discrimination）的原则，被剥夺地区的学校应该在许多方面得到优先。第一步，必须把低水平的学校提高到全国平均水平；第二步，要相当谨慎地改善它们。这样做的理由是，许多儿童的家庭及其所处的地区为学习提供的支持和刺激非常之少。学校应该提供一种补偿的环境。③

报告认为，单单改进教育不能解决被剥夺地区和严重剥夺地区的教育问题。需要当局通过对就业、工业培训、住宅和规划同时行动。由此，这份教育报告提议，制定一个全国性计划，帮助那些生活条件十分不利的儿童所处的学校和地区，称"教育优先区"（Educational Priority Areas）计

---

① The Central Advisory Council, *The Plowden Report*, London: Her Majesty's Stationery Office, 1967, p. 29.

② Ibid., p. 50.

③ Ibid., p. 57.

划。这个计划不能简单地通过截取幸运地区（fortunate areas）的进步机会来使这个计划付诸实施；只有当国家资源的较大份额给予教育时，这个计划才能成功，其中，最重要的事是把更多有经验的、成功的教师投入这些地区，并给他们大量的教师津贴。因此，这个计划扎根于教育，又超出教育领域，涉及国家其他部门。具体来说，教育的重点是使新的学校建设与新的住宅同步发展。总之，无论出于经济原因，还是出于社会原因，最幸运的儿童与最不幸运的儿童之间在教育机会上的鸿沟应该填平。①

从《纽瑟姆报告》到《普洛登报告》形成的"积极的差别对待"原则进一步拓展了教育公平的内涵：仅仅平等地分配资源是不能达到平等的结果，要向被剥夺地区提供一种补偿的教育环境，包括更多师资、更多的工资津贴、更多的设备，使最差的学业成绩提高到普遍的水平。因此，"积极的差别对待"原则事实上将教育公平的内涵从入学机会的平等拓展到教育结果的平等。《普洛登报告》在教育公平史上具有里程碑的意义，其影响远远超过了英国本土。但是，遗憾的是，当时的英国政府并没有将该报告的建议变成法律，而是拨出一笔款项用于"教育优先区"的实验。

（四）残疾儿童融合教育的公平观

尽管《1944 年教育法》规定轻度残疾儿童尽量在普通学校接受教育。但战后十年，地方教育当局艰难地维持教育服务的结构。这种情况下，普通学校提供的特殊教育非常糟糕。相反，大量新的特殊学校快速建立起来，但代价是儿童的分离。

1973 年 11 月，教育和科学部大臣玛格丽特·撒切尔（Margaret Thatcher）宣布，经与苏格兰和威尔士国务大臣及社会服务和就业部部长协商，任命一个委员会，授权其"调查英格兰、苏格兰和威尔士为身体或心理有缺陷儿童和青年提供的教育，考虑他们在医疗方面需求以及他们就业准备所作的安排；考虑最有效利用为这些目的服务的资源；并提出建议"。② 是年，以沃诺克（H. M. Warnock）为主席的有缺陷儿童和青年调查委员会成立，对全国残疾儿童及青少年的教育情况进行了调查。1978

---

① The Central Advisory Council, *The Plowden Report*, London：Her Majesty's Stationery Office, 1967, p. 306.

② The Committee of Enquiry into the Education of Handicapped Children and Young People, *The Warnock Report*, London：Her Majesty's Stationery Office, 1978, p. 1.

年，该委员会发表了《关于特殊教育需求的报告》（Special Educational Needs），亦称为《沃诺克报告》（The Warnock Report）。该报告提出了带有强烈公平取向的融合教育思想。

第一，对《1944年教育法》中有关特殊教育规定的反思

报告认为，首先，《1944年教育法》第8条显然排斥了那些不属于身体或心理残疾儿童的需求；另外，第33条第（2）款在严重残疾和不严重残疾之间实行二分法，规定严重残疾儿童应当尽可能在特殊学校接受教育，仅仅允许那些不严重残疾儿童在普通学校接受教育。其次，鉴定需要诉诸强制性的医疗检查程序，意味着正式指定一个儿童为法律上某类残疾，而事实上其中有可能没有适合他的情况，是不利执行的。再次，鉴定导向更严重残疾的儿童，因为法律规定他们必须在特殊学校接受教育。最后，广泛地利用智力测试决定特殊教育的需求，实际上导致心智障碍儿童与正常儿童永久性分离。

第二，残疾儿童应当与非残疾儿童一起接受融合教育

《沃诺克报告》认为无论正常儿童和残疾儿童，教育的目的都是相同的，"首先，教育是扩大孩子的知识、经验、想象力、理解力，认识道德价值和追求快乐的才能；而第二方面，使他接受正规教育后进入社会，是作为一个社会的积极参与者，一个负责任的贡献者，能够获得尽可能多的独立"。① 每个儿童的需求取决于与这些目标的关系。但是，在向目标前行的过程中个别孩子所需要的帮助是不同的，有些儿童奔向目标的道路是顺利而容易，而对另一些儿童来说，则充满了障碍。一些儿童面临的障碍是如此艰巨，即使有最大可能的帮助，他们不会走得很远。不过，对他们来说，进步是可能的，当他们逐步克服了路上一个又一个障碍，他们的教育需求将得到满足。对于残疾儿童来说，有进步便是达到了目标。

报告论述了让残疾儿童接受融合教育具有两方面理由：② 一是，一个文明社会不仅仅因照顾了这些儿童而感到满足；它必须不断寻找途径帮助他们向着教育目标迈进——无论这有多么缓慢。如果不能满足这些儿童的需求，实际上就是在增加和加剧他们的不利条件；二是某些有缺陷的儿

---

① The Committee of Enquiry into the Education of Handicapped Children and Young People, *The Warnock Report*, London: Her Majesty's Stationery Office, 1978, p. 7.

② Ibid., p. 7.

童，通过融合教育，也许能够过上在质量上与非缺陷儿童不相上下的生活，而没有这种教育，他们就可能依赖别人甚至在慈善机构生活。在这种情况下，教育就会造成正常和快乐的生活与缺陷儿童生活的差别。而且通过把一个有严重缺陷的儿童吸收入正常教育系统的过程，可能有助于保持他们家庭的稳定与和谐。

因此，报告得出这样的结论：大多数残疾儿童可以而且应该在普通学校学习，普通学校应该提供有效的特殊教育。把缺陷儿童和非缺陷儿童放在一起进行教育的做法，报告称之为"融合"（integration）。它的理论基础就是，有缺陷的人应该分享其他人享有的自我完善的机会。为此，报告明确提出，坚决反对将残疾儿童和非残疾儿童分成两个有区别群体的传统观念以及为他们提供隔离的教育形式，支持为所有儿童提供共同发展的教育原则。

第三，在普通中小学里实施广义的特殊教育

这份报告首次提出了一个广义的特殊教育概念，建议用"特殊教育需要"（special educational needs，SEN）儿童取代"缺陷"（handicapped）儿童。这个广义概念"包括了在普通学校里的，虽然尚未被指定为缺陷儿童，但需要各种形式的额外帮助的所有儿童"。他们大约占在校儿童的"五分之一"，他们"在学校生涯中某一时刻可能需要特殊教育"。特别是"有中度学习困难、情感或行为障碍的儿童的需求，他们构成了当前获得隔离的特殊教育的多数儿童"。[1] 该报告将特殊儿童看成一个动态的概念，是儿童发展过程中均有可能遇到的暂时的困难，这样，大大扩展了这一群体的范围，同时残疾儿童不再被看做缺陷儿童以及由此引起的歧视。此外，这个广义的概念是与残疾儿童和非残疾儿童应当尽可能在相同背景下接受教育的原理一脉相承的，因为将来这些儿童绝大部分将继续在普通学校接受教育。

这份报告提出了"融合教育"的三种主要形式：一是场所的融合，即在普通学校里设立特殊班级或单元（Unit）；二是社会的融合，即特殊班级或单元的儿童与其他儿童进行社会性的交往；三是功能的融合，几个

---

① The Committee of Enquiry into the Education of Handicapped Children and Young People, *The Warnock Report*, London: Her Majesty's Stationery Office, 1978, p. 100.

特殊班级或单元儿童参加共同的学习活动。① 总之，残疾儿童应该尽可能在一个公共环境里受教育。

为了更好地推进融合教育，这个报告还提出，负责残疾儿童教育教师必须接受过专门训练，必须全面了解残疾儿童的任何特殊教育需要；同时，帮助其他儿童和家长理解、尊重这些残疾儿童。

《沃诺克报告》最重要的贡献在两方面：一是不再单纯地从医学、心理学角度对儿童"心身缺陷"分类基础上识别教育需求，而是从医学、心理学和教育学等方面综合评价儿童的特殊教育需求；二是从儿童作为未来积极参与社会生活的主体阐明了融合教育中的公平取向，对《1976 年教育法》产生重要影响，并成为《1981 年教育法》立法基础。

第二节　追求更大的教育机会均等的政策发展

这一时期，国家层面上的教育立法很少，政府主要通过咨询报告、行政命令、政府拨款等策略引导地方教育当局向英国人民，特别是处境不利儿童提供更多更平等的教育机会。重要咨询报告有：

1959 年以克劳瑟（G. Crowther）为主席的咨询委员会发表的题为《关于 15—18 岁青少年教育的报告》，亦称《克劳瑟报告》（Crowther Report），是应教育大臣大卫·埃克尔斯（David Eccles）要求考虑"社会变化和工业需求以及公民个体的需求，15—18 岁男孩和女孩的教育，特别考虑各种水平的总体平衡，并专门研究和检查这个年龄之间各阶段的内部联系"。② 1963 年发表的《纽瑟姆报告》作为对 1959 年主要针对才能上乘那一半学生的报告——《克劳瑟报告》的补充，调查了 13—16 岁"一般"（average）和"低于一般"（less-than-average）能力学生的教育问题。著名的《普洛登报告》（the Plowden Report）不仅提出了补偿教育理念，其"教育优先区"政策建议被付诸实验；1978 年的《沃诺克报告》提出了残疾儿童融合教育的思想和具体的政策建议。这些报告与其他行政命

---

① The Committee of Enquiry into the Education of Handicapped Children and Young People, *The Warnock Report*, London: Her Majesty's Stationery Office, 1978, pp. 101—102.

② The Central Advisory Council, *The Crowther Report*, London: Her Majesty's Stationery Office 1959: Forewords.

令、法案等有力地推动了英国基础教育向更加平等化方向发展。

一　政策目标：追求更大的教育机会均等

保守党政府一直以来维护社会等级制，主张精英教育，但是二战以后保守党为了赢得选民的选票，也顺应民意修改了党章，在创建福利国家上与工党达成了共识，这一时期建设更为平等和民主的社会成为英国社会政策的主旋律。教育政策，作为社会政策的重要组成部分，与社会政策目标有着一定的一致性。尽管保守党和工党在综合学校政策上从认同走向分歧，但是追求更多平等的教育机会成为这一阶段基础教育的主导目标。

1951—1964 年是保守党执政时期，福利支出主要投向了国民健康服务和住房领域。时任教育大臣埃克尔斯通过多方努力，使公立教育资源迅速增加。他于 1955 年 6 月 5 日给艾登首相写的一封信强调政府应该重视教育，并将教育作为保守党的一项杰出成果。他写道："养老金和其他社会津贴是所有政党的产物；比万创建了健康服务体系；住房信贷被地方政府所分享；但是教育应当是保守党的成果。它极具保守党精神，它始于教堂，它的目的是为所有人提供机会和平等的生活……1944 年的教育法是由现任财政大臣引入的，如果现在通过教育现代化实现我们的目标，那就是说，为普选权和充分就业提供充足的教育，这将与保守党的理念和政策吻合……"[①] 结果，教育上的公共开支从 1953—1954 财政年度占 GDP 的 3% 到 1964—1965 财政年度上升至占 GDP 的 4.3%。1800 所新的中学建立起来，课程、设备和教材得到改进，许多校外活动开展起来。[②] 1970 年撒切尔夫人担任教育和科学大臣以后，反对综合学校改革，被工党认为阻碍了教育向平等化方向发展；她取消了《1944 年教育法》中确立起来的免费的牛奶供应，但在 1972 年将学生的离校年龄提高到 16 岁；她签发的白皮书《教育：一个扩展的框架》（Education：A Framework for Expansion），坚定不移地扩展公立教育体系。白皮书中指出："今后 10 年间，所有这五个领域（幼儿教育、学校建筑、学校的师资配备标准、师资培训和高等教

---

① 孙洁：《英国的政党政治和福利制度》，商务印书馆 2008 年版，第 57 页。

② Derek Gilland，*Education in England：the History of Our Schools*，2014 年 8 月 http：//www. educationengland. org. uk/history/chapter06. html.

育）的经费都将继续得到实质性的、大幅度的增长。"① 并将幼教发展的优先权放在贫困区。所以，保守党这一时期的教育政策也在不断地促进全民受更多更平等的教育机会。

工党一直致力于为工人阶级争取更多更平等的教育机会，从托尼开始，便秉持浓厚的民主社会主义的意识形态，但其谋求更平等的教育机会的综合学校政策并未受全体人民欢迎，在野 13 年后，在工党领袖哈罗德·威尔逊（H. Wilson）领导下也调整了教育机会平等的理论视角。他不再强调社会主义和平等主义的原则，而是将教育机会与国家经济发展结合起来。1963 年，威尔逊在工党年会上致开幕词，阐述了扩大平等地受教育机会之于英国参与全球技术革命的重要性，他说："我们对教育的态度来一个革命性变化，不仅是对高等教育而是对各级教育。我不想预料教育争论的结果，但是它意味着作为一个国家我们不能忍受在儿童 11 岁的时候强行将他们分流。作为社会主义和民主主义者，我们反对这种教育上的隔离制度，因为我们信奉教育机会均等。但这并不是问题的全部。作为一个国家，我们只是不能容忍忽略一个男孩或女孩的教育发展，剥夺四分之三或更多的儿童实际上接受高等教育的任何机会。俄罗斯没有这样做，德国没有这样做，美国没有这样做，日本也没有这样做，我们也不能这样做。"② 1964 年工党在竞选宣言《新英国》中提出，要坚定不移地做好三件事："在国家计划中调动它的各种资源；维持公共支出和个人支出之间的平衡；对全体居民而不只是对他们中的小部分进行教育，使他们懂得他们在这个科技时代中应尽的责任。"③ 哈罗德·威尔逊上任后除了继续扩大教育开支，改善各级培训设施，一个重要举措是扩大大学的招生名额，大大地促进了中等教育的发展。

因此，这一阶段的基础教育政策目标是让所有青少年都能分享学习年限更长设施良好的学校生活，教育资源分配上向贫困地区、弱势群体倾斜，以求教育结果趋向更加公平。

---

① ［英］教育和科学大臣：《教育：一个扩展的框架》，斯福民译，引自瞿葆奎主编《教育学文集·英国教育改革》，人民教育出版社 1993 年版，第 332 页。

② 转引自许建美《教育政策与两党政治——英国中等教育综合化政策研究》，博士学位论文，华东师范大学，2004 年，第 101 页。

③ 孙洁：《英国的政党政治和福利制度》，商务印书馆 2008 年版，第 64 页。

二 追求更大教育机会均等的策略及其实施

（一）提高义务教育离校年龄至16岁

根据《1944年教育法》，15岁义务教育阶段结束，15—18岁留在文法中学接受第六学级教育的青年，是为进入大学学习走入上层社会做准备的。《克劳瑟报告》对义务教育后继续接受文法中学教育的青少年的家庭阶层分布状况进行了调查。报告对929名陆军和皇家空军新兵的调查的基础上得出结论，非熟练工人和半熟练工人的子女受教育年限最短，他们在15岁或之前离开学校的比例分别为92%和85%，这一群体少年接受18岁以后教育的比例分别是1%和2%。而在社会阶层的另一端，专业或管理阶层和非体力劳动者的子女在15岁离校的比例分别是25%和59%，这一群体中在18岁以后继续接受教育的比例分别为34%和10%。此外，青少年受教育年限与父辈受教育年限有一定联系。报告还进一步指出，教育机会上的显著差别，从而提供了大量人才被"浪费"的证据。例如，在以18—21岁的新兵为对象、分六个能力组进行的测验中，发现在较高的第二能力组，来自职员或管理阶层家庭的新兵58.6%受过文法学校教育，而受过同类教育的熟练工人子弟仅占22%，非熟练工人子弟更少，仅6.4%。① 工人阶级子弟才能浪费严重。

《克劳瑟报告》认为各阶层之间接受文法中学第六学级（the sixth form）教育机会不平等，而解决这一问题的政策建议是延长义务教育年龄至16岁。因为中等教育实质上就是所有青少年的教育。然而，在15—18岁这一阶段，每8个人中仅有1人接受全日制教育，即文法中学第六学级教育，绝大多数青少年在15岁以后没有接受任何形式的继续教育。报告认为，无论从个人的角度，还是从国家的角度，都应该延长学生的离校年龄。"如果要使较低层社会集团的有才能的孩子和来自上层社会集团的家庭的孩子都要接受充分的中等教育，那么不扩大义务教育的学习年限，似乎是不可能达到目的的"。② 通过延长青少年的离校年龄，使得当代科技革命不仅能在金字塔的顶端得到反映，而且也能在金字塔的底部得到

---

① The Central Advisory Council, *The Crowther Report*, London: Her Majesty's Stationery Office, 1959, p. 120.

② Ibid. .

反映。

　　这份报告还指出，必须把青少年离校年龄的延长视为一件强制性的事情，否则社会各阶层未必都会接受。因此，它提出："只有当中等教育向所有的孩子开放，直至 16 岁时，'人人受中等教育'的理想才会变成现实。……这是社会对所有的年轻公民应尽的职责。"① 报告建议制定 20 年的教育发展规划，以确保到 1980 年时有半数学生参与全日制教育持续到 18 岁。

　　对延长义务教育年限至 16 岁的政策建议给予有力支持的是 1963 年中央教育咨询委员会发布《纽瑟姆报告》。

　　该报告对"能力一般"和"低于一般能力"学生进行了调查，这些学生构成现代中学大多数的男孩和女孩，或者他们在中等以及中等水平以下的综合学校，这些学生大约占同龄组的四分之三（只有四分之一学生进入文法中学和技术中学）。这四分之三学生又可以分为四个群体：第一个群体是"一般之上"群体，包括一些学生显示出与大多数文法学校学生类似的能力；还有一个第二个群体，规模比较大，他们代表了他们年龄段的"一般"男孩和女孩；第三个群体，通常规模要小些，他们在记忆和应用所学的知识相对困难些，在某些学习方面要慢些；最后是第四个真正落后的学生群体，他们要付出很大的努力以达到小学应掌握的读写算。"能力一般"和"低于一般能力"学生是指上述第二、第三和第四个群体。②

　　委员会认为"能力一般"和"低于一般能力"学生的才能浪费和国家经济发展需求矛盾突出。一方面，尽管学校取得了一些辉煌的成果，但在学生身上仍有许多天资没被发现，尤其是在那些表达能力较差、家庭背景受限制的男女学生身上，他们的潜力往往因此而不被觉察。另一方面国家未来雇用模式所要求的智能储备（pool of talent）将比现在可得到的智能储备大得多，起码大量的"一般"和"低于一般"的学生是可充分教育的，以满足这追加的智能需求。这不仅需要有更多的熟练工人以充实现有的工作岗位，而且需要受到全面良好教育的、明智的、适应性强的劳动力

---

① The Central Advisory Council, *The Crowther Report*, London：Her Majesty's Stationery Office, 1959, p. 201.

② Ibid., p. 4.

去满足新的需求。报告指出,"从人类智慧和经济上讲,国家承担不了这些浪费"。如果,"国家打算要挖掘它的话,挖掘的方法之一是延长学校生活"。①

在《纽瑟姆报告》影响下,两党政府都致力于延长义务教育年限。1972 年,教育和科学部颁布的教育白皮书《教育:一个扩展的框架》宣告:"本届政府已经实现了一项伟大的改革,即根据《1944 年教育法》的条文规定,把义务教育离校年龄提高到了 16 岁"。并且,"还为更新和改善令人不满意的小学追加了大量的资源。……包括为 5 岁以下儿童提供教育设施方面所做的重大努力"。② 至此,英国义务教育离校年龄提高至16 岁。

(二) 发展综合学校

在英国教育公平政策发展史上,综合学校的发展集中体现了人们对教育过程平等的追求。从最初地方教育当局的实践尝试到党派之争,演化为一场运动,再上升到国家层面的政策,其曲折过程则是人们对教育公平内涵不同理解的缩影。

1. 多边学校的设想

综合学校萌生于与三类学校的主张相对立的多边学校的设想。多边学校观点主要由一些教师组织提出,主张以实行内部分化的学校——多边学校来取代实行外部分化的文法、技术和现代学校等三类学校。这种观点的持有者和支持者并不反对当时英国流行的、作为三类学校制的心理学上的理论依据,即儿童因在智力、兴趣和学习速度等方面存在差异而需要在11 岁时实行教育上分化。但他们认为,这个分化不应通过设立不同的学校而应在"共同学校"中提供不同类型倾向的教育来实现,即通过在校内设"文法"、"技术"、"现代"倾向的教育课程或"文法"、"现代"两种倾向的课程来实现。这种开设多种教育倾向课程的学校当时被普遍称为"多边学校"。

1938 年史彭斯委员会发表的《史彭斯报告》(the Spens Report) 除了

---

① The Central Advisory Council, *The Crowther Report*, London: Her Majesty's Stationery Office, 1959, pp. 3—7.

②. 教育和科学大臣:《教育:一个扩展的框架》,斯福民译,引自瞿葆奎主编《教育学文集·英国教育改革》,人民教育出版社 1993 年版,第 334 页。

倡导发展三类学校，还详细分析了发展多边学校的好处和局限，总体上对发展多边学校持谨慎态度。报告认为："11岁以上儿童在多边学校一起接受教育显然有许多好处，因为各个年龄阶段的学校转移到适合他们能力、兴趣的课程学习将更加便利，不同背景和不同目标的儿童可以在同一所学校密切联系"，但是，"我们不提倡在英格兰和威尔士采用多边主义作为一个总政策"。① 报告表示不反对在新的人口聚集地区和人口稀少地区实验多边学校，在同一幢大楼合并文法学校和现代学校。

《史彭斯报告》的有限发展多边学校的建议对战后工党教育大臣选择发展教育路线产生很大影响。第一任教育部长威尔金森（E. Wilkinson）明确表示支持三类学校各自发展计划。1945年，在伦敦会议上威尔金森表示不会伤害文法学校，因为"他们是中等教育中的先锋，……伤害它们是愚蠢的。中等教育发展的当务之急是建立足够的现代中学，因为有一半以上的中等教育的适龄儿童将要在这种学校中接受教育"。② 可见，威尔金森的目标仅仅是实现"人人受中等教育"的目标。面对众多个人和机构对三类学校之间不平等的批评，威尔金森认为，各类学校之间物质资源上的平等会导致声望上的等同。此外，学校之间的区分是在客观的教育标准的基础上形成的，而不是像以往那样在不公正的社会标准的基础上形成。③ 她认为当前文法中学是通过考试选拔上来，是真正的精英，与以往只有交得起昂贵费用的贵族子弟就读的文法中学已大不相同。1945年，工党政府在题为《国民学校》的教育政策宣言中表示赞成以三类中学的模式来满足"不同学生的需要"。

2. 综合学校的实验

1947年，威尔金森去世，乔治·汤姆林森（George Tomlinson）继任教育部长。汤姆林森上任后，继续沿着威尔金森既定的三轨制路线前进，在他上任后出版的政策手册《新的中等教育》中，阐明这样观点，没有两个儿童完全相同是众所周知的事实，因此，学校也必须是不同的，在教

① The Consultative Committee, *Secondary Education-with Special Reference to Grammar Schools and Technical High Schools*, London: HM Stationery Office, 1938, p. 376.

② I. G. K. Fenwiek, *The comprehensive school—1944—1970: the Politics of Secondary School Reorganization*, London: Methuen & CoLtd, 1976, p. 54.

③ ［英］雷诺兹、沙利文、默格特罗：《综合学校教育——历史的说明和解释》，陈晓菲译，引自瞿葆奎主编《教育学文集·英国教育改革》，人民教育出版社1993年版，第615页。

什么和如何教方面都要有差异，并且坚信儿童在 11 岁的时候能力差异就已经充分显露出来。就在肯定三轨制教育基础上，鼓励在那些条件适合的地区，可以将三类中等教育合并到同一所学校中。这样，地方教育当局有了实验空间。少数地方教育当局提交了将三类传统分法中的两类结合在一起，开设"文法—技术"、"技术—现代"或"现代—文法"等双边学校计划。还有少数地方教育当局提出了开办综合学校的计划，其中有伦敦、考文垂、韦斯特莫兰、米德尔赛克斯等郡。1946—1948 年间伦敦通过合并选拔性中心学校和现代中学开办了 8 所"过渡性"的综合学校，但没有将任何文法中学并入综合中学。①

3. 发展综合学校政策的确立

1951 年，工党内部赞成中等教育组织综合化的倾向渐增，支持综合化思想的议员人数相应增加。结果，当年促使工党彻底综合化的文件《中等教育政策》（A Policy for Secondary Education）出版。该文件提出了以综合学校制取代三类学校制的计划，但当年 11 月，工党政府下台。新上台的保守党政府继续推行三类学校制政策。此时，两党在综合学校政策上分道扬镳。

保守党政府坚决维护文法中学。教育大臣埃克尔斯认为保留文法中学还是发展综合中学是公正和平等之间的抉择，他说："必须在公正和平等之间做出抉择，因为我们不可能兼而得之。那些支持综合学校的人偏好平等，保守党政府偏好公正，我和我的同事绝不允许地方政府暗杀文法学校。"②因此，在保守党政府执政期间，综合学校发展缓慢。

1957 年，工党为了了解公众对综合学校的态度，进行了一项民意测验，结果出乎意料。该民意测验表明公众普遍对综合学校不感兴趣，他们几乎不仅对分轨制，而且还对文法中学表现出十分的尊敬。这一结果使工党大为震惊，赶忙调整对综合学校教育的宣传方式，工党不再强调不能进文法中学的儿童可以从综合学校获得教育上好处，而是把综合学校宣传为"面向一切儿童的文法学校"。③

---

① 王承绪、徐辉主编：《战后英国教育研究》，江西教育出版社 1992 年版，第 107 页。

② Derek Gillard. *Education in England*：*the history of our schools*. 2014 年 8 月．http//www. educationengland. org. uk /history/ chapter06. html.

③ ［英］雷诺兹、沙利文、默格特罗：《综合学校教育——历史的说明和解释》，陈晓菲译，引自瞿葆奎主编《教育学文集·英国教育改革》，人民教育出版社 1993 年版，第 621 页。

1964 年工党在大选中以微弱获胜，工党上台执政，克罗兰斯（A. Crossland）任教育大臣，他在 1965 年 5 月的演讲中讲道："事实是，已经出现一个日益广泛的抵抗 11 岁考试的运动……这个运动已不再是政治上见解或者中央政府强加的。它已经自发地发展为平民教育，形成广泛的信仰：那就是，分离是对儿童犯罪，也阻碍了社会和经济的发展……这个年龄的选拔考试的全部理念是属于那个中等教育是少数人特权的时代。"① 这是对中等教育"三轨制"以及"11 岁选拔考试"最尖锐的批判。

同年，教育和科学部颁布《1965 年 10 号通告：中等教育的结构》（Circular 10/65：The organisation of secondary education）。通告开宗明义指出，中等教育综合化改革的目的是"终止 11 足岁筛选制并消除中等教育的分离主义"。②

通告简要说明了全面推进综合中学的理由：（1）不同类型学校对儿童的分离阻碍了各级教育标准的提高；（2）综合改革"将保护那些正在接受文法学校教育的孩子获得文法学校教育的全部价值，并惠及更多的孩子"；（3）综合中学重组的方法和进度各地可以有所不同。③

通告要求地方教育当局向教育大臣递交综合中学改组计划。为了指导地方教育当局进行综合改组，通告主体部分列出六种综合改组的方式由地方教育当局选择，同一地区的学校结构形式可以不限于一种。

"1965 年 10 号通告"发布，说明综合中学改组开始上升为国家政策。

4. 综合中学政策的实施

1970 年保守党上台后，颁布了"1970 年第 10 号通告"，取消了工党将中等教育综合化作为国家政策的通告。在执政期间，保守党政府否决了一些地方教育当局提交的综合中学改组计划，再次表明了对综合中学政策的抵制。

1974 年工党政府上台，仍然诉诸行政手段实施中等教育综合化政策，但是，地方上的合作程度并不像工党期望中那样高涨，少数希望保留文法

---

① Derek Gillard. *Education in England*: *the history of our schools*. 2014 年 8 月 . http// www. educationengland. org. uk /history/ chapter06. html.

② Department of Education and Science, *Circular* 10/65: *The organisation of secondary education*, London: HMSO and the Queen's Printer, 1965, Introduction.

③ Ibid. , p. 1.

学校的地方当局诉诸法律途径，寻求司法帮助，"泰姆萨德案"就是这一时期著名的案件之一。1976 年 6 月泰姆萨德地方教育当局向教育和科学大臣提交了关于未来学校发展计划，这份计划与 1975 年递交的计划不一致，主要变化是保留了 5 所文法中学。国务大臣援引《1944 年教育法》第 68 条赋予的权力，命令泰姆萨德地方教育当局执行 1975 年的发展计划，地方教育当局拒不接受，导致司法机构的介入，最后以国务大臣败诉告终。① 工党政府意识到缺乏法律支撑的政策很难在全国范围内推行，结果产生了《1976 年教育法》（The Education Act，1976）。这个教育法案以法律形式把综合学校确定为中等教育改组的原则。

1977 年，教育和科学部在卡拉汉首相发起教育标准大讨论后，发表了《学校教育——一份协商的文件》绿皮书，这份绿皮书进一步阐明英国政府正在全力以赴去终止中等教育选拔制度、大力发展综合中学的意图："综合中学正处于政府中等教育政策的中心，综合中学的目标是为每个男女儿童提供适合于他们个人的能力、能力倾向以及个人动机的教育机会。它认识到让来自不同家庭背景的年轻人在一起接受教育的重要性。这是造就一个更加团结和理解的社会的必要准备"。因此，"综合中学的课程必须反映学生的多种需要。用教育上的术语来说，即综合中学渴望使我们所有的儿童都达到他们力所能及的最高标准"。② 可见，工党对综合中学政策在学校内消除阶级分层，增加社会凝聚力上寄予厚望。

1979 年，保守党政府上台后，废除了《1976 年教育法》，但综合化已成大势所趋。到 80 年代初，综合化改组实际已经完成。70—80 年代，综合学校学生数迅速上升：1970 年 34.5%，1975 年 68.8%，1980 年 82.5%，1985 年 85.4%，1988 年 85.9%。至此，综合中学已成为英国中学教育的主要类型。但是，文法中学、现代中学、技术中学等学校类型并没有完全消失，选拔性考试也没有彻底消除。③ 到 2000 年，英国仍有 164 所文法中学。

1997 年，新工党上台后转变对文法中学改造的策略，让公众投票决

---

① 许建美：《教育政策与两党政治——英国中等教育综合化政策研究》，博士学位论文，华东师范大学，2004 年，第 122 页。

② ［英］教育和科学部：《学校教育——一份协商的文件》，曹秋平译，引自瞿葆奎主编《教育学文集·英国教育改革》，人民教育出版社 1993 年版，第 417 页。

③ 王承绪：《英国教育》，吉林教育出版社 2000 年版，第 375 页。

定是否保留文法中学。2000 年 3 月，在约克郡里彭（Ripon in Yorkshire）举行的第一次家长对筛选学生进行投票的结果显示，家长们要保留镇上的文法学校。有权投票的 3000 名家长中的 1493 人支持选拔制度；748 人选择废除该制度。据说，参与投票的家长中，有四分之一是住在学校外面的地区，另外还有四分之一的人的孩子是就读于独立的预备学校的。然而，这个结果令那些综合性教育的支持者倍感沮丧！①

（三）在贫困区实施补偿教育

从《纽瑟姆报告》提出"贫困区学校"到《普洛登报告》发展为"积极的差别对待"、"教育优先区"计划，补偿教育政策的实施经历了曲折历程。

1. "教育优先区"计划的实验

对《普洛登报告》的最初反应，中央政府表现是缓慢而微弱的。在《普洛登报告》发表五年里，政府对"教育优先区"计划的建议采取"项目实验"方式，没有国家层面上的立法，也没有建立一个鉴别全国教育优先区的方法。自始至终，政府似乎不愿被精确的标准束缚，而宁愿让地方当局决定其优先区，然后修剪需求，以适应整体拨款。

首次行动是克罗兰斯说服内阁，向"教育优先区"提供 1600 万镑用于建设和维修校舍；其次是向"教育优先区"教师提供津贴。1967 年伯纳姆教育委员会提出了为特别困难学校的教师每年增加 75 英镑，确定的标准与《普洛登报告》所列非常相似（普洛登呼吁增加 120 英镑）；最后中央政府选定英格兰和威尔士的 572 所小学，从 1968 年 4 月开始向教师提供津贴。但这项津贴微乎其微。②

克罗兰斯对"教育优先区"的行动研究的理想抱有极大的热情，在他的支持下，哈尔西等人设计了一个三年周期的"教育优先区"的行动研究计划，由教育和科学部（DES）与社会科学研究中心（SSRC）共同资助，在牛津社会和管理研究所指导下独立开展工作，英格兰的伯明翰（Birmingham）、利物浦（Liverpool）、西区（the West Riding）和丹地

---

① Derek Gillard. *Education in England：a brief history* . 2014 年 8 月，http//www. educationengland. org. uk/history/chapter10. html.

② A. H. Halsey and Kathy Sylva, *Plowden：history and prospect*. 2014 年 8 月 . http：//www. educationengland. org. uk/documents/plowden/plowdenore – 01. html.

（Dundee）等四个"被剥夺区"为实验区，到 1972 年项目正式结束时，一个全国性组织——"教育优先区"网络，已经建立起来，并保持不断发展势头。

2. 补偿教育政策的确立及其影响

经过实验期，"教育优先区"的研究结论最先在 1972 年得到应用。此时，撒切尔夫人已取代克罗兰斯担任教育和科学部部长。1972 年，教育和科学部的白皮书《教育：一个扩展的框架》将教育扩展的目标放在 5 岁以下儿童的幼儿教育，优先权将给予贫困区的 5 岁以下儿童。白皮书指出，"政府的目标是在 10 年之内应为 3 岁和 4 岁儿童普遍提供幼儿教育，但在方案的早期阶段，政府将把发展重点放在贫困地区。在 1974—1976 年期间，政府在基建资源的分配上，将给予贫困地区（不论是城市还是农村）的地方教育当局一些优先权。政府希望各地方教育当局在新建 5 岁以下的幼儿园或对现有的幼儿班提供追加帮助时，也应考虑这些因素，决定本地方应该给予优先照顾的地区"。①

随着"教育优先区"实践的深入，按地区划分的积极差别对待政策削弱了，它越来越被积极差别对待政策支持的特殊群体和那些特殊需要所取代。在术语上，有一个相应的变化。教育优先区、学校或儿童逐渐被"教育处境不利"（educational disadvantage）一词所代替。② 这个词，可能首先在美国作为黑人孩子的代名词出现，具有适当的中性和弹性，足以涵盖许多非常不同的群体。结果教育和科学部于 1974 年颁布了《教育处境不利和移民的教育需求》（Educational disadvantage and the educational needs of immigrants）为题的白皮书，是对专责委员会关于种族关系和移民报告的回应。白皮书宣告教育和科学部下设"教育处境不利署"。第二年，"教育处境不利信息和咨询中心在曼彻斯特"建立。

普洛登的"教育优先区"计划的实验结果的影响超出了教育领域。它强有力地影响了早期阶段的都市计划。在 20 世纪 70 年代深受"教育优先区"经验影响，特别是受行动研究项目强烈影响的项目有：内政部的社

---

① ［英］教育和科学大臣：《教育：一个扩展的框架》，斯福民译，引自瞿葆奎主编《教育学文集·英国教育改革》，人民教育出版社 1993 年版，第 339 页。

② A. H. Halsey and Kathy Sylva, *Plowden：history and prospect.* 2014 年 8 月 . http://www.educationengland.org.uk/documents/plowden/plowdenore‐01.html.

区项目（CDPS）、综合社区项目，卫生和保险部对剥夺周期的研究，环保部的城市指南、内城区的生活质量项目，并直接导致1977年有关内城政策的白皮书诞生。虽然普洛登的"教育优先区"对这些事态发展的影响往往是间接，但它奠定了其他后续议程。正如哈尔西指出的那样："实际上普洛登报告承担了国家经济和社会机构的根本性的改革。"①

（四）对残疾儿童实施融合教育

英国特殊教育在19世纪最后十年打下了立法基础，在《1921年教育法》中得到了巩固，而《1944年教育法》扩展了特殊教育，并使普通教育和特殊教育初步融合，《1976年教育法》促使特殊教育向更大融合的方向发展，使有特殊教育需要的儿童得到平等的受教育机会。

1. 特殊儿童的隔离教育

英国政府关注特殊教育始于19世纪末，此前，残疾儿童主要由慈善机构或私人机构看护。1893年，英国议会通过了《初等教育（盲聋儿童）法》（Elementary Education（Blind and Deaf Children）Act），规定必须将那些由于聋哑原因不能正常阅读或与正常儿童同班学习的儿童送入特殊学校就读，并由学区的学校委员会、城镇和乡村区议会和郡自治市学校入学委员会负责实施；盲聋儿童的强制义务教育年限为7—16岁。② 这是英国政府负起残疾儿童教育责任的开端。

随着初等教育普及，公立初等学校中各种有缺陷儿童多起来。弱智儿童教育问题引起关注。1896年，政府任命一个皇家委员会调查身体、心理有缺陷儿童和癫痫儿童，该委员会对有缺陷儿童做了较宽泛的界定，包括弱智、发展迟缓儿童。由于花费巨大，《1899年初等教育法（有缺陷和癫痫儿童）》（the Elementary Education（Defective and Epileptic Children）Act，1899）仅仅允许学校委员会为身体、心理有缺陷儿童及癫痫儿童提供教育。该法适用的儿童："不是弱智，也不是迟钝或发展迟缓，而是有缺陷的，也就是说由精神或身体缺陷的原因不能从普通小学教育中受益，但由于这些缺陷能从特殊班级或学校教育中受益。"③ 尽管该法扩大了接

---

① A. H. Halsey and Kathy Sylva, *Plowden: history and prospect.* 2014年8月. http://www.educationengland. org. uk/documents/plowden/plowdenore - 01. html.

② 王承绪：《英国教育》，吉林教育出版社2000年版，第152页。

③ The Committee of Enquiry into the Education of Handicapped Children and Young People, *The Warnock Report*, London: Her Majesty's Stationery Office, 1978, p. 14.

受特殊教育儿童的范围，将精神缺陷儿童纳入特殊教育范畴，并提高了对特殊教育的拨款比例，但 10 年之后，327 个地方教育当局中只有 133 个当局根据该法实施这项权利。

直至 1913 年智力缺陷儿童开始受到关注。《1913 年智力缺陷法》（the Mental Deficiency Act，1913）颁布，要求地方教育当局查明辖区内 7—16 岁年龄段的缺陷儿童，并向他们颁发鉴定证书。只有那些经地方教育当局鉴定为不能在特殊学校接受教育的儿童才可以交给地方智力缺陷委员会照顾。向可教育儿童提供教育的职责则在一年后确立。事实上到 1913 年 318 个地方教育当局，有 175 个当局已根据《1899 年的初等教育法》实施权利，大约他们中的三分之一已经建立起特殊学校；共有 177 所学校为约 12500 名智力缺陷儿童提供服务。到 1939 年缺陷儿童数字提高到 17000。[1]

在英国，特殊教育立法纳入普通教育法律框架始于 1921 年，该法仅仅巩固了早期的法律。四类残疾得到承认——盲、聋、身体和智力缺陷以及癫痫。该法要求地方教育当局查明有缺陷儿童（不包括白痴和弱智）并向他们颁发鉴定书（对盲聋儿童没有定义，没有对这些儿童认定和颁发证书的规定）。该法要求四类儿童的父母必须送孩子进合适的特殊学校，从 7 岁直至 16 岁（盲聋儿童 5 岁）。地方教育当局有责任提供这类学校，并被授权提供 16 岁以上的继续教育。

2. 特殊儿童教育的初步融合

1941 年，教育委员会颁布的绿皮书《战后教育》以"健康和身体健康儿童的福利"为标题，立专章讨论了有关残疾儿童的照顾和教育。[2] 绿皮书陈述了盲聋儿童的膳宿是充足的，虽然多数设施陈旧、分布不合理。而智力缺陷和病弱儿童的照顾与教育差强人意。绿皮书建议应立法作出规定，大多数儿童在普通学校接受教育；心理障碍应当被看作另一类残疾，在区域基础上为这些孩子建立少数寄宿特殊学校；修改并更新《1921 年教育法》第五部分对残疾儿童的规定，特别是对残疾儿童的鉴定制度应当重新考虑；当普通学校离校年龄提高至 15 岁，有缺陷儿童的义务教育年

---

① The Committee of Enquiry into the Education of Handicapped Children and Young People, *The Warnock Report*, London: Her Majesty's Stationery Office, 1978, p. 15.

② Ibid., p. 18.

龄考虑降到同样的年龄。绿皮书的建议在《1944 年教育法》中得到了体现。

其一，明确地方教育当局有责任为每个残疾儿童提供合适的特殊教育，轻度残疾儿童可以在普通学校接受教育。《1944 年教育法》第 8 条第（2）款（c）项要求各地方教育当局在完全负起提供足够数量的学校的责任时，要特别注意："必须确保为身体缺陷或心智障碍的学生设立特殊学校，或者提供特殊教育设施，即为每个残疾的儿童提供适合他们特点的特殊教育方法。"该法第 33 条第（2）款规定，"在可行的范围内，地方教育当局为各类特殊学生所作的安排将保证严重残疾的学生在特殊学校内受到适合他们的教育，但是，假如这样做行不通或学生不是严重残疾，可以作出安排，保证在地方教育当局维持的学校内或不是地方教育当局维持的学校内提供这种教育"。① 根据上述条款，轻度残疾的儿童可以在普通学校接受教育。

其二，地方教育当局查明特殊儿童的范围提前到 2 周岁。根据《1921 年教育法》，地方教育当局的职责主要是查验范围仅限于 5 岁及 5 岁以上的残疾儿童，《1944 年教育法》的第 34 条将查验年龄提前至 2 周岁，这是因为儿童的身体或心智缺陷越早发现越有利于治疗和矫正。

其三，特殊儿童义务教育的年龄与普通义务教育一致。《1944 年教育法》将义务教育年龄确定为 5—15 岁，包含缺陷儿童。但英国自对特殊教育立法以来，将特殊儿童义务教育年龄限制在 7—16 岁（盲聋儿童 5 岁），为此，该法第 38 条第（1）款对特殊学生义务教育上限作了补充规定，特殊学校在册生在 16 岁以前不得被视为义务教育超龄学生。

其四，家长有选择权。根据第 38 条第（3）款规定，有缺陷儿童的父母有权为孩子选择在普通学校就读。

其五，特殊学生范围拓展。根据《1944 年教育法》，国务大臣要制定规章，确定特殊学生的范围，地方教育当局有义务提供特殊教育设施，不管是特殊学校还是普通学校。1945 年，教育和科学部颁布《残疾学生和儿童健康服务章程》（The Handicapped Pupils and School Health Service Regulations, 1945）将特殊教育设施服务类型，从原先的四类缺陷儿童——盲

① ［英］教育和科学部：《1944 年教育法》，王斌华、郭玉贵译，引自瞿葆奎主编《教育学文集·英国教育改革》，人民教育出版社 1993 年版，第 171 页。

童、聋童、缺陷（身体、心理）和癫痫病的儿童扩展到11类：盲童、部分视觉障碍儿童、聋童、部分听觉障碍儿童、病弱儿童（delicate）、患糖尿病儿童（diabetic）、发展迟缓儿童、患癫痫病儿童、心理失调儿童、身体缺陷儿童和言语障碍儿童。[1] 心理失调和言语障碍是全新类型，部分视觉和听力障碍是现存分类中在程度上进一步区分，而糖尿病和身体病弱原先看作身体残疾。该规章指定盲童、聋童、癫痫、身体残疾和失语症儿童是严重残疾，必须在特殊学校接受教育。其他残疾儿童假如适合他们的教育设施充足的情况下，可以在普通学校接受教育。

《1944年教育法》中有关缺陷儿童的条款比1921年的法规在教育公平方面的重大进步主要表现在以下几个方面：首先，《1921年教育法》仅仅为残疾儿童提供在特殊学校或特殊班级的教育，将残疾儿童教育看作完全独立的服务类型；而1944法案将特殊教育视为义务教育的构成部分，缺陷儿童开始接受义务教育的年龄与正常儿童相同，也从5岁开始。特殊教育的供给包含在地方教育当局必须提供充足的初等和中等学校的总的职责范围内，包含在地方教育当局的初等和中等教育发展计划中。其次，不严重残疾儿童可以在普通学校（不必要在特殊班级的儿童），虽然那些严重残疾儿童仍然留在特殊学校接受教育。这是特殊儿童教育，初步与普通教育融合的开端。正如史学家邓特指出的那样：[2]《1944年教育法》第二项改革特别令人欣慰，因为证明一个儿童为心智缺陷者，从而把他们送进与正常儿童隔离的特殊学校——特殊学校常常被称为"疯人"学校——使很多家长感到羞辱。从1944年以来缺陷儿童不再被另眼相看。为他们提供的"特殊教育措施"是地方教育当局职责的一部分，是为学龄儿童提供的适合于他们年龄、才能和倾向的各种教育措施的组成部分。

《1944年教育法》颁布以后的十年里，英国特殊教育迅速发展。1945年至1955年期间，特殊学校从528所增加至741所，学生数从38499人增加至58034人。同时，特殊学校全日制教师从2434人增至4381人。[3]

---

① The Committee of Inquiry into the Education of Handicapped Children and Young People, *The Warnock Report*, London: Her Majesty's Stationery Office, 1978, p. 20.

② ［英］邓特：《英国教育》，杭州大学教育系外国教育研究室译，浙江教育出版社1987年版，第100页。

③ The Committee of Enquiry into the Education of Handicapped Children and Young People, *The Warnock Report*, London: Her Majesty's Stationery Office, 1978, p. 21.

3. 特殊教育发展重心的转移

战后十年，地方教育当局艰难地维持教育服务的结构。多数学校的宿舍受到毁坏，许多残存的校舍条件恶劣。稀少的建筑材料限制了对基本需求的满足，包括为提高离校年龄、在校生迅速攀升以及新住宅区提供教育设施。政府颁布的《建设条例》（the Building Regulations）有关校舍规定，只允许新校舍以中学 30 人班级和小学 40 人班级标准建设，那时运作不允许任何班级规模明显减少。由于班级太大，不利于普通学校的特殊教育发展。此外，还有其他方面的短缺，比如，合适的经过训练的老师、有效评估和治疗所需的其他专业人员。这种情况下，普通学校提供的特殊教育非常糟糕。相反，大量新的特殊学校快速建立起来，但代价是儿童的分离。

1973 年 11 月，教育大臣撒切尔夫人授权以沃诺克（H. M. Warnock）夫人为主席的有缺陷儿童和青年调查委员会开始工作，对全英残疾儿童及青少年的教育情况进行调查。1978 年，该委员会发表了《关于特殊教育需求的报告》（Special Educational Needs），亦称为《沃诺克报告》（the Warnock Report）。该报告主张残疾儿童与非残疾儿童融合教育，呼吁在普通学校中发展特殊教育，并建议将"残疾儿童"改为"有特殊教育需求的儿童"，奠定了英国特殊教育发展的方向。

1976 年，政府为了促进普通学校中特殊教育的发展，促进残疾儿童与正常儿童的融合，邀请沃诺克委员会成员参与修订《1944 年教育法》。经过修订，《1976 年教育法》第 10 条的规定，地方教育当局在郡立学校和民办学校为所有残疾儿童安排特殊教育，除了那些不能进行有效教学的学校或涉及不合理的公共支出，在这种情况下，可以提供特殊学校或经国务大臣同意提供独立学校就学。

《1976 年教育法》第 10 条的实施，实质上将特殊教育提供的重点转移到普通学校，促进更大的融合，改进普通学校中特殊教育的质量。然而，正如《沃诺克报告》指出的那样，"特殊教育的质量不仅仅依赖立法和结构的改变，该框架提供了人们本着儿童的利益一起工作，教育质量依赖他们的技能和洞察力，还有充足资源的支持，以及教育资源有效的调动"。①

如果说《1976 年教育法》首次以法律形式，确立缺陷儿童在普通学

① The Committee of Enquiry into the Education of Handicapped Children and Young People, *The Warnock Report*, London: Her Majesty's Stationery Office, 1978, p. 35.

校就学为主的融合教育的政策，那么《1981 年教育法》则在《沃诺克报告》基础上为"特殊教育需求"的儿童的教育进行了专门立法。该法总体原则是"强调儿童个体需要；地方教育当局有义务为特殊教育需要进行鉴定、评估和提供教育设施；参加在这个过程中的家长有作为伙伴的权利；要求有特殊教育需要的学生应在最大可行的程度上和他们在普通学校的同辈一起接受教育；需要对目前的安排随时检查，使教育设施与个体儿童需要和家长愿望相一致"。①

《1981 年教育法》首次对"特殊教育需求"的儿童做了法律上界定。该法 第 1 条规定：（1）儿童比大多数同龄儿童在学习上有显著的更大的困难；（2）儿童有缺陷，但不会阻止或妨碍他利用地方当局管辖学校为这年龄组儿童提供的一般教育设施；（3）5 岁及 5 岁以下儿童，或者是没有适合他的特殊教育设施的儿童。② 这样大大扩展了特殊学生的范围。邓特指出，"教育上低常儿童"人数总是最多，通常占特殊学校学生总数的一半以上。虽然为"教育上低常儿童开设的学校自 1944 年以来增至其他学校数目的两倍以上，仍有大量被推荐入学的同类儿童等待入学。③ 政府在后续教育政策中都将特殊教育需要儿童的教育作为教育政策组成的一个部分。至此，英国残疾儿童和学习暂时落后的学生才获得与同辈一起受教育的权利。

（五）保障措施

英国政府 20 世纪 50—70 年代中期在经费、师资、校舍三方面不断增加投入，为了谋求更大的教育机会均等提供了保障。

1. 不断扩展财政支持

在"共识政治"下，两党竞相增加教育投入，以确保人口"膨胀"对就学的需求。英国教育和科学部在回顾 60 年代教育发展时指出，教育占公共支出空前增长……1967—1968 财政年度，教育服务占 5.5%，而在10 年之前仅为 3.5%，在 1968—1969 财政年度达 6.2%，60 年代教育上

---

① ［英］教育和科学部：《选择与多样化——学校的新框架》，引自吕达、周满生主编《当代外国教育改革著名文献》（英国卷·第二册），人民教育出版社 2004 年版，第 210 页。

② Her Majesty's Stationery Office, *Education Act*, 1981. 2014 年 8 月，http://www. educationengland. org. uk/history/pdfs/1981 - education-act. pdf.

③ ［英］邓特：《英国教育》，杭州大学教育系外国教育研究室译，浙江教育出版社 1987 年版，第 45—46 页。

支出以约 10% 速度递增（超过通货膨胀的速度）。① 70 年代初，这种增长的势头依然不减，撒切尔夫人在《教育：一个扩展的框架》中，确立未来 10 年继续扩展教育的基调，白皮书指出，"如果教育要对我们社会和经济的活力作出其充分的贡献，它必须一如既往，得以扩展"。② 但是，这一扩展计划在 70 年代中期由于经济危机的影响而戛然而止。

2. 扩大师资培训规模

20 世纪 50 年代和 60 年代教师培训的规模不断扩大，受政府拨款学校的教师数从战前的 196000 名上升到 1950 年的 216000 名，再到 1961 年的 269000 名。为培养更多师资，随之而来的是教师培训学院规模扩大、数量增加。地方教育当局在 1922 年管理 22 所教师培训学院，1944 年扩展到 29 所，1954 年 63 所，1962 年 77 所。各学院的规模也在不断扩大，1954—1963 年教师培训学院的学生数翻番，接近 4800 名（这个数字在战前是 2000 名，1957—1958 年是 2700 名）。1960 年政府决定将教师培训课程的年限从 2 年延长至 3 年。③ 1968 年，政府根据罗宾斯委员会建议首次授予教育学士学位。到 20 世纪 60 年代末 28 所大学的教育系培养了约 5000 名学生，2000 多名本科生参加了教育学院课程培训，他们进入本科教育领域是 60 年代末教育的增长点之一。④

3. 扩展校舍

这一时期，随着战后人口高峰的到来，校舍紧缺是影响入学机会的另一重要因素。在 50 年代到 60 年代早期，基建资源主要用于中等教育，主要是为了中等教育从一贯制学校分离出来，由农村开始一直延伸至城市，新建 1800 所新中学。70 年代初，政府在《教育：一个扩展的框架》白皮书中，仍将校舍建设作为工作重点："学校建筑方案必须充分保障每位儿童都有一个学额。建筑方案必须同时考虑到学校人口总体规模的变化和人

① J. Lawson and H. Sliver, *A Social History of Education in Education in England*, London: Methuen & Co. Ltl. , 1973, p. 464.

② ［英］教育和科学大臣：《教育：一个扩展的框架》，斯福民译，引自瞿葆奎主编《教育学文集·英国教育改革》，人民教育出版社 1993 年版，第 332 页。

③ J. Lawson and H. Sliver, *A Social History of Education in Education in England*, London: Methuen & Co. Ltl. , 1973, p. 428.

④ Ibid. , p. 436.

口地理分布的变化。学校建筑资源必须首先满足这些基本的需要。"① 这份白皮书指出，未来 10 年将改变教育预算的投资方向，以利小学发展。为此，在 1972—1973 年，将花费 5000 多万镑更换不合格小学。

第三节　小结

英国 20 世纪 50 年代至 70 年代中期，两党政府都将扩展公民平等地受教育机会作为教育政策目标。政策动因主要在以下几个方面：一是从 50 年代开始，英国经济进入了繁荣期，福利国家政策进一步发展，教育作为国家福利的一个组成部分，在这一时期得到充分重视；二是两党在政治上共识以及制定政策权力的下移，使得英国人民意愿得到较多的表达，公民的权利得到进一步发展，整个社会向着平等和民主的方向发展，各阶层之间的差距正在逐步缩小，教育作为公民的一项权利，成为政治上平等的一项重要内容；三是二战后人口激增是促进教育扩张的重要因素。从 50 年代初至 70 年代初，政府在教育经费上持续增长，师资、校舍都得到长足发展；四是公众对教育机会的认识有了转变，教育被看作是更多的人获得个人幸福和财富的一个重要途径，并且拥有增加社会流动、促进社会更有效率运作的重要功能。这些因素都推动了政府出台扩张公立教育体系，提供更加平等的教育机会的政策，包括提高义务教育离校年龄至 16 岁、发展综合中学、实施教育优先区计划以及残疾儿童融合教育等策略促进教育机会在更大范围内趋向公平。

但两党在综合中学政策上从共识走向对抗，反映了两党在教育公平内涵和实现教育公平策略上的严重分歧。从争议的焦点来看，支持综合中学的理由是，通过推进综合中学政策，取消 "11 岁选拔考试" 及其造成的过早的职业分层，进而通过学校中的社会混合增进社会各阶层之间的和谐。于是，教育机会平等和社会地位平等联系起来。因此，带有很强的民主社会主义意识形态倾向，即所有公民具有平等的权利，包括教育权利和

---

① ［英］教育和科学大臣：《教育：一个扩展的框架》，斯福民译，引自瞿葆奎主编《教育学文集·英国教育改革》，人民教育出版社 1993 年版，第 342 页。

成功的机会，考恩（Cowen. R）称之为"教育机会政治学"。① 而反对综合学校政策的理由也相当有力，主要是强调儿童的差异性，应该根据儿童能力、性向提供适当的教育。其理论依据是智力恒常性和遗传决定论，人的智力是有差异的，因而可接受文法中学教育的儿童是有限的，在儿童进行"11 岁选拔考试"是必要的（后续研究表明智力理论尚不成熟），政策建议是要不断地完善选拔考试，以便更加准确地将有才能的儿童选拔出来。前者强调了公民权延伸出来的教育机会平等（教育过程平等），而后者强调了基于心理学基础的提供适当教育的教育公正。导致两党各执己见，各行其是。到了 70 年代，综合中学的组织模式取得了决定性胜利，但学界对综合中学政策功过是非褒贬不一。

将综合学校政策放在教育公平发展的历史长河中考察，我们会发现综合中学政策的进步意义是显而易见的，它取消了"11 岁选拔考试"，摧毁了与社会地位相联系的等级的学校制度。诚如考恩指出的那样，"综合学校运动"是为清除《1944 年教育法》所产生的副作用而最先采取的努力之一，它让更多的年轻人接受合适的中等教育，从这个意义上来说，它使学校制度更加民主化了。②

然而尽管综合学校政策推动了英国基础教育公平的进程，但未必是最好的策略。格维尔茨（S. Gewirtz）认为，综合中学基于这样的一个理想：所有儿童，无论他们的能力、阶级、民族背景，在"共同学校"一起接受教育，在混合能力组，所有儿童均应进入使他们实现他们潜能的学习环境。但这个期盼永远也没能实现。③ 而教育社会学家哈尔西指出，综合中学政策作为工党推进教育公平的工具，并没有达到从教育过程平等导向结果平等的目标。他讲："尽管六七十年代教育扩张滋养了综合中学教育，但仍然不能解决平等问题。不仅综合学校十分容易适应精英教育，而且英国教育与阶级的联系并没有中断，因为独立学校仍然保留着。"④ 前者指

① ［英］考恩：《1944 年以来的英国教育改革》，石伟平译，引自瞿葆奎主编《教育学文集·英国教育改革》，人民教育出版社 1993 年版，第 771 页。

② 同上。

③ Terry Haydn, *The strange death of the comprehensive school in England and Wales*, 1965—2002, Research Papers in Education, 2004, Vol. 19, No. 4. pp. 415—434.

④ A. H Halsey, *Expansion and equality*, Harold Silver, *Equal Opportunity in Education：A Reader in Social Class and Educational Opportunity*, London：Methuenl& Co Ltd, 1973, p. 205.

的是学生在综合学校潜能并没有得到充分发展，而后者主要指综合学校并没有彻底实现消除阶层差距的目标。从本质上看，综合中学的政治目标和教育目标都未能实现，这是政治视角的教育机会平等和教育本身的目的没有一致起来，这一矛盾在后续阶段逐渐暴露出来。

在导向结果平等的补偿教育策略上，工党和保守党似乎没有太大的分歧。无论是"教育优先区"计划，还是残疾儿童与普通儿童的融合教育原则，都得到两党的认可，对贫困区的补偿教育以及特殊教育需求儿童的教育都取得了一定的进展。

因此，这一阶段对教育公平目标的追求，无论是过程的平等还是结果的平等，其含义主要是公民权的延伸。

第四章

效率优先下的教育公平

在凯恩斯的福利国家政策下，英国建立起庞大的福利国家体系，在一定程度上抑制了贫富差距，很大程度上改变了英国社会面貌。但经济上"滞涨"和巨大的福利支出，使英国经济在 20 世纪 70 年代中期进入衰退期。为了挽救经济发展的颓势，1979 年在大选中获胜的撒切尔政府接受了哈耶克的新自由主义学说，大刀阔斧进行市场化改革，追求效率成为社会政策的主导价值取向，市场竞争的经济学原理被运用到公共教育领域，提高质量、效率成为教育政策主导价值目标，公平屈居于从属地位。

第一节　时代背景

1973—1974 年石油危机爆发，结束了战后英国 20 多年的繁荣期，迎来了经济衰退和裁员。接着失业率上升，长期工业重建的痛苦，建立在传统工业主义之上的城市，其社会和经济问题越来越严重，对中央集权国家的功能、综合中学改革作为追求财富和公平分配机会的手段的怀疑和批评不断增加。终于，严峻的经济问题、尖锐的政治上冲突将历史重任交给了保守党领导的撒切尔政府。

一　撒切尔政府市场化改革的影响

（一）"英国病"——经济"滞涨"现象

20 世纪 60 年代下半叶，英国经济出现奇怪现象，即一方面发展停滞，另一方面物价飞涨，出现著名的"滞涨"现象，通称"英国病"。按传统的经济学理论，经济萧条时物价会下降，购买力疲软，经济发展动力不足，市场缩小，而失业人口随之增加。针对这种情况，凯恩斯提出用国家干预的方法刺激需求，人为扩大市场，用市场需求带动生产，达到经济繁荣，并解决失业问题。福利政策就是在这种理论下制定的。但"滞涨"现象出现之后，凯恩斯理论便动摇了。人们发现经济萧条与通货膨胀同时存在，需求与发展的关系似乎断开了，人们一方面没有钱，大量劳动力失业，另一方面物价高居不下，好像人们有数不尽的钱。①

以美国经济学家弗雷德曼为首的货币主义理论认为，要制止通货膨胀，唯一有效的办法是限制货币供应量的增长率，使货币的供应量的增长同国民经济中产量的增长相适应。凯恩斯主义者的财政赤字政策不仅不能医治通货膨胀和失业，而且还会使正常的经济活动受到损害。由于自由市场本身趋于稳定，国家对经济的调节，特别是财政调节是有弊无利的，国家应尽量减少干预。只有保证自由市场经济机制的作用，让经济从国家干预造成的破坏中恢复起来，经济本身才能产生自动吸收就业的力量。② 这一理论实际上复活了斯密的自由经济理论，但为了与斯密自由主义区别开来，人们称之为"新自由主义"。

由此可见，凯恩斯主义和新自由主义是两条相反的发展经济路线。凯恩斯主义主张通过政府干预，促进充分就业，促进经济繁荣；而新自由主义认为减少政府干预，让市场机制发挥作用，促进经济复苏，从而自动吸收就业，国家的调控仅限于货币总量的控制。

1976 年，工党领袖卡拉汉上台后，为遏制通货膨胀，大力削减公共开支，限制工资，转向了货币主义政策。同年 9 月，卡拉汉在工党年会上发表著名演说，为自己的反通货膨胀计划辩护。他说："我们总是想，只要采用减税和增加开支的方法就可以走出衰退和增加就业，我坦率地告诉你们，这种选择已不再存在了，而且即使当他存在时也是起了对经济注入通货膨胀的作用。"③ 后来，布莱尔回顾这段历史时声称，这个演说"敲响了战后凯恩斯共识的丧钟"。④

工党政府转向货币政策以后，英国经济形势有了好转。1977 年国际

---

① 钱乘旦、许洁明：《大国通史——英国通史》，上海社会科学院出版社 2007 年版，第 344 页。

② 钱乘旦、陈晓律、陈祖洲等：《日落斜阳——20 世纪英国》，华东师范大学出版社 1999 年版，第 108—109 页。

③ 同上书，第 110 页。

④ ［英］托尼·布莱尔：《新英国：我对一个年轻国家的展望》，曹振寰等译，世界知识出版社 1998 年版，第 97 页。

收支有100万英镑顺差……通货膨胀率降低到一位数，但经济仍处于衰退中，失业人数高达142万（1978年又上升至160万）。[①] 工党内部反对派对卡拉汉的反通胀政策提出非难，工会代表大会也攻击政府破坏了社会契约，连续发动大罢工。1978年的冬天被称为"愤懑的冬天"（winter of discontent）。1979年大选中，以撒切尔夫人为首的保守党获得多数票而上台执政，开启了撒切尔政府时代。

（二）撒切尔政府的市场化改革

撒切尔政府的主要目标是解决长期困扰英国经济发展的病症，实现国民经济高速发展。撒切尔政府认为，过多的政府开支、过高的工资要求和国有企业的低效率是"英国病"的核心原因。[②] 当政期间，英国的经济政策发生了根本性改变。在宏观政策上以货币主义理论为指导，以治理通货膨胀为主要政策目标，以控制货币发行量，减少公共支出为主要政策手段；在微观政策上，从更多地强调经济的需求方转向强调经济的供应方，从更多地强调社会平等转向强调效率，具体措施有：私有化，减税，削减社会福利等政策。

第一，私有化。撒切尔政府把大量资产由公有转化为私人所有，实质上结束了1951年以来的"混合经济"。首先是大批国有企业转化为私有。到1987年，国有企业40%实行私有化，总资产达200亿英镑，涉及职工60万人，其中包括英国电讯公司、英国航空公司和英国钢铁公司等巨型企业。国有企业私有化的方式是把国有企业的股票上市出售给私人。到1989年，持股人从300万增加到1100万，占全国人口的20%；[③] 其次是出售公房，从1979年4月至1992年3月，英国地方政府出售公房170套，售房总收入达240亿英镑，远远超过了国有企业私有化的收入。[④]

第二，税制改革。为了支撑高福利政策，英国的税收越来越重。英国税收体系的特征是高直接税、低间接税，这种税收使收入最高和最低的两

① ［英］阿伦·斯克德、克里斯·库克：《战后英国政治史》，王子珍等译，世界知识出版社1985年版，第294页。

② 李华锋：《英国工党与工会关系研究》，人民出版社2009年版，第179页。

③ 钱乘旦、陈晓律、陈祖洲等：《日落斜阳——20世纪英国》，华东师范大学出版社1999年版，第85页。

④ ［英］比尔·考克瑟等：《当代英国政治》，孔新峰等译，北京大学出版社2009年版，第70页。

个阶层在边际效率中得不到任何好处，这是英国高层管理人才和各种专业人才大量外流的重要原因。撒切尔夫人的税制改革就是降低直接税，提高间接税。她的第一个预算就将个人所得税的基础税率从 33% 降至 30%，最高税率由 83% 调为 60%，以后在 1985 年、1986 年和 1988 年三次下降，基础税率降至 25%，最高税率降至 40%。同时，投资收入税的起征点从 1700 英镑上升至 6250 英镑，公司税从 1974 年以来的 52% 降至 35%。另外提高间接税，增值税由原来的 8%—12% 提高到 15%，汽油、烟酒、汽车等高档消费品的附加税也相应提高。① 撒切尔政府认为，降低直接税使企业家的个人努力得到较好报酬，调动企业家的主动性和创造性，而提高间接税，可以发挥中小企业的积极性，刺激投资，发展生产。

第三，削减社会福利。撒切尔政府力图减少社会福利开支，对养老金、家庭补贴、产假补贴、失业补贴等作出严格限制。但由于社会福利是英国工人经过长期斗争取得的成果，在这方面做出任何变动，都有可能引发重大的社会冲突，因此，撒切尔政府在这方面改革是谨慎的。尽管如此，撒切尔夫人执政期间福利支出绝对价值虽仍旧增加，但占国民生产总值的比例却持续下降，比如用于医疗服务的开支从 1983 年的 6.29% 降为 1985 年的 6.02%，再降为 1987 年的 5.2%，比她 1980 年上台时的 5.98% 还要低。1986 年，撒切尔政府还制定一个《社会保障法》，对 60 年代以来的名目繁多的各种补助加以砍伐，申请补助者要经过严格的财产审核，失业津贴只向确有能力的工作者发放，即以"求职者补贴"取代失业救济。一视同仁的原则取消了，福利补助只适用于一定财产以下的人。②

撒切尔路线从 1983 年起开始奏效；到 1988 年，英国经济已全面好转，6 年中经济不断增长，超过了美国和欧洲共同体的平均增长水平，通货膨胀率下降，财政收支出现盈余，劳动生产率逐年提高，人均年收入稳步成长。③ "英国病"似乎好了。

---

① 钱乘旦、陈晓律、陈祖洲等：《日落斜阳——20 世纪英国》，华东师范大学出版社 1999 年版，第 159 页。

② 同上书，第 204 页。

③ 同上书，第 86 页。

二　撒切尔政府的政治改革

撒切尔政府的政治改革主要是为实现经济自由主义的目标而进行的市场化改革扫除障碍。撒切尔政府采取了两项重要改革：一是削弱工会力量；二是改革地方政府，以加强中央集权。

首先，削弱工会力量。撒切尔政府认为，工会是福利国家和企业国有化的最大收益者……他们利用自己拥有的未加法律限制的无限权力，追求片面的集团利益，是造成英国经济病的重要因素，也是推行新政的最大障碍。[①] 此外，二战后，英国工会势力发展迅速，到 60 年代和 70 年代，工会权力进一步膨胀，不仅左右各届政府有关政策的顺利执行，而且决定了执政党能否在大选中取得胜利。工会之所以有如此巨大的能量，乃是因为它享有各种法律和制度化的权力。为此，从 1980—1984 年，撒切尔政府制定了两个《就业法》、一个《工会法》，对工会的权力和责任作出严格的限制，特别是对罢工及与罢工有关的活动作出严格的规定。[②]

工会立法包含了政治和经济两个层面的目标。经济上，撒切尔政府试图通过改革劳资关系，重组英国的劳动力市场，减少有关法规和集体谈判对劳动力市场的干扰，从而达到劳动力市场非调控化的目的。政治上，削弱工会所拥有的法律地位和对于个人会员的权利。增强工人就是否加入工会及个人会员相对于工会的权力，进而达到促进个人自由的目的。实质上，撒切尔政府的工会战略更加侧重于政治目标。在政府的一份名为《基石》的文件中，明确指出：“要彻底改变工会运动的性质，必须改变工会职能及其政治倾向。”[③]

1984 年，撒切尔政府与力量最强的工会之一——煤矿工会摊牌，政府做好充分准备，包括储备了大量煤炭。1984 年 3 月 5 日，罢工开始，一直延续 362 天，期间政府出动大批警察，最后工会坚持不住，终于无条件复工。这次摊牌以政府的全胜告终，英国工会的力量由此受到极大的削

---

① 李华锋：《英国工党与工会关系研究》，人民出版社 2009 年版，第 180 页。

② 钱乘旦、陈晓律、陈祖洲等：《日落斜阳——20 世纪英国》，华东师范大学出版社 1999 年版，第 86 页。

③ 王皖强：《国家与市场——撒切尔主义研究》，湖南教育出版社 1999 年版，第 248 页。

弱，已不再像往日那样对国家政治生活产生举足轻重的影响。①

其次，改革地方政府。在英国的中央—地方体制中，中央集权化程度较欧洲其他国家高。二战以后，在创建福利国家的过程中，地方政府的职能迅速扩展，规模不断扩大，并在政治体制中发挥重要作用。1965 年，政府建立了"大伦敦郡议会"（Greater London Council，GLC）其范围不仅包括原先"伦敦郡议会"（London County Council，LCC），还包括了周边 32 个自治市。地方政府职能的扩大和规模的发展必然带来文官阶层的膨胀和开支的迅速增长，并且两党在地方政府建立起强有力的地方组织。如工党控制了大伦敦及一些重要工业城市的郡议会，并利用地方郡议会开展政治斗争，捍卫社会主义政策。这些都与撒切尔政府的意识形态、政策目标相抵触。

撒切尔政府对地方政府进行了大刀阔斧的改革：一是削减地方政府开支，并进一步控制地方财政；二是将市场机制引入地方服务业，增强地方政府的"责任性"（accountability）；三是"埋葬社会民主主义"。其中，改革力度最大的是公共事业领域引入私营企业和竞争机制。涉及的领域有：建筑物和公路建设、公共卫生、交通服务、教育和医疗保健。在撒切尔政府看来，公共事业的独立提供者总是能比地方当局更能满足大众的需求。在这个意义上，市场机制比公共部门更为民主，前者涉及更多的个人决定，并能在更短的时间里满足这些决定。②

经过撒切尔政府的政治改革，整个 80 年代英国中央政府对地方事务的干预和控制大大加强，地方政府的职能和规模有了较大的削弱与缩减，明显地表现出权力向中央政府集中的特点。国家体制的变化主要表现在三个方面：一是行政体制明显趋向非民主化；二是干预模式从行政命令、法规转向公共服务的私有化、市场化和非调控化，促使地方政府职能转向供应领域；三是代议制作用削弱，在有关政策问题上，撒切尔政府常常越过地方政府中介的代表机制而直接诉诸"人民"。③

---

① 钱乘旦、陈晓律、陈祖洲等：《日落斜阳——20 世纪英国》，华东师范大学出版社 1999 年版，第 342 页。

② 王皖强：《国家与市场——撒切尔主义研究》，湖南教育出版社 1999 年版，第 280 页。

③ 同上书，第 282 页。

三　作为政治意识形态的新自由主义学说

显而易见，撒切尔政府的政策是建立在"一整套坚定的原则的基础之上"。这些以政治经济为核心的主张和一系列改革措施通常被人们称之为"撒切尔主义"。"撒切尔主义"用撒切尔夫人自己的话解释：政府必须善于干那些只有政府才能干的事情，必须坚决维护我们的防御能力，坚定不移地维持法律和秩序，坚决维护国家的币值和财政收入，以法治保障人们"自由经营"和"自由自在"的生活。人们将之概括为："法律管制下的自由。"[①]

"撒切尔主义"也被称为"20 世纪 80 年代的保守主义（新保守主义）"，因为它既保存了传统保守主义的核心价值——洛克的私人财产权和亚当·斯密的个人致富原则，又接受了哈耶克、弗雷德曼所谓的新自由主义学说，进一步发展保守主义。其中，哈耶克的政治经济学说对撒切尔主义（新保守主义）的形成影响深远。

哈耶克原籍奥地利，1931 年移居英国，并在伦敦经济学院任教。二战后，当凯恩斯的福利国家主义占领英国意识形态领域的时候，工党和保守党达成共识，战后有计划地管理经济，"保证"消灭战后可能发生的经济失调。哈耶克却对这一趋势表现出忧心忡忡，率先举起反对集体主义的大旗，于 1944 年出版《通向奴役之路》，批判所有集体主义（包括社会主义）的计划经济理论，并阐述了市场机制理论；1973 年又出版了其重要著作《法律、立法和自由》进一步构建了他对"理想社会"的设想，1974 年哈耶克获诺贝尔经济学奖。他的主要思想体现在以下几个方面：

1. 反对集体主义的计划经济

哈耶克认为，社会主义为了快速达到社会正义，更大程度的平等、安全等理想，在手段上必须废除私有企业、废除生产资料私有制，创造一种"计划经济"制度，在这种制度中，由中央计划机构代替为利润而工作的企业家。在哈耶克看来，计划与竞争天然对立。[②]哈耶克论述到，政府一

---

① 王振华、申义怀：《撒切尔主义——80 年代英国内外政策》，中国社会科学出版社 1992 年版，第 3 页。

② ［英］哈耶克：《通向奴役之路》，王明毅、冯兴元等译，商务印书馆 1962 年版，第 44 页。

经负起筹划整个经济生活的任务对不同的人们和团体都要得到应有的地位这一问题，事实上就一定不可避免成为政治的中心问题。由于只有国家的强制权力可以决定"谁应得到什么"，所以唯一值得掌握的权力，就是参与这种管理权的执行。一切的经济或社会问题将都要变成政治问题，因为这些问题的解决，只凭谁操有强制之权，谁的意见在一切场合里都占优势为转移。① 因此，哈耶克认为，一个真正的"无产阶级专政"纵使在形式上是民主的，如果它集中地实行对经济体系的管理，可能会与任何专制政权所曾经做的一样完全地破坏个人自由。"计划"违反法治，"计划"将导致"极权主义"和"个人独裁"，因而是通向奴役之路。

2. 倡导自由主义的经济制度

哈耶克在严厉批判社会主义计划经济的同时，极力推崇自由主义的经济制度。他说，自由主义者的观点是基于这种信念，即只要能够创造有效的竞争，就是再好不过的引导个人行动的方法。……自由主义者之所以把竞争看成是优越的，不仅是因为它在大多数情况下是已知的最有效率的方法，而且更由于它是使我们的活动得以相互调节适应而用不着当局的强制的和专断的干涉的唯一方法。② 哈耶克强调，为了使竞争能够有益地进行，政府应该制定周密的法律制度，使竞争的优势发挥作用。哈耶克承认，"在竞争的社会里，穷人的机会比富人的机会所受到的限制要多得多"，但他认为，"在这种社会里的穷人比在另一不同类型的社会里拥有很大物质享受的人要自由得多"。③

3. 机会面前人人平等

在哈耶克自由主义思想体系中，自由价值最高。他所讲的自由也是一种状态，"在此状态中，一些人对另一些人所施以的强制，在社会中被减至最少可能之限度"。④ 从这种自由观出发，首先要保障经济领域的自由。他说，重要的是，从事各种行业的机会应当在平等的条件上向一切的人开放，任何个人或集团企图通过公开或隐蔽的力量对此加以限制，均为法律

---

① ［英］哈耶克：《通向奴役之路》，王明毅、冯兴元等译，商务印书馆 1962 年版，第 104 页。

② 同上书，第 38 页。

③ 同上书，第 40 页。

④ ［英］哈耶克：《自由秩序原理》，邓正来译，生活·读者·新知三联书店 1997 年版，第 3 页。

所不许可。任何控制某一商品的价格或数量的企图，都会使竞争失去它对各人的努力作有效的协调的力量，因为这时价格变动就不再反映客观条件的全部有关变化，不再对各个人的行动提供可靠的指南。[1] 因此，他认为平等竞争的条件是使竞争制度有效进行的各种形式的法律制度的存在。

哈耶克的平等内涵是法律面前形式上的平等，自由竞争的结果即为平等，与任何实质平等不相容。他的理论逻辑是，人生而不平等。因为人的先天禀赋和后天环境不可能完全相同，因此在机遇把握上会出现差异。如果无视这种差异，企图通过某种强制力量而把每个人置于平等地位，必定会导致法律面前人人不平等。因为，要为不同的人产生同样的结果，必须给予他们以不同的待遇。这是政府的强制工具强加于人民的一种新的等级制。哈耶克也意识到，自由竞争的结果，必然导致经济的不平等，但他坚持认为，非人为的力量所造成的不平等比有计划地形成的不平等，无疑地要容易忍受些，其对个人尊严的影响也小得多。[2]

哈耶克对计划经济弊端的分析可以说无人能及。他极力主张法治下市场对资源的配置作用，强调机会面前人人平等，对"撒切尔主义"的形成产生深远的影响。

四　英国基础教育规模紧缩与教育质量问题

这场世界性的石油危机对英国教育的冲击是巨大的。随着经济衰退，随之而来的是财政紧缩。在1960年至1970年期间，政府在教育上的实际支出增长了51%。这一增长率一直持续到第一次石油危机，并在英国突然停止于1976年。教育开支在GDP中所占的份额从1974年5月的6.4%降至1988年9月的4.9%。[3]

1. 基础教育规模缩小

英国的经济衰退与人口的下降趋势恰好碰在一起。1964年英格兰和威尔士共有876000人出生，此后出生人数每年下降，到1976年下降至584000人。这使国家在教育方面所受的压力减轻了。70年代初期，英格

---

① ［英］哈耶克：《自由秩序原理》，邓正来译，生活·读者·新知三联书店1997年版，第39页。

② 同上书，第73页。

③ 孙洁：《英国的政党政治和福利制度》，商务印书馆2008年版，第101页。

兰初等学校学生数超过 475 万，但是到 1983 年却下降至 350 万。政府削减了师资培训计划，1964 年职前师资培训人数为 7 万人，到 1972 年上升到 12 万人，据预测，到 1980 年这一数字将下降到 3.6 万人以下。①

2. 教育质量问题突显

最早对英国教育质量发难的是 1969 年和 1970 年发表的三份《黑皮书》。这些黑皮书的作者对综合教育、平等主义、"进步主义"教学方法和高等教育大发展发起了猛烈攻击，主张初等教育回归传统的正规教学方法的年代中去；对中等教育采用分轨制的制度，恢复文法学校的学术地位；高等教育应该回到"尖子主义"的时代。② 由于黑皮书的观点明显是保守的，因此受到人们普遍的批评，也未能引起政府的足够重视。

其次是来自工业界的批评。1974 年，全国青年就业委员会曾就雇主对青年工人的看法作过一项大规模的调查，其主要结论是，大量的雇主对学校培养出来的学生越来越感到失望。调查所揭示出来的问题包括，青年人缺乏明显的工作动机，不尊重权威和秩序，而这一点也是导致青年人失业率上升的重要因素之一。③

最后是新闻媒介对综合中学的激烈批评。70 年代，媒体对综合中学批评如潮。这些媒体指出，学校中儿童成绩标准已经下滑，学校课程对读、写、算的基本技能给予关注太少，而学生的边缘学科的负担又过重。教师缺少适当的专业技能，不懂得如何训练儿童纪律，不懂得如何培养他们勤奋学习或良好的举止。所有这一切的背后有这样一种看法，即教育制度已经脱离了英国在高度竞争的世界中维持经济生存的根本需求。④

这些批评迫使工党政府对教育质量问题做出回应。

3. 政府对教育质量问题的回应

1976 年，英国教育和科学部发表了一份名为《英格兰的学校教育：问题和倡议》（School Education in England：Problems and Initiatives）的黄皮书，分析了社会上对教育制度的批评，并提出了政策建议。黄皮书指出，就初等教育而言，最常听到的批评是学校缺乏纪律，基础知识和基本

---

① 徐辉、郑继伟编著：《英国教育史》，吉林人民出版社 1993 年版，第 344 页。

② 同上书，第 341 页。

③ 同上书，第 345 页。

④ 同上书，第 347 页。

技能的教学成绩不能令人满意。而造成这种不满的原因在很大程度上又是人们对 1967 年《普洛登报告》所赞同的那种新式自由开放的教学方式感到怀疑所带来的。这种新的教学方式可以产生积极效果，但是如果不加批判地加以运用，就会出现降低读写算成绩的标准，特别是那些能力较差或缺乏经验的教师运用这种方法教学容易出现这种情况；社会对中学的批评在多方面与对初等学校的批评相同，如认为中学放松了基础知识和基本技能的教学，课程设置不适应社会需要，导致毕业生缺乏基本的语言表达能力和运算能力，不能符合社会和企业的需要，等等。① 报告建议，设立国家统一课程，或称"核心课程"，以削弱教师的自主权；扩大成绩评定机构（Assessment of Performance Unit）的职权范围，加强对学校教育质量的评估工作；加强学校和职业的联系。

同年 10 月，工党政府首相卡拉汉（James Callaghan）在牛津大学拉斯金学院（Ruskin College）作讲演，要求人们更多地关注教育质量，改善教育与工业界关系，因而发起了一场关于学校标准的大辩论。作为这场辩论的主要引导者的教育和科学部于 1977 年 7 月发表了一份绿皮书《学校教育———一份协商的文件》（Education in School—A Consultative Document）。这份绿皮书对"拉斯金演讲"以来的主要教育争论进行了概括和总结，强调了质量的重要性，以较大的篇幅论述了课程标准和评定。该报告指出，小学对于学生掌握识字和计算负有重要的、完全的责任。它们必须成为受保护的课程领域或学习核心的一部分。而中等教育阶段，"综合中学的课程必须反映学生的多种需要。用教育上的术语来说，即综合中学渴望使我们所有的儿童都达到他们力所能及的最高标准"。因此，"每个儿童的课程的平衡和广度在各级学校都是关键问题。在义务教育的最后几年尤其关键"。② 至此，课程统一问题已成为政府和社会关心的焦点问题。

五　课程领域中教育公平的探索

这一阶段教育公平研究转向了课程领域，主要代表有麦克·扬（M. Young）、伯恩斯坦（B. Bernstein）和劳顿（D. Lawton）。20 世纪 60

---

① 徐辉、郑继伟编著：《英国教育史》，吉林人民出版社 1993 年版，第 349 页。

② ［英］教育和科学部：《学校教育———一份协商的文件》，曹秋平译，引自瞿葆奎主编《教育学文集·英国教育改革》，人民教育出版社 1993 年版，第 418 页。

年代末，伯恩斯坦首先关注了学校知识传递过程中的不平等，70 年代初，麦克·扬和伯恩斯坦高举"新教育社会学"大旗，将不平等研究的视角转向课程领域。他们敏锐地发现课程在复制社会阶层分层上起着重要作用，并开始思考如何设计一种适合所有儿童的新课程，如何才能从共同的文化中进行筛选以建立适合于广大公立学校的课程，对这些问题的研究被考恩称之为"知识政治学"。①

（一）麦克·扬：知识分层造成的不平等

麦克·扬认为，20 世纪 50 年代末期，英国社会学主要采用布思（Booth）人口统计学的传统方法，即"政治算术方法"研究教育不平等问题。这些研究把收入不足归因到教育缺乏。教育被看作工人阶级生活机会的一个重要部分。几十年来，尽管教育获得了全面的扩展，不平等的现象依然存在，但是那些关注提高机会均等的研究都把注意力集中在学业失败的特征、早期离校生和中途辍学问题上。由于研究者从改良主义的社会政策来说明工人阶级学业上的失败，这样的解释模式无法说明教育特点的社会结构，而这正是工人阶级子女学业落后的根本原因。例如，工人阶级子女对文法学校课程的某些特定内容往往感到无能为力，这些课程要求 16 岁学生被迫学习 10 门不同的学科，而这些学科之间或者与其他事物间都没多大的联系。因此，扬认为，此前教育社会学家主要从社会学的角度而不是从教育的角度提出了一种狭义的分层。在这种分层研究框架内，教育的内容被认为是"给定"的，而且不需要经过社会学的质询——"教育的失败"成为一种"异常。"而事实上，在学校中，我们"塑造的"不仅是人，还有知识。因此，这两种组织过程间的相互关系都应该成为我们这一类研究的起点。于是扬和伯恩斯坦等人开始研究学校中的知识如何得到选择、组织和评估，学校知识的分层如何与社会分层产生联系，代表作是《知识与控制——教育社会学新探》一书。

1. 英国课程中的知识是分层的

扬的研究深受曼海姆有关知识社会学观点的影响。曼海姆于 20 世纪 40 年代先后任伦敦经济学院社会学教授和伦敦教育学院教育学教授，但不幸英年早逝。1962 年出版的《知识社会学》是后人为纪念这位学术伟

---

① ［英］考恩：《1944 年以来的英国教育改革》，石伟平译，引自瞿葆奎主编《教育学文集·英国教育改革》，人民教育出版社 1993 年版，第 773 页。

人而整理出版的。曼海姆在他的知识社会学中指出，在学校教育中，统治阶级在知识的分配与分层等问题上起着主导作用，这个问题不解决，学校教育会造成社会结构与阶级关系的"再生产"。①

扬沿着曼海姆的思考方向，对课程知识价值进行了分析。扬发现课程知识的主导价值模式与酬劳和权力的分配以及知识组织之间存在某种联系。英国的学术课程包含这样两种设想：一是知识的某些种类和领域比另一些有价值得多；二是所有的知识应尽可能地专业化，对于已经在有关专门教师或者不同专门教师之间达到专门化的科目，极少强调各专业化学科间的关系。因此扬断言，具有严格的知识分层的学术课程统治了当前英国的教育系统。对教师来说，高地位（和酬劳）的课程领域是：（1）正式评价的；（2）传授给"最能干"的孩子；（3）在具有同样能力的群体中传授的，群体中的孩子在这样的课程中具有非常出色的表现。由于这类高层次知识标准与占统治地位的利益群体的价值观联系在一起，与高层次知识相联系的任何改革或创新都将受到抵制。②

因而，扬得出结论：学生学业失败和离校年龄提高，是社会对知识控制的结果，而不是学生的智力发展问题。③

2. 课程改革的建议

扬认为，既然我们已经假定存在着一些与课程相连的社会关系，课程改革看作沿着单一或更多维度，趋向减少或增加知识的分层、专门化和隔离度的运动，这可能是十分有用的。如果知识的支配方式与知识组织间的关系确如上所述，那么我们可以期待，只要知识的支配方式也发生类似的变革，就有可能降低课程的专业化程度，促进学科间的融合，拓展社会对知识评价的标准。④ 因此，扬解决教育结果不平等的建议是降低课程的专业化程度，打破学科间壁垒，拓展知识评价标准，让更多的孩子都能接受这种知识"平民化"的教育。

---

① 张华、石伟平、马庆发：《课程流派研究》，山东教育出版社 2000 年版，第 404 页。

② 麦克·F. D. 扬：《关于作为社会知识组织的课程的研究方法》，谢维和、朱旭东译，麦克·F. D. 扬主编《知识与控制——教育社会学新探》，华东师范大学出版社 2002 年版，第 25—60 页。

③ 同上书，第 50 页。

④ 张华、石伟平、马庆发：《课程流派研究》，山东教育出版社 2000 年版，第 417 页。

（二）伯恩斯坦：语言符码理论对知识专递过程中不平等的解释

伯恩斯坦（B. Bernstein）在 1971 年发表的代表作《阶级、代码与控制：教育传递的理论》，解释了阶级制度通过语言传递对儿童成绩不良产生的影响，曾在教育社会学界产生重大影响。此后，他与麦克·扬一起，将视角转向学校课程的研究，于 1973 年发表的《论教育知识的分类和组织》，试图揭示课程、教学和评价与社会阶层、权力和控制之间的联系，从而揭示英国教育改革不能触动学校分层的深刻原因。

1. 阶级制度通过语言传递对儿童成绩不良产生影响

伯恩斯坦认为，语言形式（语法、语句、语意等）与社会关系是连动的，不同语言形式代表不同的社会关系形式，而不同的社会关系形式产生不同语言形式。[①] 伯恩斯坦用精密型代码、封闭型代码、个人中心的家庭、地位中心的家庭等概念揭示了这种关系。

伯恩斯坦对中产阶级出身儿童和工人阶级出身儿童的言语进行分析，发现两组儿童使用了两种不同类型的语言代码：中产阶级出身的儿童所使用语言是精密型代码，能够用准确的语法表达意义，因而能够产生普遍性意义，即规范的语言；而工人阶级儿童所使用的语言属于封闭型代码，这种语言只有联系特定的语言背景才能被理解，只能产生特殊性意义，非规范语言。

伯恩斯坦还对儿童所使用的语言类型与家庭类型联系作出了解释。一类家庭，儿童接受权利和义务的规范模式并对此作出反应，并步入规定的角色，称之为"地位中心家庭"。而另一类家庭称"个人中心家庭"，成员关系比较以自我为中心，往往采用多义或意义交叉的实质性表达方式，成员创造着自己的角色。在个人中心家庭中，儿童获得了强烈的自主意识，而他的社会身份意识很弱，这就有可能把此类儿童推向基本上封闭的价值体系之中。换句话说，工人阶级家庭出身儿童倾向于使用封闭式语言，社会身份意识淡薄。

伯恩斯坦进一步分析了英国学校对语言的选择。在复杂的工业化社会中，封闭型代码隐含的经验"可能在学校是无价值的，是使人丢脸的，最多被看作与教育工作是不相干的。因为学校是以精密型代码及其社会关系

---

① 王瑞贤：《B. Bernstein：符码与教育论述导论》，谭光鼎、王丽云主编《教育社会学：人物与思想》，华东师范大学出版社 2009 年版，第 267—298 页。

为基础的。尽管精密型代码并不具有特殊的价值体系，然而中产阶级的价值体系却渗透于学习情境本身的结果之中"。因此，英国学校教育尽管"通过教育获得精密型代码的机会也在扩大，但是这种机会是由阶级制度支配的"。① 因而中产阶级儿童从这种学校制度中受益较多，获得较好学业成绩；而工人阶级孩子则反之。

伯恩斯坦正是从儿童的言语表述、家庭类型到学校教学的语言之间的内在联系说明了阶级制度通过不同语言类型对儿童成绩产生的影响以及学校教育制度的阶级本质。

2. 教学信息系统（课程、教学和评价）与权力分配和社会控制密切联系

伯恩斯坦在《论教育知识的分类和构架》一文中进一步揭示了课程、教学和评价中知识分配的不平等。伯恩斯坦认为一个社会如何选择、分类、分配、传递和评价知识，反映了权力的分配和社会控制的原则。② 因此，这一领域，社会学应该给予深入研究。

正规教育知识的传递能够通过三种信息系统得到实现：课程、教学和评价。课程规定有效知识范围；教学规定被传授者和有效知识传递方式；评价规定被传授者有效地获取这种知识。伯恩斯坦用"分类"（Classification）和"构架"（Frame）两个概念来分析三种信息系统（课程、教学和评价）的基本结构。

从上述分析框架出发，伯恩斯坦区分出了两大类课程："集合型"（Collection Type）课程与"整合型"（Integrated Type）课程。"集合课程"坚守等级制，知识通过一系列明显分离的学科来加以"构架"，对应的评价系统强调更多的是获得知识后的状态，而不是认知的方式。所以，知识的传递往往是通过强"构架"来进行的，它控制了知识的选择、组织、测试和知识学习的进度。这种课程只有精英学生才能进入，从而获得意识并形成身份认同，进而维持了等级制社会现状。而"整合课程"的"分类"力度明显要弱，学科间分化不太严格，教师权威减弱，学生自主权扩大，

①　[英] 巴兹尔·伯恩斯坦：《社会阶级、语言和社会化》，唐宗清译，张人杰主编《国外教育社会学基本文选》，华东师范大学出版社 2009 年版，第 331—348 页。

②　[英] 巴兹尔·伯恩斯坦：《论教育知识的分类和构架》，谢维、朱旭东译，麦克·F. D. 扬主编《知识与控制——教育社会学新探》，华东师范大学出版社 2002 年版，第 61—89 页。

师生关系较为平等。评价上不会允许较大差异的存在，但会产生一种向共同教学和共同评价系统发展的趋向。换句话说，整合编码也许便于教师创造教学实践中的同质性。

通过上述分析，伯恩斯坦不仅解释了工人阶级子弟学业成绩不如中产阶级子女的原因，同时，还指出了课程改革的方向。他认为"整合课程"是一种改变社会权力结构的重要因素。整合课程中的教育编码比较灵活，使它成为一种潜在的平等主义教育的编码。从集合课程向整合课程的变动可以消解权力结构和分配、财产关系等与现有教育身份之间的联系。

（三）关于共同课程的讨论

1961 年，雷蒙·威廉姆斯（Rarmond Williams）针对课程领域的不平等，提出了为所有学生设置共同课程的设想，但没有提出具体的课程方案，引起一批课程研究者和平等论者参与这场关于共同课程的讨论。

1. 丹尼斯·劳顿：文化分析视角下的共同课程理论

英国著名课程专家劳顿不仅提出共同课程的系统理论，而且还提出共同课程的方案。劳顿认为，综合学校应该实施共同课程。他说，"在过去，学校过分强调个体差异而不是个体之间的相似性和共同经验。学校过分重视有天赋的学生和学习缓慢学生的需要，而不是所有学生所共有的需要。当然，个体差异很重要，那共同需要呢？我们都是同一社会的一部分，分享着相同的文化的各个方面，那么肯定的是对所有社会个体，不管种族、阶层或智力能力，教育需要也是共同的。"① 劳顿进一步指出，60年代建立的综合中学虽然是一种群众性的学校，但其课程水准低，没有反映英国工业技术的发展对广大青少年的要求，要达到这个要求，必须在综合中学设置一种共同的课程，即具有全国统一标准和统一计划的适合所有学生的课程。②

（1）共同课程的理论基础

劳顿指出：课程是文化选择的结果，共同课程产生于共同的文化，英国中小学能否建立共同课程，要看英国工人阶级与中产阶级是否具有共同

---

① Denis Lawton, *What Kind of Common Curriculum*? Forum for the Discussion of New Trends in Education, 1980（22），3, pp. 80—81.

② 廖哲勋:《英国课程理论略览》，江山野主编《英国学校课程》，河北教育出版社 2001 年版，第 235 页。

文化。为此，劳顿从三个方面分析英国文化：[1]

一是所有人类社会的文化都具有 8 个共同的特征，即包含一定的社会制度、经济制度、技术系统、交际系统、理性系统、道德系统、信仰系统、美学系统 。课程应当以适当的方式传递这 8 种文化要素。

二是英国工人阶级的文化自 1932 年产生以来，工人阶级的生活条件和工作条件已经发生了很大的变化，所以，自 20 世纪 60 年代以来，英国工人阶级与中产阶级确有共同的文化，包括音乐、美术在内。

三是英国社会中存在着一系列矛盾和问题，这不仅表现在经济的衰落而且表现在道德、信仰方面的危机。要解决这些矛盾和问题，必须加强教育。课程内容的选择要反映这一要求，要重视共同文化的问题。

通过文化分析，劳顿得出结论，英国工人阶级与中产阶级具有共同的文化，从而为建立共同课程提供了理论依据。

（2）理想的"共同课程"

"共同课程"后来慢慢地演变为"国家课程"，劳顿认为"理想"的"国家课程"至少应体现以下七点原则：第一，所有学生应有权利学习有价值的课程；第二，在义务教育总目的、总目标上，全国应尽可能地达成共识；第三，应强调全国学生的教育机会均等，减少各地在教育质量上的差别；第四，共同的学校应通过共同的课程来传播共同的文化；第五，所有的学校应有共同的标准以确保教师的期望合理；第六，国家课程应使学生的转学更加便利；最后，国家课程应增强学校及其教师的责任心。[2]

（3）共同课程的学科范围

劳顿不赞成按照孤立的科目来设计中小学课程，而是按照综合学科来设计。共同课程的方针和大纲由全国统一规定，但不同的学校可采取不同的课程模式。他主张在中学设置六类学科，即数学、自然和生物学科、人文和社会学科、表现和创造艺术、道德教育、交叉学科作业。他指出：各相邻学科之间要保持密切联系，在 1—5 类学科的学习中，每个学生应达到每一学科的最低标准，在此前提下，学生可适当选学其他科目。[3]

---

① 廖哲勋：《英国课程理论略览》，江山野主编《英国学校课程》，河北教育出版社 2001 年版，第 236 页。

② 张华、石伟平、马庆发：《课程流派研究》，山东教育出版社 2000 年版，第 459—460 页。

③ 廖哲勋：《英国课程理论略览》，江山野主编《英国学校课程》，河北教育出版社 2001 年版，第 237 页。

2. 西蒙：工党立场的共同课程设想

英国共产党、教育史学家西蒙，一直是工党推行综合中学政策的支持者。因为综合中学不是以选择性考试和能力分组为前提条件的。他将撒切尔政府对综合学校政策的阻挠以及推行"资助学额计划"，称之为"右派"的进攻。他在《教育与右派的进攻》一文中提醒工党在制定教育政策时，不应忽略课程领域，并且对"左派"来说至关重要。历史发展到这个时刻，需要找出并决定适合于所有人的教育内容。他说："全体学生在一起不进行分化，学习共同课程或'共同核心'课程。"课程设置应该坚持以下两个原则：第一，学校教育的设计必须为人民群众有效地接受知识、科学和文化的教育。第二，教育内容必须尽可能反映科学和社会的现实，必须这样设计，以便促进积极的社会态度和知识。① 因为学校具有这样的职能：不仅深思熟虑地促进计算和识字技能的发展，而且循序渐进地加深知识和文化的掌握，推动学生自治，使他们能有效地在社会中发挥作用，并且利用他或她的能力按照发展中的期望改变那个社会。这样的形成不能偶然发生；也不能依赖假设的天生的趋势和能力，要求承认教育的形成力量，随之而来的对目标的界说和确认实现这些目标的手段。因此，在课程领域，工党要发动教师、公众讨论课程一般原则和适当的程序。

尽管劳顿与西蒙关于共同课程的建议，出于不同的视角，前者出于文化的视角，而后者着眼于政党立场，但是都反映出反对传统的为精英学生而设的学术课程，主张课程的内容、标准应该适合所有儿童的发展。

（四）多元文化视角的教育公平观

英国是多民族国家，有很长的移民迁入和迁出历史。二战前在英国扎根的民族有爱尔兰人、犹太人、波兰人、华人等，而英国本土人也在加拿大、澳大利亚、新西兰和南非安家定居。二战后，英国有了新的移民迁入模式。1948 年英国颁布《英国国籍法》，允许英联邦公民在英国定居，这迎来了一个新的移民高潮，其中大多数是来自巴基斯坦、印度和西印度等国家的移民，主要聚居在伦敦、曼彻斯特和中部各郡，他们与已经"融入"英国生活方式的爱尔兰人和波兰人在肤色上不同而备受歧视，被称为

---

① ［英］西蒙：《教育与右派的进攻》，王承绪译，瞿葆奎主编，金含芬选编《教育学文集·英国教育改革》，人民教育出版社 1993 年版，第 537—548 页。

"新英联邦移民"。①

20世纪50年代末，英国出现了第一次大规模的种族暴乱——当时的许多白人攻击了诺丁山和诺丁汉郡的黑人。暴乱让政府感到震惊，种族问题成为尖锐的社会问题。此后，政府在1965年、1968年和1976年出台种族关系法案，这些法案的共同精神是，在公众生活领域以及住房、就业和教育领域的直接和间接歧视都是违法的。然而，在英国，移民的生活状况并不乐观，绝大多数移民家庭生活贫困、文化水平不高，从事被白人视为低贱的工作，如餐饮、勤杂、体力劳动、清洁卫生等，因此，他们无论在政治、经济或文化上均低人一等，在职业、教育、居住和公共场所也都受到歧视。② 在这种情况下，少数民族群体意识增强。1971年，"西印度团体"（West India Community）组织出版了一个题为《西印度儿童是如何成为英国学校体系中的逊常儿童的？》小册子，这个小册子不仅表达了这一群体自身对儿童成绩低下表现出群体性特征的热切关注，而且也引起了社会各界的讨论。英国种族关系和移民专责委员会（the Select Committee on Race Relations and Immigration，SCORRI）在1976/1977年度报告中提出，"建立一个高水平的、独立的调查委员会，调查西印度裔儿童成绩不良（underachievement）的原因"。1979年，作为回应这一建议，卡拉汉政府设立了以斯旺为主席的少数族裔儿童教育调查委员会，该委员会在撒切尔政府执政时期继续其工作，1985年该委员会出版了最终报告《为了所有儿童的教育》（Education for All），也称《斯旺报告》（the Swann Report），提出多元文化教育的理念，对英国少数民族教育政策产生了重大影响。《斯旺报告》认为，解决少数民族儿童教育问题必须超越"同化"（assimilation）教育、"融合"（integration）教育理念，实行"多元文化"教育（multicultural education）。

1. 同化教育的理念

20世纪50年代末到60年代初，在民族问题上，同化少数民族的观点占主导地位。同化，就是让少数民族群体失去所有表明其身份的鲜明特

---

① ［英］比尔·考克瑟等：《当代英国政治》，孔新峰等译，北京大学出版社2009年版，第597页。

② 易红郡：《从冲突到融合：20世纪英国中等教育政策研究》，湖南教育出版社2005年版，第325页。

征，并最终被吸收并纳入多数群体。教育系统秉持同化路线，对越来越多移民儿童到来的最初反应，就是强调尽快尽可能地吸收他们进入大多数学生中。联邦移民咨询局在一份报告中阐明了这一意图："一个国家的教育制度必须使公民在社会中找到合适的位置，能与其他公民一样行使权利和义务，如果他们的父母在另一种文化传统中长大，就应该鼓励孩子尊重这种文化，但国家体制不应使移民群体的价值差异永久存在。"①

达到同化目的的主要障碍是缺乏英语专业知识以及儿童到达一个新国家所面临的困惑，即所谓的"文化冲突"（culture shock）。这一阶段政府采取的同化措施有：设立独立的语言中心、分流政策或公交车接送少数民族学生。一方面旨在"补偿"对他们假设的"不足"——主要是非英语为母语的儿童，另一方面是尽可能少地影响本土儿童教育。所有这些，同化的方法似乎只承认现存的单一的文化标准，就是"白人文化"，基督教和英语为母语，并没有意识到英国社会性质变化的更广泛影响。

2. 融合教育的理念

20世纪60年代后期，融合的观点逐步上升。融合主义者认为，同化的重点是将少数人融入多数人社会和文化，创建文化上单一的社会。这意味着少数民族最大的改变和适应，几乎没有或根本没有对多数人的社会形成压力，修改或改变现行的态度或实践。然而，要实现融合，多数人的社会需要意识到历史和文化因素影响不同少数民族，多数人社会的知识和意识应当包容（allowances for）移民群体的不同的生活方式、文化和宗教……也就是说，以文化宽容的态度取代同化主义者的文化优越感。内政部部长杰肯斯（Roy Jenkins）也主张融合政策：我们需要的"不是乏味的同化过程，而是在相互宽容气氛中的机会平等与文化多样性"。② 官方政策和出版物也承认教师有必要了解少数民族学生的背景。

但是同化和融合观点的共同目标是吸收少数民族群体进入社会，使其尽可能少地影响多数群体生活，因而在实践上，真正差别不大。虽然融合立场至少某些方法趋向承认少数族裔群体的生活方式是行使他们自己的权利，但不能从长远考虑现存群体这种多样化背景对传统视角下"英国生活

---

① 易红郡：《从冲突到融合：20世纪英国中等教育政策研究》，湖南教育出版社2005年版，第330页。

② 同上书，第332页。

方式"的更广泛影响。

3. 多元文化教育的理念

到 20 世纪 60 年代末 70 年代初政府越来越意识到同化和融合不能达到目的——现行政策不能满足大部分少数民族学生的教育需求。在更广泛层面上，少数民族群体作为一个整体并没有"消失"。少数民族被多数群体所吸收以及移民群体能够作为这个国家的平等公民为本土大多数所接受的希望已经破灭，种族偏见和敌视的浪潮正日益高涨。

斯旺委员会认为，政府之前的政策在许多方面造成了负面影响。解决少数民族教育问题，应该在多元民主社会的框架下考虑"为了所有儿童的教育"，这是多元文化的教育。报告中指出，"在一个民主多元的社会，……政府有义务通过法律确保所有群体成员得到平等的待遇和保护，以及平等地接受教育和就业，平等的自由和机会，特别是完全参与（地方的和国家的）社会和政治生活，自由平等的文化表达和自由平等地对待所有人的意识（equal freedom of conscience for all）。……同样，少数族裔群体在实践中不能保持他们的所有文化元素和生活方式整体上不变，如果他们确实希望这样的话，在许多情况下，他们不可能分享到更广泛的多元社会价值观"。故此，委员会认为，"民主多元化的社会寻求一种平衡，一方面，维护和积极支持各民族文化元素和生活方式，另一方面，接受所有群体共享社会价值观"。①

相应地，多元民主社会框架下的多元化教育，是"为了所有儿童的教育"，其含义是少数民族教育不再是独立部分，而是所有儿童教育组成的一个部分。具体来说，"无论其来自何种民族群体，理解我们社会的共同价值观并欣赏构成这个社会和宽广世界的生活方式、文化、宗教和语言背景的多样性。为此，不仅应给予所有学生积极促进塑造多元文化的英国社会所需的知识和技能，而且还要将他们从决定他们个体身份，从那个社会预先设定、强加的定型化的'位置'中解放出来（Free from）。因此，学校也有责任，在一个灵活和以儿童为导向的传统教育体系中，以积极和支持的方式满足所有学生的个别教育需要，其中一些需求可能产生于少数民

① The Committee of Enquiry into the Education of Children from Ethnic Minority Groups, *The Swann Report*, London: Her Majesty's Stationery Office, 1985, p. 6.

学生的语言或文化背景"。①

多元教育与早期的同化教育和融合教育在理念上最明显的区别是：后者主要强调寻求"补救"（remedy）少数民族儿童的理解"问题"，并去"补偿"（compensate）他们的理解"缺陷"（disabilities）。而前者通常趋向两个主题：首先满足少数民族儿童的特殊教育需求；其次，为生活在一个多种族社会的所有学生面临更广泛的问题做准备。

第二节　效率优先兼顾公平的教育政策的发展

1979 年，撒切尔政府执政以后，旗帜鲜明地将注意力移向教育质量。从 1981 年绿皮书《学校课程》（The School Curriculum）、《1981 年教育法》（Education Act，1981）、1985 年的教育白皮书《把学校办得更好》（Better Schools）、1987 年的绿皮书《国家课程（5—16 岁）———份协商的文件》（The National Curirculum：5—16 — A Consultative Document）、《1988 年教育改革法》（Education Reform Act，1988）到 1992 年的教育白皮书《选择与多样化——学校的新框架》（Choice and Diversity：New Frame in Schools）都体现了强烈的效率、质量取向。

一　政策目标：提高质量，兼顾公平

透过系列政策文件对目标的陈述，我们会发现撒切尔政府的教育政策目标转向质量、效率，是渐进的、有层次的。

1. 地方教育当局要关心教育内容和质量

1981 年绿皮书《学校课程》"引论"中，明确指出，"学校的根本目标是：教育应当为每个学生的个人需要服务。……它意味着学校教育的内容和方式，应使所有的儿童都能最大限度地发挥自己的潜力"。"在竞争日益激烈的世界经济中，技术特别是计算机科学和信息技术的发展将带来越来越快的变化。与此同时，学校教育质量也变得越来越重要。就学校来说，学生受教育的质量主要取决于三个因素：教学质量、现有的资源和课程"。因此，"责成地方教育当局保障本地区有足够、有效的初等和中等

①　The Committee of Enquiry into the Education of Children from Ethnic Minority Groups，*The Swann Report*，London：Her Majesty's Stationery Office，1985.

教育以满足本地区的需要。这意味着，地方当局如同中央政府，不仅要提供教育设施，而且要关心教育的内容和质量"。①

1985 年 3 月，英国教育和科学部向议会提交了一份教育白皮书，题为《把学校办得更好》。这份教育白皮书提出，"现在我国的学生取得的平均成绩，既没有达到应有的标准，也不能适应面对 21 世纪世界的需要"。"大多数班级里的优生得不到充分发展，差生得不到恰当帮助"。为此，白皮书提出政府的目标是："提高各级学校教育的能力标准；保证教育投资取得尽可能好的效益"。具体体现在课程设置、考试制度和评估、教师和师资管理的专业效能以及学校体制和家长、雇主及教育部门以外单位为办好学校教育所能作出的贡献四个方面。课程设置上，应该建立在广博性、平衡性、相关性和因材施教四项原则基础上。这样的课程"将有助于发挥每一个学生的潜力，使他们都具有负起公民责任的条件，为迎接未来世界劳动生活的挑战做好准备"。在成绩水平上，这份教育白皮书提出，尽管这个任务是艰巨的，但政府的长远目标是提高能力不同的所有学生的学习成绩水平。具体来说，就是使 80%—90% 的年满 16 岁的学生达到目前要求的成绩水平。②

2. 推行国家课程，提高教育标准

1987 年，英国教育和科学部发表了一份题为《国家课程（5—16 岁）》的绿皮书。在实施国家课程的必要性上，这份文件明确提出，"我们必须提高标准，至少应该像竞争对手国家那样迅速提高标准。……政府希望以更快的速度推进，以确保这件事的实施，保障所有公立学校中的学生都学习这样一种课程：它能使他们具备成人生活和就业所需要的知识、技能和理解力"。③

为此，国家课程是有明确评定安排的全国统一课程。通过全面而有效地推行国家课程，把教育标准提高到这样一个水平，即每个学生都将为达到这个标准而学习，以"确保所有的学生在他们义务教育的整个阶段学习

---

① ［英］教育和科学部：《学校课程》，邵志明译，引自瞿葆奎主编《教育学文集·英国教育改革》，人民教育出版社 1993 年版，第 437—439 页。

② ［英］教育和科学部、威尔士事务部：《把学校办得更好》，亦兵译，引自吕达、周满生主编《当代外国教育改革著名文献》（英国卷·第一册），人民教育出版社 2004 年版，第 7 页。

③ ［英］教育和科学部：《国家课程（5—16 岁）———一份协商的文件》，石伟平译，引自瞿葆奎主编《教育学文集·英国教育改革》，人民教育出版社 1993 年版，第 659 页。

广泛而平衡的系列学科，确保他们不过早地承受学业失败"；"确保所有的学生（不论性别、种族和地理位置）都有机会学习广义上相同的（高质量且相关的）课程和学习计划"；"以便学生转学异地时不致影响其学业"；"以便家长根据已定的全国成绩目标来评判其子女的进步，同时还能评判子女所在学校的效率"。① 可见，政府希望通过评定来提高标准，提高办学效率，同时确保所有学生不因性别、种族和区域差别而承受学业上失败。

1987 年国务大臣贝克（Kenneth Baker）在《教育改革议案》提交二读时，解释了改革背后政府的考虑，他说："提高学校教育标准是本届议会面临的最重要的任务。在以往的 40 年里，我们的教育制度建立在 1944 年《巴特勒教育法》所奠定的框架基础之上……我们需要为这个制度注入新的活力。因为它已经成为一种生产者主导（Producer-dominated）的制度，无法对急剧变化的现实作出敏锐的反应。"②

这一目标在 1988 年 7 月通过的《1988 年教育改革法》中得到了体现："公立学校的课程是一种平衡和基础广泛的课程，并且能够促进在校学生在精神、道德、文化、心理和身体方面的发展，以及为这些学生在成人生活的机会、责任感和经验方面做准备。"③

3. 教育多样化

为了使国家统一课程不至于走向僵化，1992 年，英国教育和科学部发表了一份题为《选择与多样化——学校的新框架》的教育白皮书。时任英国首相梅杰（John Major）在"前言"中指出："使我国每个儿童在生活上有最好的开端，提高学校水平是政府的决心……特别重要的是，坚持使全国每个学生有相同的机会，为核心课程奠定一个良好的共同基础。"④ 这份教育白皮书在"指导原则"中明确提出，在建立一个丰富而

---

① ［英］教育和科学部：《国家课程（5—16 岁）——一份协商的文件》，石伟平译，引自瞿葆奎主编《教育学文集·英国教育改革》，人民教育出版社 1993 年版，第 659 页。

② Martin Rogers, *Opting out: Choice and the Future of Schools*, London: Lawrence and Wishart Ltd, 1992, pp. 56—57.

③ ［英］教育和科学部：《1988 年教育改革法》，引自吕达、周满生主编《当代外国教育改革著名文献》（英国卷·第一册），人民教育出版社 2004 年版，第 150 页。

④ ［英］教育和就业部：《选择与多样化——学校的新框架》，王承绪译，引自吕达、周满生主编《当代外国教育改革著名文献》（英国卷·第二册），人民教育出版社 2004 年版，第 168 页。

多样化的由国家拨款的教育制度，关心每一个儿童的成长，提高有特殊教育需要的儿童生活，满足很聪明或有天才的儿童的需要，同时，要始终保证全体儿童有真正的机会接受共同的高质量的教育。于是，质量、多样化、家长选择、学校自主权和责任制成为教育改革的五大主题，旨在建立"欧洲最好的教育制度"。

总而言之，从 70 年代后期卡拉汉的"拉斯金演讲"到撒切尔—梅杰政府时期，教育政策推出密度很高，但各项政策目标均聚焦：提高效率，提高质量，提高教育标准，同时追求多样化，而教育公平目标则屈居于效率目标之后。

二　提高质量兼顾公平的策略及其实施

（一）实施统一的国家课程

英国政府经过 70 年代卡拉汉在拉斯金学院讲话的造势，再经过 1981 年绿皮书《学校课程》、1985 年的教育白皮书《把学校办得更好》以及 1987 年的绿皮书《国家课程（5—16 岁）》等系列文件的讨论和宣传，做足了舆论上准备，出台了《1988 年教育改革法》，以立法形式规定了学校的基本教学内容。该法也被视为二战以来最重要的一部法案，它结束了英国长期以来英国基础教育课程设置的随意性、教师在课程方面的自主性，缩小由此造成的各校教育质量上的巨大差距。该法在学习科目、成绩目标、教学大纲和评定安排上做出了具体规定。

一是所有公立学校必须实施国家课程。国家课程由核心科目和其他基础科目两部分组成。核心科目（Core Subjects）包括英语、数学、科学；其他基础科目（Foundation Subjects）包括技术、历史、地理、音乐、美术和体育，中学的基础学科再增加一门现代外语。小学的学时主要放在核心学科上，中学的核心学科和基础学科占总学时 70%—80%，对各学科的时间分配没作法律规定。

二是成绩目标（Attainment Targets）。不同能力、成熟度的学生在某个年龄阶段（7 岁、11 岁、14 岁或 16 岁）应该掌握的"知识、技能、理解力"的目标。

三是教学大纲（Programme Study）。学生要达到"成绩目标"所必须学习的基本内容。

四是评定安排（Assessment Programme）。根据"成绩目标"所提供的标准对各学生的学业进行评定，按学校统计的评定结果以"比较表"（League Tables）的方式向公众公布所有学生的考试成绩。

此外，为推行"国家课程"政府还专门成立了两个咨询和课程开发机构"国家课程设置委员会"（NCC）和"学校考试和评定委员会"（School Examination and Assessment Council，SEAC）。

统一国家课程在英国历史上第一次规范了义务教育阶段的学校课程，结束了知识分层的局面，尽管提高质量是首要目标，但仍隐含着强烈的公平取向。

（二）扩大资助学额计划

在提高效率，提高质量的目标下，刚刚上任的撒切尔夫人颁布了《1979 年教育法》，这个短短的法令废除了《1976 年教育法》，并将"11 岁选拔考试"权利还给了地方教育局。紧接着颁布了《1980 年教育法》，除了促进家长择校、参与学校管理，还推出了扩大资助学额计划（Assisted Places Scheme），旨在向学习上优秀的、来自贫困家庭的儿童提供公款资助，使他们能上得起一些顶尖的学术性私立学校。[①] 该法第 17 条作出如下规定："为了能够使所有学生，包括那些可能自己无法得到私立教育机构教育机会的学生受到本法案的保护，国务大臣应该制定与运作以下方案：（a）所有参与本方案的学校免除本应该由相关的各地学校选拔上来的学生交取的费用；（b）国务大臣要补偿学校减免学生的费用。"[②] 根据这一条款，预计每年将提供 7000 万英镑公共资金注入独立学校，支付 1.2 万—1.5 万名儿童进入私立学校学习，他们约占适龄儿童 2%—3%，约占留在第六学级或学院读两门或两门以上高级水平考试课程的儿童的 20%。[③] 同时，该法第 22 条废除了地方当局有义务提供免费牛奶和午餐规定，除非儿童来自从接受补充福利（Supplementary benefit）家庭或收入补助家庭（Family income supplement）。

可见，政府的教育资金从公共部分流向私立部分，重点支持有天赋的

① ［英］杰夫·惠迪、莎莉·鲍尔、大卫·哈尔平：《教育中的放权与择校：学校、政府和市场》，马忠虎译，教育科学出版社 2003 年版，第 21 页。

② Department for Education and Science，*Education Act*，1980. 2014 年 8 月，http://www.educationengland.org.uk/history/pdfs/1980-education-act.pdf.

③ ［英］西蒙：《教育与右派的进攻》，王承绪译，瞿葆奎主编，金含芬选编：《教育学文集·英国教育改革》，人民教育出版社 1993 年版，第 540 页。

学生，以期产生最大的效率。

（三）扩大家长参与学校管理的权利

在市场竞争促进提高质量的理念下，撒切尔政府将扩大家长参与学校管理权利作为促进学校从生产者主导向消费者主导转变，作为激活学校对市场做出敏锐反应、提高质量的重要策略。

在家长参与学校管理上，《1980年教育法》迈出了第一步。首先是在学校董事会中增设家长董事。按照《1944年教育法》，英国中小学要设立学校董事会（Governing body）对学校的发展以及重大事务作出决策。因此，董事会成员的构成非常重要，它决定了学校的发展方向。该法对学校董事会成员的构成做了详细规定。每所学校制定一个管理文件确定董事会人数，但最少不应少于6人。公立学校董事会，三分之二董事由地方教育当局任命，三分之一董事由下级教育当局任命；民办学校较复杂，董事分为"基本董事"（Foundation governors）和"非基本董事"，基本董事是出资方代表，一般占三分之一至三分之二比例，地方教育当局只能对非基本董事进行任命。《1980年教育法》首先对中小学董事会进行改革，增加了家长董事（Parent governors）的条款。该法第2条第（5）款规定："郡立或受控学校董事会至少有2名家长董事，在注册学生家长中产生（受助或协议学校董事会中至少有1名家长董事）。"[1] 1985年教育白皮书《把学校办得更好》进一步强调了家长的作用，"家长也是教育者，学校应当向他们解释自己的目标和政策，同他们保持密切合作。……学校不能把只有教师才适合做的工作推给家长，但是，对于家长在家怎样才能做好学校希望做的事情，在日常工作上能帮助学校做些什么，学校的视野应当更开放一些。"[2]

《1986年教育法》根据白皮书精神，扩大家长权利，进一步改革董事会成员结构，将家长董事数目提高到与地方教育当局任命的董事数目持平，此外，还引入其他商业利益集团的代表（co-opted from business and industry）；董事会要公布年度报告，并召开年度家长会；董事还必须向家长

---

① Department for Education and Science, *Education Act*, 1980. 2014年8月，http://www.educationengland.org.uk/history/pdfs/1980-education-act.pdf.

② ［英］教育和科学部、威尔士事务部：《把学校办得更好》，亦兵译，引自吕达、周满生主编《当代外国教育改革著名文献》（英国卷·第一册），人民教育出版社2004年版，第11页。

提供有关课程信息。时任教育大臣肯尼斯·贝克（Kenneth Baker）在保守党会议上发言道出了政策意图：关键是要让家长明白在教育系统的权利所在。我们的教育法案根本上改变了学校董事会构成。它给这些机构新的权利和责任，我们将结束地方政府及其政治官员的主导地位。①

1988 年的教育改革法案使家长权利得到进一步扩大。该法第 52 条规定，注册学生 300 人以上的公立学校或民办学校的学生家长可以通过家长投票表决，脱离地方教育当局的管理，申请成为"直接拨款公立学校"。该法第 53 条又进一步规定，直接拨款公立学校董事会必须有 5 名家长董事；并且必须有 2 名家长董事成为基本董事。② 也就是说，家长有权决定孩子所在学校是否脱离地方教育局的管理，而成为一所"直接拨款学校"，使学校获得更多的自由和自治权。梅杰首相曾表示："相信校长们、教师和校董事会能管理好他们的学校，家长们也能为他们的孩子做出正确的选择。"③ 这样，学校办学自主权大大增强，地方教育局调控学校的力量大大削弱。

（四）推行家长择校

撒切尔政府认为竞争有助于学校改弦更张，提高办学效率，从而提高教育质量。《1980 年教育法》首次赋予家长在公立学校中的择校权。该法在第 6 条"入学"中规定，"每个地方教育当局应当对辖区内家长为孩子选择学校的表达作出安排"。④ 如果家长的愿望不能实现，家长有权提出申诉。

《1988 年教育改革法》进一步鼓励家长择校，该法第 26 条规定，注册学生超过标准数目的学校，可以向地方教育当局或学校董事会（民办学校）提出增加招生计划的建议，获得认可后，可向"国务大臣申请下达

---

① Derek Gilland. *Education in England*：*a brief history*，2014 年 8 月，http：//www. educationengland. org. uk/history/chapter06. html.

② ［英］教育和科学部：《1988 年教育改革法》，汪利兵等译，引自吕达、周满生主编《当代外国教育改革著名文献》（英国卷·第一册），人民教育出版社 2004 年版，第 164 页。

③ ［英］杰夫·惠迪、莎莉·鲍尔、大卫·哈尔平：《教育中的放权与择校：学校、政府和市场》，马忠虎译，教育科学出版社 2003 年版，第 24 页。

④ Department for Education and Science，*Education Act*，1980. 2014 年 8 月，http：//www. educationengland. org. uk/history/pdfs/1980-education-act. pdf.

提高有关标准数的指令"。① 它允许公立中小学在他们空间允许的情况下尽可能多地吸收学生。所以,《1988 年教育改革法》实质上为家长偏好的学校招更多学生拓展了空间。与此同时,《1988 年教育改革法》改变了拨款方式,学校 80% 的预算费用将直接取决于学生的数量和年龄,即"按人头补助"。惠迪指出,这一举措,将学校推向了准市场。学校将被期望在准市场中对他们的客户做出更为快速的反应,否则就要冒被挤垮的危险。②

1992 年政府发布的《选择与多样化——学校的新框架》更是将家长的选择权作为核心政策。白皮书指出,"1980 年以来,政府一直志在扩大家长的选择权,牢固地确立家长的影响和控制。因为,创建一所优良学校,最重要因素之一是家长参与学校的生活和进步。在很多情况下,通过学校的选择所表达的家长的愿望,将推动工作改进。……政府坚定地信守家长的选择权和参与,并且在国家统一课程所提供的框架内帮助所有学生争取优异成绩。这是支撑我国教育制度的支柱。"③ 所以,充分认识家长的重要性和权利,是所有这些政策的执行所必需的。

为了扩大家长的选择权,教育多样化成为必要条件。白皮书指出,多样化之一是给家长和儿童提供较多的选择机会。家长可以在公立和私立学校、郡立或教会或民办学校之间选择。在中学阶段,有综合中学、以音乐或工艺闻名的特色学校、文法中学、双边中学(同时进行选择性和非选择性的分组教学)和城市技术学院,而多数综合中学采用在同一年级分组或按程度在不同年级上课的方法;小学阶段,家长可以投票决定学校成为直接拨款学校,从而享受直接拨款学校所带来的自主和真正的主人翁感觉。所以,有限的机会和有限的选择已经被更多的选择和更多的入学机会所取代。白皮书在"90 年代任务"中指出,教育制度是我们改革的重点——走向多样化、高标准和选择性——旨在让所有儿童展现他们的全部潜力。④

---

① ［英］教育和科学部:《1988 年教育改革法》,汪利兵等译,引自吕达、周满生主编《当代外国教育改革著名文献》(英国卷·第一册),人民教育出版社 2004 年版,第 164 页。

② ［英］杰夫·惠迪、莎莉·鲍尔、大卫·哈尔平:《教育中的放权与择校:学校、政府和市场》,马忠虎译,教育科学出版社 2003 年版,第 23 页。

③ ［英］教育和就业部:《选择与多样化——学校的新框架》,王承绪译,引自吕达、周满生主编《当代外国教育改革著名文献》(英国卷·第二册),人民教育出版社 2004 年版,第 170 页。

④ 同上书,第 180 页。

为了让家长更有效地行使选择学校的权利，90 年代初，梅杰政府颁布了《家长宪章》。《家长宪章》强调，家长需要有关学校更客观、更系统、更准确的信息。《1992 年（学校）教育法》第 16 条规定，为了"协助家长为子女择校；提高相关学校的教育质量以及学校所达到的教育标准的公众认知度；或者，协助评估学校管理财政资源的有效程度"，① 要求所有学校每年必须向家长报告他们子女的学习成绩。国家统一课程测验各年龄组公共考试的结果将由学校公布，并公布各地区的成绩"比较表"。

择校政策，强调了消费权，这个旨在提高教育质量的策略，是导向教育公平还是损害了教育公平，是颇有争议的话题。

（五）深化融合教育

英国政府自《1981 年教育法》为"有特殊教育需要"（special educational needs）儿童的教育进行了专门立法实施广义的特殊教育之后，继续发展"有特殊教育需要"儿童的教育。在后续教育政策中，"有特殊教育需要"儿童不仅包括学习有困难的学生也包含有天赋的学生，作为有别于普通学生群体而需要给予额外帮助的一个群体。1981 年绿皮书《学校课程》中指出，"认识和开发每个学生的能力是教师的职责。无论是普通学校还是特殊学校，都不仅需要为那些接受慢、学习有困难或有特殊需要的学生，而且同样需要为那些最有天赋的学生提供帮助，接受这一挑战的任何群体的需要都不应该是从属的。"② 绿皮书进一步指出，"特殊学校为那些身体、智力、情感某一方面有障碍，或在这些方面都有缺陷的学生服务。在这些学校中，学生的能力和需要有很大的差异。许多特殊学校不是规模小，就是学生的年龄跨度大。但是，和其他学校一样，它们必须设法以最适合学生具体情况的方式，安排完全符合每个学生教育需要的课程。它们也同样需要把教育目标制定成文，并以此为依据，定期对每个学生的教学计划的效果作出评估。因此，地方教育当局希望特殊学校一起参加有关课程政策的讨论。这将有助于保持那些从特殊学校转到普通学校学习的学生的学习计划的连续性。"③

---

① ［英］教育和就业部：《1992 年（学校）教育法》，王甜甜译，王璐《英国教育督导与评价：制度、理念和发展》附录，高等教育出版社 2010 年版，第 276 页。

② ［英］教育和科学部、威尔士事务部：《学校课程》，邵志明译，引自瞿葆奎主编《教育学文集·英国教育改革》，人民教育出版社 1993 年版，第 447 页。

③ 同上。

白皮书《把学校办得更好》在提高效益的总目标下，提出提高落后学生成绩的目标，"采取措施，减少差生，包括许多少数民族学生中的差生。"①具体措施上，该白皮书在教师的职业使命中明确，对"有特殊教育需要"的儿童的教学，要经过培训，有专门业务技能。政府认为，所有教师职前培训课程都应包括特殊需要科目介绍，每所学校都应得到这方面的咨询，并且，有"特殊教育需要"的儿童所在的班级的教师，应当通过在职培训，做好这项工作的准备。

1992 年 7 月教育和科学部又发表了《特殊教育需要》磋商文件，提出如下建议：②（1）改善目前对"有关特殊教育需要"儿童的评估和记录安排；（2）提供比较灵活的评估安排和各种不同形式与内容的记录，以便考虑不同于现在要求的特殊教育设施；（3）给予家长表达为子女选择某一特定的普通和特殊学校的权利；（4）满足家长的选择，尽可能为他的孩子提供与同辈一起的有效教学；（5）对不满意地方教育当局决定的家长提供前后一致的和全面的申诉权利；（6）对于希望把子女调离报告中提名的特殊学校的家长，不再要求取得地方教育当局的同意。

1992 年白皮书《选择与多样化——学校的新框架》重申政府保持信守有特殊教育需要的学生应该最大限度地在普通学校接受教育的原则，并为特殊学校申请直接拨款学校地位作出了规定，以便使那些"有特殊教育需要"的学生受到高质量的教育。

（六）对少数族裔儿童实行多元文化的教育

在英国对少数民族教育的政策经历了从同化、融合向多元文化发展的历程。

1. 同化与融合理念下的少数族裔儿童的教育

20 世纪五六十年代，英国政府在国家同化少数民族总体原则下，考虑少数族裔儿童教育问题。同化的最大障碍是"语言"问题，此外，是对少数民族聚居区学校移民子弟过度集中的忧虑。因为有迹象表明，当学校中移民学生比例超过一定水平时，学校的校风将会改变；而一些家长常

①　[英]教育和科学部、威尔士事务部：《把学校办得更好》，亦兵译，引自吕达、周满生主编《当代外国教育改革著名文献》（英国卷·第一册），人民教育出版社 2004 年版，第 4 页。

②　[英]教育和就业部：《选择与多样化——学校的新框架》，王承绪译，引自吕达、周满生主编《当代外国教育改革著名文献》（英国卷·第二册），人民教育出版社 2004 年版，第 210 页。

常带着本土出生的孩子远离居住区学校而到少数民族集聚区学校，使其逐步成为移民学校。政府认为，假如这种趋势继续下去，无论是社会和教育的后果可能很严重。因此，解决上述问题，政府采取了下列措施。

一是加强英语教学。教育和科学部1965年7号公告写道："主要教育任务是英语教学"。因此，将英语作为移民子女教育的第二语言教学成为重点，这一时期独立的语言中心纷纷建立，并提供了一些基本的日常支持，以应对"文化冲击"。显然，在这种理念下，儿童一旦这些问题得到弥补，就可以被所有在校生包容。1971年教育和科学部13号调查《移民的教育》可以看作与60年代中央政府宣言中的假设和目标紧密联系的政策，它继续强调英语教学是"学校面临的唯一的最紧急的挑战"。①

二是分流政策。1964年英联邦移民咨询委员会（CIAC）报告指出，"一个班级高比例移民儿童将延缓一般的日常工作，阻碍整个班级的进步，特别是那里移民儿童不能流利地用英语讲或写。显然，这对所有阶层的孩子来说不合理也不公平。"分流政策在教育和科学部的1965年7号公告中得到巩固和发展，在"儿童分流"的标题下，写道："这是不可避免的，由于移民儿童在学校或班级的比例增加，问题会变得难以解决以及同化的机会会变少。吸收多少移民儿童的比例取决于对双方都有利，分界线很难精确界定。经验表明，移民儿童占群体中五分之一的比例比较合理轻松，但是，如果一所学校或班级移民儿童的比例超过三分之一，将出现严重的压力"。② 因此，可取的做法是聚居区学校应尽可能避免移民儿童的过度集中，实行分流以减轻压力。

三是公交车接送措施。一些少数民族聚居区学校中移民子弟确实过度集中时，地方教育当局有责任安排公交车，将少数民族子弟送到其他地区学校上学。公交车接送的最后一个地方教育当局坚持到1979年。

四是财政支持。此时，政府全面战略的财政支持体现在《1966年地方政府法》的第11条，出现大批移民地区的地方当局由于被要求制定特殊规定，行使其职能，内政部（the Home Office）向其提供50%（后来变成75%）拨款。

---

① The Committee of Enquiry into the Education of Children from Ethnic Minority Groups, *The Swann Report*, London: Her Majesty's Stationery Office, 1985, p. 198.

② Ibid., p. 199.

60 年代后期，政府对少数民族政策采取了融合原则，强调排除将少数族裔作为来自其他国家的移民，而是视为英国社会的一个组成部分。为了培养这种意识，融合主义阶段在教育上增加了以下措施：教师在职课程中增加源国家（countries of origin）生活相关信息（relevant information）、参观印度或西印度，增加课本数量和其他描述少数民族"本土环境"（native surroundings）的材料。

尽管从同化政策转向融合，理念上有很大进步。但实际措施上没有太大区别。正如《斯旺报告》指出的那样：无论是同化教育还是融合教育，作为对少数族裔学生需求的反应，现在看来是误导并且毫无根据。可惜的是，这些早期遗留下来的遗产仍然是现在对少数民族的教育需求思考和讨论的基础，如语言中心等，这些遗产也同样扭曲了更广泛的多元教育概念的性质和发展。[①]

2. 作为处境不利的少数族裔儿童的教育

1967 年发表的《普洛登报告》中处境不利儿童涵盖了少数民族儿童。在确定"教育优先区"的标准中，最后一条是，"不能说英语的儿童需要得到额外的关心，如果他们想在英国站住脚的话。"到 70 年代，政府逐步形成了这种看法，移民教育的困难与那些生活在社会和文化剥夺区域的本土出生儿童的教育没什么区别。他们的居住环境类似、他们有同样情感的困扰、同样的不善表达和语言困难，同样的对学校不满态度，这些都影响他们的生活和在学校中的进步。

1974 年政府发布的《教育的处境不利和移民的教育需求》白皮书清楚地体现了这一观点：凡移民及其后裔在旧市区和工业区生活，大部分儿童有可能同这些地区的本土儿童同样承受与贫困环境相联系的教育处境不利。政府认为，移民学生将因此从给所有那些遭受教育处境不利学生越来越多的特殊帮助中受益。[②]

政府据此在教育和科学部建立专门的教育处境不利局（Educational Disadvantage Unit，EDU），监督各教育阶段教育处境不利和移民有关的教育，建立一个与其职责相关领域的"信息中心"——随后确立为"教育

① The Committee of Enquiry into the Education of Children from Ethnic Minority Groups, *The Swann Report*, London: Her Majesty's Stationery Office, 1985, p. 201.

② Ibid., p. 210.

处境不利信息和咨询中心"（the Centre for Information and Advice on Educational Disadvantage，CED）（"信息中心"于 1980 年解散，其职能由教育处境不利局填补）。1975 年的政府白皮书《种族歧视》（Racial Discrimination）将少数民族境况与 20 世纪 70 年代越来越引起公众关注的内城困境（plight of the inner-cities）联系起来，认为种族处境不利问题可以与内城教育问题一道解决。

将少数族裔儿童的教育问题视同本土处境不利儿童的教育问题，完全忽略了其文化背景的差异。因此，尽管历届政府出台一系列特殊援助措施提供额外资源解决被剥夺结果，以促进机会均等；但是收效甚微。少数族裔儿童成绩低下问题依然严重，西印度儿童的学术成绩偏低更是突出。斯旺委员会便在此背景下应运而生。《斯旺报告》认为，这样做是将多元文化教育降级（relegate）到"处境不利"一个组成部分，或是包含少数民族需求的更广泛的"内城问题"，并非从教育的角度来思考，是与多元主义不符合的。① 报告提出，实施多元文化教育需要一致的计划和战略。

3. 多元文化的教育

在《斯旺报告》发表之前，工党政府在 1977 年协商文件《学校中教育》（Education in Schools）强调了多元文化教育的宽泛观点：我们的社会是多元文化的、多民族的社会，课程应该反映不同文化以及构成我们社会的种族的富有同情地理解。学校课程……必须反映这种新英国人的需求。② 1980 年，国务大臣在多元文化教育会议发言中指出，非少数民族学校教授学生有关当今英国的不同文化，与在内城区域像伦敦和伯明翰学校教授多元文化一样重要。这是开发课程、积极吸收不同文化长处的问题。

1985 年，斯旺委员会在深入调查的基础上对实行多元文化教育提出具体建议。

首先，反对有意或无意的含有种族歧视的行为。报告认为，英国学校中存在种族主义和种族偏见，这是影响西印度族裔儿童成绩不良的最重要因素。种族主义是指根据人们的种族从属而对其加以区别对待，凡是为此

---

① The Committee of Enquiry into the Education of Children from Ethnic Minority Groups, *The Swann Report*, London: Her Majesty's Stationery Office, 1985, p. 215.

② Ibid. , p. 227.

提供证明的任何政治和社会信条，皆可被视为种族主义。① 报告指出，教师普遍存在这样的观点，西印度学生不可避免制造麻烦，因此，这些学生被看作必须忍受或者值得同情。这种否定、傲慢的态度，将西印度的孩子们看作问题，是无法以建设性或平衡的办法开展教育的。委员会认为，教师的定型化思维，属于"无意识的种族主义"。但是，种族主义，无论是有意识的还是无意识的，不能单独说明西印度族裔儿童成绩不良的原因，但它确实对他们在学校的表现产生直接的重要的影响。

其次，加强学前教育。委员会认为现存的 5 岁以下的学前教育，无论是日间照顾还是幼儿园都不能在整体上满足整个人口的需求，特别是西印度族裔家庭的需求。委员会引用一份报告指出，西印度族裔儿童成绩不良，根源在于学前教育。因此，中小学改进方案应当伴随学前教育领域改革进行。报告建议地方教育当局应当尽最大努力确保西印度族裔家长意识到充分利用学前教育设施，并帮助家长认识到学前教育能使他的孩子在进入学校之前取得进步。

再次，改革课程内容。西印度学生不能从主流学校中的西印度族裔教师那里获得额外帮助，但是可以在周末或晚上的西印度"补习学校"（supplementary schools）中学到他们群体的背景和文化传统，被看作"支持环境"（supportive environment）。这说明中小学的课程、课本和教材，不能满足西印度族裔儿童的需要。这是西印度学生缺少动力和责任以及学业不良结果的一个原因。此外，课本内容如历史、地理，应避免否定或冒犯地引用"黑人"。因此，报告强烈建议应在所有学校，无论是少数民族学校还是全白人学校（all white school），都应采用"多元文化"（multi-cultural）课程。因为委员会相信，学校课程并不追求消除文化差异，也不企图将每个人纳入主流文化，而是借鉴许多文化的经验，构建当今的社会，因此，要拓宽每个儿童的视野。②

最后，改革考试制度。委员会认为考试在补充和反映学校中多元文化的课程和今天社会的多种族性质时，起到重要作用。但考试委员会在某种

---

①　[英] 比尔·考克瑟、林顿·罗宾斯、罗伯特·里奇：《当代英国政治》，孔新峰、蒋鲲译，北京大学出版社 2009 年版，第 390 页。

②　The Committee of Enquiry into the Education of Children from Ethnic Minority Groups, *The Swann Report*, London: Her Majesty's Stationery Office, 1985, 前言。

情况下表现出僵化、忽视少数民族学生的特殊需求以及与学生今日生活联系的需求。因此，委员会建议所有 GCE 和 CSE 考试委员会应当重新审视他们的考试政策，重构考试制度。

在上述各项政策建议中，其核心是全白人学校，都应采用"多元文化"课程，从而拓宽每个儿童的视野，消除种族隔阂，共享多元价值观。

1985 年教育和科学部的白皮书《把学校办得更好》对《斯旺报告》作出了回应：[①] 政府制定政策减少发生成绩低下的现象；克服阻碍一部分学生进步的教育上的障碍；支持教育部门的工作，为学生进入正向民族杂居的、民族和睦方向发展的社会做好准备。白皮书认为，学校应当继续将少数民族学生教授英语放在头等重要的位置上，政府提供经费资助；让所有学生了解英国社会存在多民族群体的状况，并树立积极的态度。这些目标都具体体现在普通中等教育证书考试的全国性标准中，体现在为所有教师职前培训制定的新标准中，在实践中贯彻这些目标，是一些城市计划项目的目的，是要通过教育补助金予以支持的活动之一。

（七）保障措施

这一时期，撒切尔政府为了达到提高效率、提高质量、兼顾促进教育公平的目标，采取了改革外部、内部考试制度等措施。

1. 改革外部考试制度

自从 1963 年英国政府在保留 GCE 考试制度的同时，增设"中等教育证书"（Certificate of Secondary Education，CSE）考试，参加考试学生从占同龄的 20% 扩展到 60%，从而使现代中学的中等以上水平学生都有机会参加考试。

"中等教育证书"和"普通教育证书"考试制度并行的 20 年中，不断出现难以解决的问题，主要表现在以下四个方面：一是两种考试并行、重叠，以致十分复杂、混乱，难以掌握。比如，两种考试的等级难以参照对比，教师的选择往往与学生的实际不符；参加两种考试的学生负担过重；各考试局的考试科目与考试大纲各不相同，且逐年增加，到 1984 年，各种考试大纲达两万多个，致使学校教学无所适从，高校及用人单位难以区分，并给学生转学带来诸多不便。二是两种考试均以笔试为主，对学生

---

① ［英］教育和科学部、威尔士事务部：《把学校办得更好》，亦兵译，引自吕达、周满生主编《当代外国教育改革著名文献》（英国卷·第一册），人民教育出版社 2004 年版，第 15 页。

实践能力考核不多,因而限制了学生的知识范围和学习方法;由于考试指挥棒作用,学校教学往往只突出课堂教学,忽视能力培养,不利于教育质量提高。三是能够参加两种考试的学生只占 60%,这意味着很大一部分学生被剥夺了参加国家证书考试资格。四是与 GCE 普通证书考试相比,CSE 考试的资格在一般人心目中是低层次的。①

基于上述原因,1984 年 7 月,时任教育和科学国务大臣约瑟夫·肯思宣布一种新的考试制度——"普通中等教育证书"(General Certificate of Secondary Education, GCSE)考试,将取代 GCE—O 水平考试与 CSE 考试,而 GCE—A 水平考试因层次不同,仍然保留。1985 年 3 月,政府向全国公布了《GCSE 国家标准》,成为 GCSE 考试的最高准则。根据《1988 年教育改革法》,政府设置了"学校考试和评定委员会"(SEAC),取代此前的"中学考试委员会"(SEC)。此次改革的目的主要有五方面:② (1)希望参加并通过考试的 16 岁学生比率能大幅度提高,达到80%—90%左右;(2)为全体 16 岁学生提供一种比较公平的考试标准,从而比较恰当地评定他们的成绩等第,提高考试的信度;(3)遵循全国统一的考试标准,使师生在教学中有明确的目标,更有效地教学;(4)由于有统一的考试标准,有利于对学校工作进行评价,各所学校之间便于进行比较和竞争,以改进学校管理和教学工作;(5)两种考试制度合并为一种考试制度,有利于学校合理地经济地安排使用师资、设备和经费,提高效益。

"普通中等教育证书"考试有两个突出的特点:一是加强了考生平时"学科作业"在考试成绩中的比重;学科作业在 CSE 考试中开始采用,在GCSE 考试中得到进一步加强。学科作业是指学生在平时学习过程中由任课教师布置的作业或测验,通常在单元教学结束时进行。学科作业形式有:实验报告、作文、评论、调查报告、小测验等。学科作业在 GCSE 考试的各科成绩中所占比例不到 20%。在 GCSE 考试的前两个月,学校必须将各考生的学科作业成绩报各考试委员会,各考试委员会对各校考生的学

---

① 易红郡:《从冲突到融合:20 世纪英国中等教育政策研究》,湖南教育出版社 2005 年版,第 437 页。

② 吕达:《英国义务教育阶段考试制度的改革》,江山野主编《英国学校课程》,河北教育出版社 2001 年版,第 204 页。

科作业进行抽查、审核，以便较为准确地判断各学校考生的学科作业成绩的信度。二是对考生实行能力区分考试。就是各科考试都必须设计难度不同的试卷，或在同一试卷上设计不同难度的试题，其目的是使不同水平的考生在考试中都能有机会最充分地显示自己的水平。①

"普通中等教育证书"考试于 1988 年开始推行。结果表明，中学离校学生在"普通中等教育证书"或相当证书考试中有五门或五门以上科目通过，达到 A—C 级的学生比例从 1980 年的 24％上升到 1988 年的 30％和1991 年的 38％。"普通中等教育证书"考试成绩提高带来的积极效应是学生学习动机的增强。许多年轻人达到离校年龄以后继续留在学校接受全日制教育。在第六学级或接受全日制继续教育的 16 岁的年轻人的比例，已从 1987—1988 年度的不足 50％，猛增至 1991—1992 年度的接近 70％。在同一时期内，17 岁年轻人的比例从 33％上升到接近 50％。② 教育大臣爱德·鲍尔斯说："GCSE 考试成绩并不是衡量一所学校的唯一尺度，但它是不可缺少的尺度，它是年轻人将来继续求学、就业、追求幸福生活所必备的条件。一个 GCSE 考试 5 科及格的年轻人，总要比没有及格证书的同龄人机会更多。它是雇主聘用时最起码的一个要求。要提高孩子们的职业前景，我们需要教学质量上的快速提高。"③

2. 建立关键年龄阶段的学习水平测试

"中等教育普通证书"考试改革并不是英国基础教育阶段考试制度改革的全部。根据《1988 年教育改革法》规定，中小学生的义务教育阶段划分为四个关键阶段（Key Stage）：5—7 岁、8—11 岁、12—14 岁、15 岁至义务教育阶段结束（一般 16 岁），在每个阶段结束时，即 7 岁、11 岁、14 岁和 16 岁都必须参加全国统一考试。相对于 GCSE 考试，关键阶段考试这里称之为内部考试。

国务大臣任命了第三个小组——评定和测试工作小组（Task Group an Assessment and Testing），负责评定儿童在全国统一课程的各学科学习中取

① 吕达：《英国义务教育阶段考试制度的改革》，江山野主编《英国学校课程》，河北教育出版社 2001 年版，第 208—209 页。

② ［英］教育和就业部：《选择与多样化——学校的新框架》，王承绪译，引自吕达、周满生主编《当代外国教育改革著名文献》（英国卷·第二册），人民教育出版社 2004 年版，第 185 页。

③ 张济洲：《"国家挑战"计划——英国政府改造薄弱学校的新举措》，《外国中小学教育》2008 年第 10 期，第 21 页。

得的成绩和进步以及向那些有权了解的人汇报这些学习结果并提出建议。
1988 年教育和科学部发表了《评定和测试工作小组的报告》（National
Curriculum Task Group an Assessment and Testing Report），详细介绍了评定
的目的、方法，成绩呈现形式和传达的含义，成绩报告的内容及对象等。
主要内容如下。[①]

第一，评定目的。评定小组（NCTGAT）所建议的报告系统（reporting system）与此前英国中小学中使用的标准化测验不同。因为，那样的
测验是为了在儿童相互之间和儿童与儿童之间作出比较。而新的评定系统
如同教师的日常评定，与所教内容直接相关，并且设计成能够在不考虑其
他学生成绩的条件下揭示每个学生成绩的质量。

第二，成绩水平。成绩报告系统用 1—10 级水平表示 5 岁和 16 岁之
间不同能力的儿童所取得的进步全程。从而每个儿童形成个人能力进步的
能力测验图（profiles）。不管儿童在什么年龄阶段引入个人测验图，水平
1 总是个人能力测验图组成部分的第一级水平。第一个成绩报告期是 7
岁，大多数儿童成绩会落在前 3 个水平上。如果 7 岁儿童成绩处于水平 1，
那么他在教学上就需要采取某种特定的补救措施；如果已处在水平 3，那
么该学童在教学上也需给予特别的注意和机会来促使其进一步发展。第二
个成绩报告期是 4 年后的 11 岁，多数儿童会落在水平 4 和 5，但有少数学
生会进步到水平 6，另有少数学生可能还未达到水平 3。大多数 14 岁学生
大概在 4 个水平上分布。

第三，评定方法。成绩评定工作的大部分应由教师承担。教师的评定
成为评定系统的一个基础部分。作业和测验是评定的主要方法。但不同报
告期有所侧重。如，第一个报告期，即"7 岁评定"，采用适合于儿童作
业的课题形式，使学生觉得这像班级中常见的一门有趣的作业一样，并确
保年龄组全体学生都能做。教师可以从国家试题库内选择一些"标准评定
作业"（SATs）以确保"水准"的可比性，一般有 3 个作业；而第二个
报告期需要 4 个作业，同时还要参加特定学科领域要素能力的测验，作为
他们作业的补充；第三个报告期以相关学科的测验为主；第四个报告期以
"普通中等教育证书"考试为主，但相关学科测验仍然占有重要地位。评

[①] ［英］教育和科学部、威尔士事务部：《评定和测试工作小组报告》，冷志强译，引自瞿
葆奎主编《教育学文集·英国教育改革》，人民教育出版社 1993 年版，第 707—747 页。

定小组认为，上述水平与"普通中等教育证书"的评分等级相匹配，还有待进一步研究。

为了控制每个教师对学生作业评定产生的可能偏差，评定学生成绩时，教师要参加一种协调平衡会议（moderation meeting），解决学生个人的外部和内部评定的偏差，消除与性别、种族有关的偏差。

第四，报告的内容及对象。四个报告期的成绩报告包括教师的评定，标准测验或作业成绩，报告学生的进步情况。成绩报告一般作为机密来处理：不公布"7岁评定"成绩，其他年龄报告期的成绩也只供学校、教师、学生和家长相互之间沟通了解。

第五，特殊教育需要学生的成绩评定。评定小组对特殊教育需要学生的成绩评定提出了建议。该小组认为，对来自日常用语非英语家庭的儿童以及《1981年教育法》申明对象的儿童，可以免于联合举行的作业或测验。因为让一个具有特殊学习困难的儿童做一套评定作业会使他感到过分紧张或难以对付，因此，让他们做一种（针对他或她的特定缺陷）专门作过调整的作业。如果孩子已经开始做作业但看上去垂头丧气，那么教师可以提供帮助或悄悄地终止这种活动。对任何这类儿童采取的行动都必须记录在案，作为需要帮助的信号。但是该报告也指出，不应得出机械的结论，因为这个儿童属于此类，就把所有作业和测验都悄悄免去，这些儿童也需要成绩目标来鼓励他们的发展和提高他们的自尊心。

"普通中等教育证书"（GCSE）考试和关键阶段考试的推行，使英国从此拥有了科学先进的教育质量测试工具。此后，GCSE考试结果分析，是评价英国教育政策成败得失的重要依据。

第三节　小结

20世纪70年代中期至90年代中期，一种巨大的转变强烈地影响着教育政策目标。作为整个战后阶段特征之一的教育机会扩张突然被经济紧缩和人口下降所遏制。在撒切尔—梅杰政府执政时期，英国政府的公共政策（包括教育政策）及其制定政策的指导思想都发生了重大变化，体现了效率优先、质量至上，兼顾公平的价值取向。

首先，在政策理念上，撒切尔—梅杰政府批判工党政府奉行的凯恩斯福利主义路线，认为福利国家政策使英国经济走向颓势，转而从哈耶克的新自由主义、弗雷德曼的货币主义寻找思想源泉，并形成了被后人称为"撒切尔主义"政治风格和政策路线。撒切尔主义吸收了哈耶克的自由选择、机会面前人人平等、市场机制、私有化以及弗雷德曼的货币总量控制等政治经济思想，又超越了他们。它认为，只有当个人的选择、创造力和产业具有最大机会时，这样的社会才是良好社会。① 因此，提高效率是政府公共政策的最高价值追求。

其次，撒切尔—梅杰政府社会改革政策在效率总目标下，政策之间逐渐形成相互制衡的网络。教育领域的改革事实上是公共领域改革的延伸，因而教育领域的改革也是在效率、质量为目标的整体战略下有序、有层次地展开。

在这个政策网络中，课程改革是核心。从国家统一课程及与之配套的四个关键阶段国家统一评定到 GCSE 考试，旨在教育质量的整体提高，但也考虑是否为所有学生——无论性别、能力、种族和社会背景——的能力发展配备了相应的课程进度。特别是有关有特殊教育需要学生、少数民族学生的政策，体现了强烈的公平取向。但是当此项政策与择校政策、经费政策结合运作时，便会发现公平政策从属于效率政策。正如英国课程专家劳顿所指出的，尽管政府想搞一种"平衡"的国家课程，但是我们从那儿得到的却是一张营养不均衡的"食谱"。政府开出的这张"学科清单"尽管列出了众多对我们有好处的"成分"，但这份"食谱"既不是"营养学家"根据科学原理"配制"的，也没有经过实践的验证，倒像"江湖医生"吹嘘的那种"能治百病"的"偏方"。② 为何政府会出这样的偏方，劳顿认为，是出于"效率"的考虑。比如公布成绩"比较表"，为了便于家长做出理性选择，就有必要向他们提供作为选择依据，因而要求各地方教育当局公布各个学校全国统一考试的成绩"比较表"，劳顿指出，就政府的本意而言，测试并没有被视为加强"国家课程"的一种方式，相反，"国家课程"倒成了测试计划的一种框架。从政治上看，"排行榜"比"国家课程"更重要。这样，他们完全有可能过度地关注"效率"而

---

① ［英］麦克莱恩：《"民粹主义"的中央集权主义》，石伟平译，引自瞿葆奎主编《教育学文集·英国教育改革》，人民教育出版社 1993 年版，第 754 页。

② 石伟平：《劳顿论当前英国课程改革》，《外国教育资料》1995 年第 3 期，第 27—30 页。

忽视教育事业的真正目的。①

再次，对效率的过度追求，损害了公平。比如，家长择校政策，表面上给家长自由的选择权利，表达自己的偏好，选择适合自己子女的教育，并规定学校在未招满学生情况下，不得拒绝任何学生。但事实上，政府对超额注册的学校选拔学生表现出无能为力。1992 年《选择与多样化——学校的新框架》白皮书提出，所有公立学校必须公布平等合理的招生政策使家长对他们子女能否获得入学机会有一个尽可能明确的了解。政府已给予家长表达喜爱他们子女进入哪所学校的权利。一般地说，这种喜爱应该得到满足，除非这所学校已经招足条件较好的学生。家长也有义务确保其子女在 5—16 岁时入学或另外受到适合的教育。② 因此，好的学校在招生时可以挑挑拣拣，而差的学校就不能太挑剔。显然，择校策略强化了学校分层。此外，公布成绩"比较表"，使得学校不愿意承担学习困难的学生（pupils with learning difficulties），因为他们往往会压低整体考试结果；鼓励教师专注于那些一个水平与下一个水平边缘的儿童，而不是那些最需要注意的儿童；因此，有特殊教育需要的儿童实际上被忽略了，课程被扭曲了。③ 凡此种种，都损害了教育公平，损害了教育真正目的——全体学生的发展。

---

① 石伟平：《劳顿论当前英国课程改革》，《外国教育资料》1995 年第 3 期，第 27—30 页。

② ［英］教育和就业部：《选择与多样化——学校的新框架》，王承绪译，引自吕达、周满生主编《当代外国教育改革著名文献》（英国卷·第二册），人民教育出版社 2004 年版，第 197 页。

③ Derek Gilland. *Education in England：a brief history*. 2014 年 8 月，http://www.educationengland.org.uk/history/chapter08.html.

第五章

向有差异的平等迈进

随着经济全球化进程的迫近，撒切尔—梅杰政府的新自由主义经济政策显得应对乏力。尽管这一套政策曾使英国经济一度复苏，但长期片面的效率追求带来一系列社会问题，阻碍了经济社会进一步发展。撒切尔夫人领导的保守党执政18年后，终于在1997年大选中下台，取而代之的是托尼·布莱尔（Tong Blair）领导的新工党。布莱尔领导的新工党为了重新执政，根据时代发展的需要，经过长期酝酿，对政党的意识形态进行修正，打出了"走第三条道路"的旗帜，推出以教育政策为核心的经济社会政策网，旨在实现公平与效率的和谐统一。

第一节　时代背景

一　撒切尔主义的衰微

"撒切尔革命"一度使英国经济复苏，"英国病"基本治愈。但是到了80年代末，由于开支加大和货币发行增多，通货膨胀率升至11%，迫使政府采取收缩政策，导致企业关闭，工人失业，750万人生活在贫困线以下。而此前的税率改革，高收入者受惠最多，导致贫富差距加大。①

年均2%的经济增长只是略微高出前任工党的政府；高失业率以及反工会的立法，为众多工人带来了劳动力市场日益增长的不安全感。② 1989年人头税的推行引起低收入者的憎恨。1992年，保守党为了赢得大选，

---

① 阎照祥：《英国史》，人民出版社2003年版，第394页。

② ［英］比尔·考克瑟等：《当代英国政治》，孔新峰等译，北京大学出版社2009年版，第74页。

推举处事温和的财政大臣约翰·梅杰（John Major）参与竞选。梅杰代替撒切尔夫人担任首相后，调整内外政策。对内控制通货膨胀，增加教育经费，解决住房问题等，对外积极融入欧洲一体化进程。梅杰政府的措施尽管取得了一定效果，但是难以化解保守党政府一直以来对自由市场追求带来的种种问题。

二　布莱尔主义的崛起

工党在野 18 年，期间卧薪尝胆，根据时代发展要求对党的意识形态、指导思想和政策理念作了彻底地改造。1994 年托尼·布莱尔当选工党领袖，他宣布要赋予传统的工党信念以现代的内涵，建设一个"新工党"，一个"中左派的政党"。1996 年他出版了重要著作《新英国：我对一个年轻国家的展望》，系统阐述了新工党在政治理念和政策上的变化。

首先，修改党章第四条。工党党章在 1918 年工党成立大会上通过后，成为工党立党根本、制定政策的基础。其核心条款是第四条关于社会主义的定义，即实现公有制，这是工党与自由党和保守党的根本区别。此后，随着社会发展需要，工党几次发起修改党章的讨论，但由于党内左派反对而搁浅。1994 年布莱尔当选工党领袖后，便提议修改党章第四条并发动广泛的磋商。布莱尔在纪念 1945 年大选 50 周年大会演讲中指出，"我们从政是为了追求特定的价值观念，而不是为了实现一种经济教条"、"社会主义的概念需要一种政治形式，以此我们共同承担责任，既向贫穷、偏见和失业开战，以创造条件真正建设一个国家：容忍、公平、富有创业精神和包容力"。这样，"可以避免 1918 年社会主义的定义中手段与目的之间的混乱"。① 他在另一次讲话中强调，"新的第四条将我们关于社会、社会正义、民主、平等、伙伴关系的价值观置于最前沿。它倡导既要有雄厚的公共服务又要有繁荣的私有部门以及二者之间为了变革应建立的伙伴关系。这是第一次责成我们结束偏见和歧视，保护环境，加强国际团结。这些关键的价值观在今天为工党带来更多的党员，也为我们政治意识形态建

---

① ［英］托尼·布莱尔：《新英国：我对一个年轻国家的展望》，曹振寰等译，世界知识出版社 1998 年版，第 24 页。

立了真正的框架，成为我们政策的基础"。① 这表明布莱尔延续了克罗斯兰的思想路线，区分了社会主义的目标和手段：社会主义的目的是实现一套普适的公平、正义的价值观，而公有制仅仅是实现目标的一种手段，为工党制定灵活的经济社会政策奠定了基础。马丁·鲍威尔认为党章修改是新工党与老工党之间最根本的区别，他说，这种极富象征性地卸掉旧工党的意识形态包袱的行动被看做是"新工党"的诞生。②

　　第二，将国家发展置于经济全球化的进程之中。布莱尔认为，发达国家政府现在所面临的关键问题是全球化。全球化意味着技术和资本不断流动，工业跨越了国界，竞争越来越激烈，消费者运用更大的力量以加速这一革命的进程。布莱尔明确表示会参与全球化竞争，他说，"我拒绝保护主义，因为这是错误的，不切实际的"。因此，为了在全球市场中进行竞争就必须做两件事，一是必须"撤销阻碍贸易发展的壁垒，接受国际经济规则"；二是必须"不断地投资于新能力，最终投资于其人民的灵活性和能力。下一个时代将成为富有创造力的时代，支配 21 世纪经济的将是储蓄、投资、创新和最终开发其独有资源：人民的潜力"。③ 为此，要变革现有教育体系。

　　第三，创建安全社会。全球化带来经济发展的同时，也带来不安全感，表现为经济上不安全感（如一生从事一个职业已成为过去，技术需要不断更新以应对创造安全社会），社会道德的不安全感（原有的社区瓦解了，如宗教信仰消失，犯罪、反社会行为、不负责任现象）增加。④ 对创建安全社会，布莱尔提出了社区、家庭、就业和福利在创建良好社会中的作用。

　　社区。布莱尔说，整个西方社会都在寻找一种新的政治主张，它从个人出发，而又将个人置于广大的社会之中。人们不喜欢横加干涉的政府，但也不愿生活在社会真空里。正是在寻找这种个人与社会的崭新关系的过

---

① ［英］托尼·布莱尔：《新英国：我对一个年轻国家的展望》，曹振寰等译，世界知识出版社 1998 年版，第 64 页。

② ［英］马丁·鲍威尔编：《新工党，新福利国家？——英国社会政策中的"第三条道路"》，林德山等译，重庆出版社 2010 年版，前言。

③ ［英］托尼·布莱尔：《新英国：我对一个年轻国家的展望》，曹振寰等译，世界知识出版社 1998 年版，第 142 页。

④ 同上书，第 45 页。

程中出现了"社区"的概念。社区意味着承认相互依赖，但不接受咄咄逼人的政府权力。它承认通过合作能更好地迎接变革和不安定的冲击。它为我们既合作又竞争的特性提供了基础，使之成为一种更开明的自身利益观。①

家庭。防止犯罪的两项最佳政策是一份工作和一个稳定的家庭，而家庭是任何得体社会的基础。强大的社区后面是强大的家庭。布莱尔说："到任何少年法庭看一看，你就会看见的。在家庭里，人们学会相互尊重，相互爱护。如果家庭中破坏了这些，你就不可能在一个国家中将它重新建立。在政策的每一个层面，我们都应该考察其对家庭产生的影响。看看我们如何能够加强家庭，如何维持家庭。②

就业。布莱尔认为，失业人员被排斥在社会主流之外的群体，有时被称为下层社会。这个阶层的存在，是社会经济的罪恶。这是公共支出的巨额流失——直接流失在福利方面，间接流失在犯罪和环境恶化方面，这是可怕的人才流失。而且摧毁了共同的目标感，破坏了使国家不断运转的社会和经济体的努力。因此，布莱尔提出了新的建议，帮助60万名25岁以下被遗忘的一代，其中许多人从未工作过，并提出6条倡议帮助长期失业的人找到工作。③

福利。布莱尔认为，贝弗里奇50年前创造了这个国家的第一代福利。他的时代是"由核心家庭、全日制男性就业和国家计划构成的"，人们面临战后的生活资料匮乏、失业、疾病和衰老，贝弗里奇的福利国家政策给英国带来了50—60年代经济繁荣的黄金时代。而当今的英国，社会生活发生巨变：妇女占劳动力大军近一半；长期的失业已成为结构性和地方性的问题；1991年，37%的婚姻牵涉到至少一个离过婚的配偶。因此，第二代福利的设想应是，给人扶持，而不是施舍，意味着多种服务，而不仅仅是现金；能够适应生活方式的改变，如工作和照料孩子是共同承担，用安全感代替恐惧感；公民身份建立在权利和义务基础上；政府不再发号施

---

① ［英］托尼·布莱尔：《新英国：我对一个年轻国家的展望》，曹振寰等译，世界知识出版社1998年版，第275页。

② 同上书，第85页。

③ 同上书，第141页。

令，而是鼓励地方决策，公共和私人合作。① 布莱尔之后的新首相布朗更是明确地指出，"在太长的时间里，我们用税收和福利体制来补偿那些贫困的人们，而不是做一些更为根本性的事情——解决贫困和不平等根源问题……通向机会平等之路的起点不是税率，而是工作岗位、教育，福利国家的改革以及对既有资源的有效和公平的改革"。② 总之，第二代福利是消除英国中等收入阶层的不安全感和低收入阶层的贫困，从消极福利转向积极福利。

在布莱尔看来，参与全球化竞争、建设社区、支持家庭、解决就业以及改革福利制度最终都指向了教育。正因如此，"教育，教育，还是教育"成了1997年工党竞选纲领的醒目标题，成为工党优先考虑的公共领域。布莱尔给出的理由是："我们认为其中真正的关键在于教育，抓对了教育其余自然归位，抓错了教育，可预见经济衰落，社会状况恶化"。③

三 作为政治意识形态的"第三条道路"

新工党执政后的突出特点是寻求改革，实现布莱尔建设"新英国"的种种设想。这些设想渐渐被称为"布莱尔主义"。④ 1998年，布莱尔推出第二部重要著作《第三条道路：新世纪的新政治》，明确打出了"第三条道路"的旗号，他说，"我认为，'第三条道路'就是目前前进中的中左力量在英国和其他地方正在形成的新政治的最好的称号"。⑤ "第三条道路"被视为布莱尔主义的理论基础。1998年，德国社会民主党领袖施罗德、布莱尔和克林顿共同发起的欧美左翼政党领导人"第三条道路"讨论，施罗德与布莱尔发表共同声明《欧洲："第三条道路"/新中间派》，使"第三条道路"成为20世纪90年代末具有世界性影响的政治意识形

① ［英］托尼·布莱尔：《新英国：我对一个年轻国家的展望》，曹振寰等译，世界知识出版社1998年版，第168页。

② ［英］马丁·鲍威尔编：《新工党，新福利国家？——英国社会政策中的"第三条道路"》，林德山等译，重庆出版社2010年版，第19页。

③ ［英］托尼·布莱尔：《新英国：我对一个年轻国家的展望》，曹振寰等译，世界知识出版社1998年版，第202页。

④ 阎照祥：《英国史》，人民出版社2003年版，第399页。

⑤ 陈林、林德山主编：《第三条道路：世纪之交的西方政治变革》，当代世界出版社2000年版，第5页。

态。"第三条道路"在工党理论家安东尼·吉登斯的代表作《超越左与右——激进政治的未来》和《第三条道路：社会民主主义的复兴》中得到了权威性阐述。①

首先，保守主义在它自己的演进中已经走到了反面，而向来以激进主义面目出现的社会主义却走向了只注重社会福利的保守主义。吉登斯得出结论：左与右、激进与保守，由于其自身的片面性，不可避免地要走向它们各自的反面。任何国家都不例外。一个政府或政党，为了改革，无论执行左的或右的，激进的或保守的政策，都难免偏离历史中心。

其次是关于"全球世界主义秩序"的理论。在吉登斯看来，各国面临全球化冲击，"简单现代化"和革命时代已经过去；随着苏联单一中央控制模式社会主义终结，资本主义也成为历史。第二次世界大战以后，西方国家接受了凯恩斯主义，并在不同程度上实施了社会主义国家的中央控制，而社会主义国家正借鉴资本主义生产手段，发展本国生产力。所以，社会主义和资本主义已经不像过去那样简单和单一了。吉登斯用"反思的现代化"和"后传统社会"代替"后现代"，反映当代社会发展。他认为，后传统社会是一种"全球世界主义秩序。"为此，吉登斯认为必须超越左右的认识局限，综合众多理论，建立新的理论出发点，以此来制定能够解决社会问题的方案。

概言之，"第三条道路"代表了一种现代化的社会民主主义，热情致力于其社会公正和中左政治目标，但却是以灵活、创新和富有远见的方式来实现它们。它主张，社会民主主义转型的目标是要超越左右两分的传统政治思维框架，既不走老左派"僵化的国家干预主义"的老路，也反对新右派完全自由放任的新自由主义政策，而是在新的历史条件下将社会民主主义与自由主义重新结合起来，在继承社会民主主义自由、公正、互助等传统价值的基础上吸收自由主义市场原则的积极成分，找到一条既能实现社会公正，又让经济有活力的新路。②

有人认为，新工党在政策主张上与保守党政府已没有区别，甚至更

---

① ［英］安东尼·吉登斯：《超越左与右——激进政治的未来》，李惠斌等译，社会科学文献出版社2000年版，前言。

② ［英］马丁·鲍威尔编：《新工党，新福利国家？——英国社会政策中的"第三条道路"》，林德山等译，重庆出版社2010年版，前言。

右。但是实际上还是有很大差别的：保守党政府引进了一套以市场为基础的改革；新工党政府赞同和欢迎市场，但它也反对市场产生的不平等，它相信利用国家的力量进行财富再分配，以帮助处于社会边缘的贫穷人口。它仍然相信利用国家力量来分配教育、医疗等领域的机会。[①] 因此，这是两党在政策立足点上的根本不同。

四 80年代以来教育质量的提高和教育面临的困境

撒切尔政府提高质量的一系列措施下，英国的基础教育得到了长足发展。国家统一课程和成绩评定与考试制度的实施使英国中小学教育质量有了显著改善，教育水准有所提高，11、14、16岁和19岁的成绩接近或已经达到了历史最好水平，薄弱和失败的学校大大减少，更多的青年人能够上大学。但是市场化改革也带来许多问题：

1. 教育领域两极分化严重

英国政府18年来的教育市场化改革，使教育领域两极分化严重。1997年的教育白皮书《追求卓越的学校教育》指出，我们教育体系的问题很容易陈述，顶端的卓越不能与大多数儿童高标准相比，我们有世界一流的学校和最好学生，但是与其他工业国家相比，学生的平均成绩是不令人满意的。[②] 英国教育领域里两极分化主要表现为学校的两极分化和学生学习成绩的两极分化。这两方面又有一定的联系。

在学校方面，文法学校、公学提供了世界一流的中等教育质量，而另一方面失败学校占学校总数2%—3%，在特殊地区10所学校中就有1所严重薄弱学校，大约三分之一学校没有达到它们应有的良好状态。

在学生成绩方面，1996年全国性考试中，10名11岁儿童中只有6名在数学和英语上达到这个年龄阶段的预期成绩；14岁儿童的测试成绩情况类似，超过三分之一的儿童在英语、数学和科学等科目上没能达到这个年龄阶段的预期水平；过半16岁学生不能获得5个以上"普通中等教育证书"（GCSEs）；三分之二学生不能在英语、数学学科上达到C；12名学

---

① 何秉孟、姜辉：《阶级结构和第三条道路——与英国学者对话实录》，社会科学文献出版社2005年版，第152页。

② Department for Education and Employment, *Excellence in Schools*, London：Her Majesty's Stationery Office, 1997, p.10.

生中就有 1 名学生拿不到一个"普通中等教育证书"。① 布莱尔在 1996 年一次演讲中指出,"……许多 11 岁儿童的阅读能力都达不到与其年龄相称的水平,这实在是一大丑闻"。②

2. 劳动力技能短缺

与国际经合组织中其他国家相比,英国劳动力技能短缺严重,两个数据有力地说明了这一现状:一是 16—19 岁的儿童接受教育和培训的人数比例很低,17 岁儿童的入学率在 30 个国家中排名第 27。这说明了成人劳动力一直以来技能水平较低的原因;二是成人达到技能水平 2(相当于"普通中等教育证书"考试中获得 5 个良好成绩)的人数比例在 30 个国家中处于第 18 位。③ 在全球化竞争的背景下,劳动力技能短缺是英国的弱势。而技能短缺是基础教育不能均衡发展的直接结果。

3. 学生辍学现象严重。

英国政府在《选择与多样化——学校的新框架》(1992)教育白皮书中将学生辍学作为 90 年代严峻的教育问题提出。白皮书指出,"我们的在校学生辍学现象严重。这种现象破坏了我们的教育制度。这意味着一些学校对辍学现象熟视无睹,一些家长没有使他们的子女上学以履行他们的合同,尽到他们的法律责任。辍学会导致学生本身很大的不幸。辍学的男孩和女孩,或者注了册而学习日的大部分时间缺席的人,生活不会愉快,不能发展他们的才能,不能合格毕业,最坏的情况是一些人陷入犯罪。"④尽管这份白皮书中将学生出席情况作为督学处考察学校精神风貌的一个重要指标,但辍学问题依然难以根治。

4. 学校制度不完善

在新工党看来,英国现存的学校制度存在种种弊端。

---

① Department for Education and Employment, *Excellence in Schools*, London:Her Majesty's Stationery Office, 1997, p. 10.

② [英]托尼·布莱尔:《新英国:我对一个年轻国家的展望》,曹振寰等译,世界知识出版社 1998 年版,第 204 页。

③ Department for Education and Skill, Five Year Strategy for Children and Learners, London:TSO Shops, 2004, 14.

④ [英]教育和就业部:《选择与多样化——学校的新框架》,王承绪译,引自吕达,周满生主编《当代外国教育改革著名文献》(英国卷·第二册),人民教育出版社 2004 年版,第 174 页。

首先，教育系统中各个阶段教育都存在不足。[1] 一是学前教育不足。布莱尔指出，"在撒切尔夫人向所有孩子承诺幼儿教育 20 年后的今天，仍有一半 3—4 岁的儿童得不到幼儿教育机会"；二是小学教育质量低下。部分 11 岁儿童不会基本的读写算；三是中等教育课程和学校组织僵化。

其次，从学生群体受惠的情况来看，这是一个精英的教育制度。不仅表现在 11 岁选拔考试上，也表现在只有少数学生才能进入大学深造，优秀学生受益较大；对那些最弱势的儿童和青少年没有提供太大的帮助，特别是那些流浪者、有着复杂家庭生活的、处于毒品滥用和少女怀孕的危险边缘的、参与犯罪活动的青少年。按照国际标准，英国的儿童贫困率、单亲家庭的失业率和少女怀孕率还是很高的，儿童的饮食水平是比较低的。身体状况不佳、处于弱势地位和教育成绩低下，这三者之间的联系是很显著的；现行的教育系统为中等成绩的学生发挥的作用也很小。与国际相比较，英国成绩最优秀的学生能够拉升平均分，而掩盖了这样一个事实，即中等成绩的学生（大概占总人数的 40%）并不是成功的。这个大群体并没有引起很大的注意。但是这却是造成中等学校成绩不良的原因之一，从而在 16 岁后成绩始终停留在低水平。[2]

5. 公共服务的行政管理各自为政，效率不高

英国的行政管理部门各自为政，特别是卫生、学校和社会服务之间的行政管理区分，长期以来相当明显，每一部门都发展了自己的制度和机构体系。[3] 因此，效率低下。

在新工党政府看来，教育上种种问题的根源在于教育机会不平等。英国政府在 2004 年教育白皮书《为儿童和学习者的五年战略》中指出，那些来自高层社会经济群体的人在教育系统的每个阶段总是比那些低层的人表现更好。一般来说，那些以前表现优异的人在以后能表现得更好，而那些表现不好的人会远远落后。数据表明，那些在 7 岁的时候学习成绩高于平均水平的儿童，到 25 岁时获得学位水平，比那些低于平均水平的儿童要高 2 倍多。11 岁儿童的情况更加严峻：超过 85% 的 11 岁儿童不能达到

---

① [英] 托尼·布莱尔：《新英国：我对一个年轻国家的展望》，曹振寰等译，世界知识出版社 1998 年版，第 195 页。

② Department for Education and Skill, *Five Year Strategy for Children and Learners*, London：TSO Shops, 2004, p. 16.

③ Ibid., p. 2.

他们年龄所期望的水平，意味着 16 岁毕业时将不能得到 5 个良好的成绩。在整个中学经历中，学业成就模式变得越来越固定化——95% 的学生在 14 岁时达不到所要求的水平，在毕业时将不能得到 5 个良好成绩。这种模式在成人劳动力中也适用，即高素质的劳动者比低素质的劳动者获得更多的培训和投资机会。这份白皮书最后指出，"在英国的教育系统中，学习优秀者和学习不良者的差距通过教育在扩大。与任何国家相比，这个国家中的这种差距不仅在显著扩大，而且与社会经济地位的关系越来越密切"。①

五　"有差异的平等"的教育公平理念

在新工党酝酿第三条道路下的教育改革思路的同时，教育理论界也对 20 世纪 80 年代以来撒切尔—梅杰政府推行的"择校"、"教育消费权"政策进行了批判与反思。其中以鲍尔（S. Ball）、惠迪（G. Whitty）为首的教育政策研究者和新工党领袖布莱尔尤为突出，他们就新自由主义者对教育消费权的狂热追求提出了严厉的批评，并给教育公平内涵赋予了全新的诠释。

（一）鲍尔：择校使强者更强而弱者更弱

鲍尔将新自由主义者强调消费者选择的理由归纳为以下三个方面：②一是私立学校的业主有强烈的动机去取悦学生和家长，所以学校能更灵敏地反映市场；二是学校之间的界限被打破，使学生和资源能从那些不受欢迎的或反应能力不足的学校转移到热门的和反应灵敏的学校；三是营造了一种自然选择的机制，不受欢迎的学校将被迫关闭或改弦更张。但是，鲍尔指出，这是"市场乌托邦"。

对于市场选择的机理，鲍尔进行了细致的分析。首先，市场选择加剧了学校制度分化。在家长自由选择模式下，对于那些"成功"的学校来讲，它们恰好可以通过选择来保护其地位。这样造成的结果是学校制度的分层，一部分学校有能力拒绝某些顾客，而另一部分学校就不能太挑三拣

---

① Department for Education and Skill, *Five Year Strategy for Children and Learners*, London：TSO Shops, 2004, p. 15.

② ［英］斯蒂芬·鲍尔：《教育改革——批判和后结构主义的视角》，侯定凯译，华东师范大学出版社 2003 年版，第 143 页。

四。其次，市场成为阶级再生产的机器。因为市场的观念建立在"理想家长"的模式之上，并将"理想家长"与一般家长等量齐观。在市场里的所有人都是自由而平等，所不同的是人们算计各自利益的能力，市场通过对那些不能选择的人和糟糕的选择人贴上"糟糕家长"的标签，将上述人们之间的差异合法化；教育市场将资源分配与选择权的分配联系起来，使"糟糕的选择者"的处境更加糟糕；这种排他性知识和区别对待的学校制度，强化和衍生了中产和上层阶级在国家教育中的相对优势。最后，教育市场竞争的结果偏离了提高质量的目标。因为根据《1988 年教育法》，学校必须采用国家统一课程，学生参加全国公共考试，学校必须公布学生的原始分数（成绩"比较表"），以供家长择校参考。其结果是，"原始分数政策强化了注册超员学校中根据学生能力进行选拔的功能……这里最好的学校不是那些能最大限度地提高学生学习成绩的学校，而是那些能最充分地筛选和选择学生的学校"。① 在他看来，市场机制使强者更强而弱者更弱，损害了弱势群体的利益，扩大了社会分化。

（二）惠迪：寻求消费权和公民权的平衡

与鲍尔批判的视角相比，惠迪趋向于建构。惠迪认为，尽管公共学校制度没有成功地解决社会弱势群体的问题，其结果上的差异反映了人们在社会经济地位上的差别，但是，以市场为导向的教育改革也没有像其支持者所宣扬的那样更为公平，而且可能会破坏教育公平。首先，在新自由主义政策下的重建公共教育和办学形式多样性，并没有使学校把教育资源更多地分配给教育领域中的弱势群体，以满足他们基于公平理念的各项需求。例如，为了满足重视"天才儿童"和选拔"优等生"的需要，那些学习较差的学生尤其是困难的学生得到的资源往往就很少，因而使得学校没有加大对那些处于弱势群体学生的支持。其次，择校增加了受欢迎学校和不受欢迎学校在垂直等级差异——强化学校类型上垂直分层（vertical hierarch）而不是水平上的多样化（horizontal diversity）。② 惠迪指出："只要人们倾向于按照学校优异的单一尺度来评价学校，择校就不可能如其倡

---

① ［英］斯蒂芬·鲍尔：《教育改革——批判和后结构主义的视角》，侯定凯译，华东师范大学出版社 2003 年版，第 150 页。

② G. Whitty, *Making Sense of Education Policy——Studies in the Sociology and Piltics of Education*, London: Paul Chapman Publishing, 2002, p. 84.

导者所言会导致更加多样、灵活的办学形式，相反，它会加强基于学术考试成绩和社会阶级的现存学校分层机制。"① 因此，如果不想损害公正的话，择校就应慎重地加以规范。在惠迪看来，在公共教育重建中，必须更多地关注教育公平问题，增强择校制度中的公正性，在考虑教育中的消费者权利的同时重视教育的公民权利。

教育消费权强调家长和儿童对教育的不同需求，传统的公民权含义是权利平等。为了在消费权利和公民权利之间寻求平衡，惠迪建议，要重新加强民主性控制。尤其是，在地方层面加强民主参与和绩效责任，并使之成为制衡市场与强大的中央政府的力量。所以，惠迪并不完全否定教育中的消费权。他认为，我们需要追问应该如何利用自治和择校的积极一面去加速发展新形式的社群赋权，而不是进一步扩大社会分化。与此同时，他赞同耶特曼（Yeatman）的观点，应该超越强调"同质的、统一文化的，特性与差异被排除在外"的传统公民观，着重思考"另一种公民观——接受和认同差异"。② 这样，教育的消费权和公民权之间的界限消解，走向统一。

（三）布莱尔：平等而认同差异

英国首相托尼·布莱尔是一位卓越的政治领袖。他对教育公平的诠释大胆突破了以往工党对同质的教育公平目标追求，在《新英国：我对一个年轻国家的展望》中系统地阐述了他的教育公平观。首先，他承认了老工党在综合中学改组路线上的偏差。因为综合中学改组在追求更大的机会均等的过程中，也引导教育向同质化方向发展。他说："该是我们从综合体系中总结经验、吸取教训的时候了，……我们不应在孩子十一岁时就将他们分为成功的和失败的；但这也并非意味着一刀切或降低水准，而是针对不同能力、不同兴趣的孩子提供他们所需要的高质量的教育。该是我们结束教条，取得共识的时候了"。"我希望能有一个工党政府引导英国教育体制的改良运动，使综合教育体系现代化，实现所有人接受高水准教育的目标"。③ 其次，他认为教育公平不能否认人的差异性。他明确地说："能

---

① ［英］杰夫·惠迪、莎莉·鲍尔、大卫·哈尔平：《教育中的放权与择校：学校、政府和市场》，马忠虎译，教育科学出版社2003年版，第149页。

② 同上书，第173页。

③ ［英］托尼·布莱尔：《新英国：我对一个年轻国家的展望》，曹振寰等译，世界知识出版社1998年版，第188页。

力差异不能否认",当前的教育必须改革,要从"满足于大市场无可分别的消费者所进行的标准、批量生产转向灵活的专业化生产,满足小市场中挑剔的多样化顾客的需要,远离每一个一定年龄段的孩子以同样的速度在每一课程中向前进,开发一个针对每一个学生特别才能和兴趣的教育体系"。① 最后,他提出真正的公平应该是帮助儿童发挥最大潜能。因为儿童是有差异的,应该为每一个儿童提供最适切的教育。布莱尔在1996年NAHAT年会所讲的一段话,不仅阐述了政府未来的教育政策理念,也很好诠释了平等与差异发展的关系。他说:"平等不能与质量为敌。真正的平等意味着给每个人提供受教育的机会,帮助他们发挥最大的潜力。这其中的含义是为有特殊教育需要的人提供特殊帮助,为普通学生提供挑战性教育,使智力超常者的能力全面发展。换言之,不管你是聪明、普通还是愚钝,一个平等的良好的教育并不是让所有人都在同一个课堂学习,而是为你的特殊需要提供最适合你的学习经历。这便是我提议的在综合学校将学生进行分组的灵活体系,以确保每个人都能享受最适合自身需求的教育。"②

　　有差异平等的教育公平理念具有以下几个特征:首先,他们批判教育选择权、消费权造成的教育不平等,但又肯定了人具有选择的权利;其次,他们试图以社群力量限制市场和政府的力量,加强市民社会的民主参与程度,以避免"个人选择和学校自我管理使那些拥有资源的人从中获益并演变为自我合法化";③ 最后是理论上的突破。重新解读公民权,承认人的差异性的存在。这种差异性不再定义为阶级、种族、性别或条件,而是表示宗教、肤色、残疾人、年龄、个人兴趣、能力等的差异,因而不再有高低之分,只有差别而已。通过提供同一水平上的多样化教育,满足来自不同家庭背景,发展速度、兴趣等相异的儿童的需求,促进每个儿童的潜力得到充分发展,而不再是让所有儿童达到相同的结果。这种包容人的差异性的教育公平理念,告别了对同质化教育公平的追求,同时也结束了英国历史上同质与差异、公平与质量之间的争端,转而向"有差异的平

----

　　① ［英］托尼·布莱尔:《新英国:我对一个年轻国家的展望》,曹振寰等译,世界知识出版社1998年版,第150—175、188页。

　　② 同上书,第204页。

　　③ G. Whitty, *Making Sense of Education Policy——Studies in the Sociology and Piltics of Education*, London: Paul Chapman Publishing, 2002, p. 84.

等"迈进，超越了前面所有阶段对教育公平的诠释。

第二节　迈向"有差异的平等"的基础教育政策

1997 年 5 月，以布莱尔为首相的工党政府上台，开启了以教育政策统领经济社会政策的新时代。在布莱尔看来，经济政策和社会政策紧密联系，这在教育领域表现得最为明显。他说，"保守党和工党的真正分歧是自由市场下的保守党断定社会公平是经济成功的障碍，是它造成了经济下降和社会衰退，而工党则相信是社会不公平阻碍着我们取得经济繁荣。比如，教育改革能促进经济繁荣和社会公平。"① 同年 7 月，教育和就业部发表了一份题为《追求卓越的学校教育》（*Excellence in Schools*）的教育白皮书，这是工党执政后第一个教育文件，提出了英国 1997—2002 年的教育发展规划，奠定了今后 5 年的发展框架。进入 21 世纪，英国政府连续颁布了《2002 年教育法》（Education Act 2002）、2002 年教育白皮书《传递结果：一个面向 2006 年的战略》（*Delivering Results：A Strategy to 2006*），延续了 1997 年白皮书提高标准的精神。

2003 年，女孩维多利亚·克列姆比（Victoria Climbié）惨遭阿姨与其同居男人受虐致死事件引起英国朝野震动，同年，政府颁布了《每个孩子都重要》（Every Child Matters）绿皮书，对于儿童的健康成长给予全面关注，并要对包括学校在内的儿童服务系统进行彻底的改革。2004 年的白皮书《为儿童和学习者的五年战略》（*Five Year Strategy for Children and Learners*）延续了绿皮书精神，奠定了转向以儿童服务为中心的五年教育改革战略。2007 年 6 月，高举教育改革旗帜的戈登·布朗（Gordon Brown）上台后，成立了"儿童、学校和家庭部"和"创新、大学和技能部"两个部门来取代原来的教育和技能部，凸显儿童发展以及家庭、社区和学校的伙伴关系成为政策中心。在布朗首相强调的"机会平等"（equality of opprtunity）理念下，同年 12 月，儿童、学校和家庭部颁布了教育白皮书《儿童计划：建设更加美好的未来》（*The Children's Plan：Building Brighter Futures*）（简称《儿童计划》），确立了到 2020 年英国儿童发

---

① ［英］托尼·布莱尔：《新英国：我对一个年轻国家的展望》，曹振寰等译，世界知识出版社 1998 年版，第 175 页。

展和教育未来发展的战略规划；而 2009 年政府颁布的教育白皮书《你的孩子，你的学校，我们的未来：建设一个 21 世纪的学校制度》（*Your Childs，Your Schools，Our Future：Building A 21ˢᵗ Century School System*）（简称《21 世纪的学校制度》）则将目标指向建设世界一流的教育体制，确保每一所学校和每一个儿童都能获得成功。

一　政策目标：追求卓越而适切的教育

（一）根除失败，提高标准，缩小差距

1997 年的白皮书《追求卓越的学校教育》明确指出，英国教育问题的症结是两极分化，政府的目的是追求每一个儿童都卓越，每一所学校都卓越。假如卓越有些哗众取宠（rhetoric）的话，那么至少要根除失败。追求卓越并不等同于精英主义。为此，工党政府提出了与撒切尔—梅杰政府有别的六大原则，支持整体战略：到 2002 年，教育成为政府工作中心，结束教育领域资源紧缩政策（an end to cut-backs）；教育政策要着眼于大多数学生而不是少数学生；重点在标准而非结构；干预将使成功率大大提高；对学业成绩不良采取"零容忍"态度；政府将致力于提高标准的承诺。① 这份白皮书为新工党确立了追求教育机会平等，根除失败，提高底部标准的基调。正如新教育大臣大卫·布伦基特（David Blunkett）在白皮书前言中指出的那样：白皮书既是政府为了迎接未来挑战而装备全国人民，也是政府向所有人提供平等机会和更高标准的核心承诺。他说，"为了使机会平等成为现实，要克服经济上和社会处境不利，必须为根除大多数被剥夺地区学业成绩不良而奋斗，绝不妥协"。而且我们还"必须克服精神上的处境不利，这种处境不利表现为代代相传的教育系统中的落后甚至失败"。②

2001 年 6 月工党政府将"教育和就业部"更名为"教育和技能部"，同年 12 月，教育和技能部就发表了一份题为《传递结果：一个面向 2006 年的战略》的教育白皮书，提出了 2002—2006 年英国教育政策的框架，教育和技能部国务大臣克拉克（Charles Clarke）在"前言"中强调指出：

---

① Department for Education and Employment，*Excellence in Schools*，London：Her Majesty's Stationery Office，1997，p. 12.

② Ibid.，前言.

"如果我们要实现一个国际水平的教育制度，以及保证我们的劳动力有能力与世界上最好的国家进行竞争，……我们就需要继续改革和改善学校。"① 政府正在努力使英国成为这样的社会："包容（inclusive）的社会：创造机会和消除障碍以确保每一个人能充分发挥他们的潜能；成功（prosperous）的社会：使每一个人能够发展他们保持就业和从事国际竞争的商业所需要的技能。"② 为此，这份教育白皮书提出，政府最重要的目标仍然是提高底部教育标准。

（二）提供最适切的教育，每一个儿童都能获得成功

新工党在白皮书《卓越的学校教育》中对20世纪50—60年代工党中等教育综合化政策进行了反思：在50—60年代，对平等和更多机会的追求导致了综合学校的产生，所有中等学校变成统一的模式。追求机会平等，在某种情况下，变成一种统一的趋势，在这一理念下所有的儿童有同样的权利发展他们的能力，太容易变成这样的教条：所有儿童有同样的能力。③ 这表明新工党开始承认教育机会平等不等同于每个儿童有相同的学习能力。布莱尔也承认应该从综合体系中总结经验、吸取教训，承认儿童差异，针对不同能力、不同兴趣的孩子提供他们所需要的高质量教育，即最适切的教育。

2003年颁布的绿皮书《每个孩子都重要》，对于儿童的健康成长给予全面关注，开启了包括学校在内的儿童服务系统的根本性变革。2004年教育大臣克拉克在《为儿童和学习者的五年战略》的"前言"中更是明确地提出适切性教育的设想。他说，1997年的扫盲战略，纠正了低期望和学业不良的国家丑闻。但一旦基本到位，我们要超越它们，迈向卓越，我们需要一个新的系统，不是建立在那种最低共同要素的基础上。这种新系统的主要特征将是个性化，因此，该系统适合于个人，而不是个人必须适应系统。这不是一个空泛自由概念，让人民拥有他们想要的。这一必然结果是，该系统必须是自由的、更多样化和更多的灵活性，以满足个性化需求，特别是课程和办学类型之间有更多的选择，以便有可利用的真正的

① Department for Education and Skill, *Delivering Results*: *A Strategy to* 2006, Westminster: DfES Publications, 2002, p. 2.

② Ibid., p. 6.

③ Department for Education and Employment, *Excellence in Schools*, London: Her Majesty's Stationery Office, 1997. p. 11.

有差异的和个性化的机会。① 这份白皮书奠定了布莱尔政府教育公平政策目标转移到儿童的差异发展上来。克拉克在"前言"中进一步强调指出：每一个儿童在一生中得到尽可能好的开端；每一所小学在基础学科上提供高的学业标准；每一所中学提供优质的教学、使人受到激励的课程以及积极的和有吸引力的环境；每一个 14—19 岁年轻人有一条适合他们工作、继续学习和成人生活的道路；每一个处于困难环境的儿童和年轻人能得到他们所需要的额外支持。② 可见，这个五年发展战略已经将提高底部标准拓展到每一个儿童的充分发展。

2007 年的《儿童计划：建设更加美好的未来》提出了 2020 年英国的教育目标。儿童、学校和家庭部国务大臣鲍尔斯（Ed Balls）在"前言"中这样陈述的："我们的目标是使英国成为世界上对我们儿童和青少年成长来说最好的国家。……我们制定《儿童计划》就是要把家庭、儿童和青少年的需要作为我们所做的每一件事情的中心。""保证每个儿童有一个他们生活的最好开端，也就是说他们是安全和健康的，保证他们获得最高标准的教育成绩，他们能够享受自己的童年，能够为社会作出积极的贡献，远离贫困的影响。"③

为了使每一个儿童和青少年都走在成功的道路上，在他们的成长时期能够幸福、健康和安全，并为成年生活做好准备，这个儿童计划提出了一个能够实现和应该实现的 2020 年教育目标（2020 goals）。其中包括：每一个儿童都应该为学习的成功做好准备，至少有 90% 的 5 岁儿童达到早期教育的标准；每一个儿童都应该为中学学习做好准备，至少有 90% 的儿童在英语和数学学科上达到或超过所规定的标准；每一个青少年都应该具有成年人生活和继续学习的技能，到 19 岁时至少有 90% 的人在"中等教育普通证书"（GCSE）考试中有五门课程达到高级水平的要求、至少有 70% 的人有两门课程达到 A 级水平的要求。④

---

① Department for Education and Skill, *Five Year Strategy for Children and Leaners*, London：TSO Shops, 2004, p. 4.

② Ibid. , p. 5.

③ Department for Children, Schools and Families, *The Children's Plan：Building Brighter Futures*, London：TSO Shops, 2007, p. 3.

④ Department for Children, Schools and Families, *The Children's Plan：Building Brighter Futures*, London：TSO Shops, 2007, p. 5.

2009 年的政府白皮书《你的孩子，你的学校，我们的未来：建设一个 21 世纪的学校制度》更是明确提出，学校应为不同的学生提供不同的教育："我们认为，目前的教学标准和效率是高的，为了取得更大的进步，学校应为不同的学生提供不同的教育，关键是允许学校在课程设置上更具灵活性，特别是在英语和数学上安排更多时间，尤其是已经落后的学生。让学校有更大的范围，根据自己的情况和所管辖地区儿童的需求，提供最适切的教育（tailor provision）"。"每个学生将进入一所学校，在那儿，以满足他们需求的方式进行教学，他们的进步定期检查，其中额外需要在早期被发现并迅速处理。每个孩子将有一个个人导师，导师对学生全面了解"。[①] 总之，2003 年开始，工党政府明确了以儿童发展为核心的适切性教育目标，所有教育政策围绕着每一个儿童都能获得成功而展开，这种教育必定是有差异的、个性化的。

二　实现卓越而适切的教育的策略及其实施

（一）实施教育行动区计划

1. "教育行动区计划"的启动

教育行动区计划（Education Action Zone）源于 60 年代《普洛登报告》发表后，"教育优先区计划"（Educational Priority Programme）实验和社会革新活动的蓬勃发展，如社会发展计划（Community Development Programme）、城市计划（Urban Programme）。这些改革计划都以多部门合作的方式对被剥夺地区给予资源上更多的支持。这场运动因与撒切尔政府效率优先原则以及轰轰烈烈的市场化改革不相符，而渐渐衰落。新工党执政后，将重振日渐衰竭的内城学校作为教育改革的重点，提出"教育行动区计划"，并将其上升到国家政策，加大了政府对内城地区的扶持力度。

"教育行动区计划"率先在教育白皮书《追求卓越的学校教育》提出，以帮助处于不利地区和教育水平不佳的学校，实现所有学生的发展和所有学校的卓越。

---

① Department for Children, Schools and Families. *Your Child*, *Your Schools*, *Our Future*: *Building A 21ˢᵗ Century School System*, London: The Parliamentary Bookshop. 2009, "foreword": p. 6.

2. "教育行动区计划"的展开

如果说工党 1997 年的教育白皮书《追求卓越的学校教育》仅仅启动了教育行动区的计划，那么 1998 年英国政府颁布的《1998 年学校标准与框架法案》（School Standards and Framework Act，1998）对教育行动区的建立和维持的相关部门责任作出了详尽的规定，包括国务大臣的权力、行动论坛成员组成、功能，地方教育当局的责任和干预的权力。

首先，教育行动区的决策权在国务大臣。国务大臣决定是否设立教育行动区，《1998 年学校标准与框架法案》第 10 条第（1）款明确，"如果国务大臣认为，这样做可以提高公立学校的教育标准，那么他可以下令这些学校集中起来构成一个教育行动区。"① 教育行动区一般为期 3 年，经国务大臣批准可以延至 5 年；行动论坛组成的成员中国务大臣任命 1—2 名；国务大臣有权解散论坛。

其次，每个行动区一旦经过政府认定批准，便可获得特别的经费支持，经费由政府和工商企业承担，每个行动区每年可以获得政府 10 万英镑拨款，并要从赞助企业筹集同样数额的经费（后来降为 5 万镑）。此外，行动区内加盟学校可以享有在课程和教师聘用方面的优惠。他们可以按照自己的教育理念对国家课程的内容和顺序进行修正及重组，实施有利于学生发展的措施。②

1998 年 6 月，教育大臣布伦基特宣布首批 25 个教育行动区成立，并宣布其中 12 个教育行动区将于 1998 年 9 月在布莱克本俱乐部、吉百利史威士股份有限公司、日产、劳斯莱斯、凯洛格公司、英国宇航、泰特利乐公司、美国运通公司以及布列塔尼渡轮公司的赞助下开始运作。

1999 年 3 月工党政府出台的"追求卓越的城市教育"（Excellence in Cities，Eic）计划，进一步拓展了"教育行动区计划"。它希望通过一系列的措施改善城内中小学的管理，提高学生的学业成绩。首先，与"教育行动区计划"相比，"追求卓越的城市教育"计划的目标更加明确，即把城区的薄弱学校的改进作为首要任务。该计划的核心是着眼于大多数学生

---

① Department for Education and Employment，*School Standards and Framework Act* 1998，London：TSO Shops，1998，p. 10.

② Derek Gilland. *Education in England：a brief history*，2014 年 8 月，http：//www. educationengland. org. uk/history/chapter10. html.

的发展，认为学生不能因为所上的学校的不同而使其接受的教育有所差异或者受到限制，也不能因为家庭的经济背景和社会地位而使其发展遭到漠视。其次，"追求卓越的城市教育"计划注重地方教育当局、学校和社区等多方合作。这有利于地方当局对学校情况的了解和督导，加强政策的针对性和有效性，也有利于学校之间交流经验和分享教育资源。再次，"追求卓越的城市教育"计划把端正学生的态度和行为作为工作的又一重点。该计划支持体系中"学习辅导员计划"和"学习支持单元"就是为了对学生的态度、情感和意志进行正面的干预，从而矫正学生逃学、旷课等不良行为，为学生创造更好的学习条件而设立的。①

3. "教育行动区计划"的成效

到2001年，73个大型教育行动区，40个小型教育行动区建立起来。从1998年实施到2001年短短的三年，教育行动区计划初步显示了对薄弱地区教育的促进作用。在学业成绩上，在阶段3（key Stage3）考试中，英语和数学成绩提高的速度高于全国水平，这两个学科成绩的提高速度分别高于全国1.5个和1.8个百分点。虽然说这个结果仍然是低于全国平均水平的，但发展态势却是良好，差距正在缩小。"普通中等教育证书"考试（GCSE）成绩也显示，EiC计划学校在教育质量上有了稳步提高。获得5个良好证书的学生增长率与全国水平已经接近。学生的行为有很大改进，行动区学校的学生在出席率上比其他中学有更快提高。学生辍学率在不断下降，有些地区非常明显，例如，利兹地区学校长期辍学的学生数从1998/1999学年的144人减少到1999/2000学年的63人，下降幅度达到56%。②

2005年教育和技能部发布的一份评估报告，对教育行动区的政策效应给予积极肯定：先前存在的有辅导学生和无辅导学生之间的差距正在缩小（Closed the gap）；被认定为有天赋的学生，比起以前水平类似的学生取得了更大的进步；试点学校的黑人学生比起非试点学校黑人学生取得了更多的进步；黑人学生的进步总体上不如白人同辈，但是，在学习阶段

① 王璐、孙明：《英国教育均衡发展政策理念探析》，《比较教育研究》2009年第3期，第7—11页。

② 阚阅：《促进教育均衡发展的新举措——英国"追求卓越的城市教育"计划评析》，《全球教育展望》2004年第9期，第72—75页。

2，那些被安排在辅导老师指导下学习的黑人学生与学业水平类似的白人同辈相比（不管有无辅导）取得更大进步。[1]

教育行动区计划体现了布莱尔政府在资源分配上对贫困地区、薄弱学校和弱势群体儿童倾斜，力图矫正市场化改革带来的两极分化，抬高底部标准，缩小成绩差距。

（二）发展特色学校

英国的特色学校政策，实质上始于 90 年代撒切尔—梅杰政府时期，是家长择校政策的直接结果，给家长选择权，必须提供多样化的教育，同时，也是回应社会经济发展对中级技术人才的需求。1992 年教育白皮书《选择与多样化——学校的新框架》率先提出了发展技术教育为重点的特色学校政策。新工党上台后，在 1997 年的教育白皮书《追求卓越的学校教育》中将特色学校与综合学校改革、行动区计划结合在一起，随后在 2001 年的教育白皮书《传递结果：一个面向 2006 年的战略》中强调让每所中学成为特色学校，2003 年又出台了白皮书《新的特色学校制度：转型中的中等教育》（A New Specialist System：Transforming Secondary Education）使特色学校政策迅速推进，成为提供多样化教育，促进教育公平，提高教育标准的重要策略。

1. 以职业技术教育为重点的特色学校发展

撒切尔政府在 1992 年教育白皮书《选择与多样化——学校的新框架》中阐明了实施特色学校缘由：新世纪的需求，要求学校能适应学生、社会和经济变化中的需要。为了满足这些需要，政府要鼓励学校更广泛的多样化。所有公立学校将讲授国家统一课程的全部学科至学生所能达到的最高标准。这并不妨碍有些学校在国家统一课程以内或超越国家统一课程，选择特定的学科领域特长。将来，政府希望除国家统一课程之外，形成不同类型的学校和若干特定学科专门化的学校，考虑与工商界合伙办学，达到更大的多样化。[2] 也就是说，政府希望通过鼓励中等学校发展特色学科弥补国家统一课程带来划一性的不足，满足学生的差异发展，满足社会对不

---

[1]　Department for Education and Skill, *Evaluation of Excellence in Cities Primary Pilot—a Brief.* 2011 年 3 月，http//：www. defes. gov. uk/research.

[2]　教育和就业部：《选择与多样化——学校的新框架》，王承绪译，引自吕达、周满生主编《当代外国教育改革著名文献》（英国卷·第二册），人民教育出版社 2004 年版，第 216 页。

同专长人才的需求；通过与工商界合作方式，提高办学效益。这是撒切尔—梅杰政府提出特色学校政策的初衷。

白皮书提出特色学科主要是：科学、音乐、近代语言和工艺学等特定课程领域。学生可以在第四阶段在上述领域中选择一个专门化领域进一步发展他们的技能、知识和理解力，并在正式的教学或通过课外活动提高。

白皮书指出，政府正在建立一个特色学校网，其中包括城市技术学院（city technology colleges，CTCs）、技术学校和技术学院。

城市技术学院是根据《1988 年教育改革法》设立的一种侧重职业技术教育的学校。城市技术学院设在城市内，招收 11—18 岁年龄段学生，招生规模在 750—1000 人之间。与直拨公立学校一样，城市技术学院也独立于地方教育当局。由工商界出资兴办，政府注入资金，出资比例前者为20%，后者占80%。城市技术学院也实行国家统一课程，但重视技术、科学、计算机等应用科学。[①] 到 1992 年，已建成 15 所城市技术学院。

技术学校在城市技术学院基础上建立。白皮书明确，政府以城市技术学院为依托，通过技术学校试验，建立一个具有良好技术设备的公立中学网，承担提供职业重点课程的义务。首批选中 100 所中学，其中有地方当局负责的学校，也有直拨学校，它们是组成这个广泛的技术学校网的首批学校。这些学校在承担全部国家统一课程的教学的同时，将成为卓越的工艺教学的中心。政府在 1992—1993 年度基本建设拨款 2500 万英镑，用于添置设备、校舍建筑和支持的课程计划，并在今后若干年内进一步扩大对这个计划投资。[②]

白皮书还提出了创办技术学院，以拓宽城市技术学院和技术学校的网络的设想。和城市技术学院一样，技术学院将得到企业界的赞助，开设较为集中的工艺学课程。企业赞助者在技术学院董事会中有代表席位，并将在学院的管理方面发挥直接作用。赞助者在董事会上占有 1—4 个席位，以期待他们对开办学院所需基建费用提供相当支持，并为学院维持提供经费，为丰富学院的课程贡献其专门知识和技能，或以其他方式作出贡献，

---

① 王承绪：《英国教育》，吉林教育出版社 2000 年版，第 404 页。

② 教育和就业部：《选择与多样化——学校的新框架》，王承绪译，引自吕达、周满生主编《当代外国教育改革著名文献》（英国卷·第二册），人民教育出版社 2004 年版，第 215 页。

例如提供工作经验和其他职业机会。技术学院提供宽广的课程，以科学和技术为重点，或者在其他课程领域如近代语言或商业研究内加强工艺学。与城市技术学院不同，它们不限于大城市。①

由此可见，撒切尔—梅杰政府时期，特色学校政策的重点是发展中等职业技术教育，促进部分中学向技术特色学校转变。特色学科相当有限，在激烈竞争优质教育资源背景下，弱势群体在择校中处在不利地位。克里斯·泰勒（Chris Taylor）等人通过对 1992 年实施择校政策以来对各类学校中申请免费午餐学生（Free School Meal pupils）数量的变化来探讨多样性、特色化和平等之间的关系，结果表明，开放入学政策刚刚实施时期，各地区之间儿童社会性分离水平差距加大。总的来说，有着高比例选择性学校、特色学校和直拨学校的区域比邻近区域社会性分离程度要高。1995年以后，随着学校多样性增加，社会性分离指标稍有下降。② 这表明，在学校多样性不足的情况下，完全开放的择校政策造成了更大的不平等。

2. 促进薄弱学校、综合学校向特色学校转型

新工党执政后，调整特色学校政策，试图克服竞争带来的不平等，同时又能保持提高质量的动力。在教育白皮书《追求卓越的学校教育》中表明了扩大特色学校计划的决心，"我们承诺给所有的学生平等的学习机会，这并不意味着提供单一类型的学校教育。我们要鼓励多样化、鼓励学校发展自己的独特身份和专业。特色学校——突出技术、语言、运动和艺术——应当成为当地人民和周围学校可利用的资源。"③ 白皮书提出发展特色学校的两条途径：

一是在教育行动区内建立特色学校。这份白皮书指出，我们将确保每个教育行动区内有一所学校得到有目的支持而成为一所在技术（或语言、运动、艺术）方面的特色学校，使其在振兴该地区教育中成为中坚力量。政府要在 15 所城市技术学院中投入 5400 万镑。"教育行动区计划"是上面提到的布莱尔政府对教育落后区域内学校实施补偿政策，给予资源和师

---

① 教育和就业部：《选择与多样化——学校的新框架》，王承绪译，引自吕达、周满生主编《当代外国教育改革著名文献》（英国卷·第二册），人民教育出版社 2004 年版，第 216 页。

② Chris Taylor ed. *Diversity*, *specialization and equity in education*, Geoffrey Walford, Education and the Labour Government, London and New Youk：Routledge，2006，p. 59.

③ Department for Education and Employment, *Excellence in Schools*, London：Her Majesty's Stationery Office，1997，p. 11.

资上更多支持，以帮助薄弱学校摆脱困境。政府将特色学校政策与行动区计划结合，而非将薄弱学校留在后面解决，体现布莱尔政府逐步改善被剥夺地区教育的决心。

二是综合学校改造。白皮书指出，综合学校政策追求平等的机会，在某些情况下变成一种统一的趋势，所有儿童有同样权利发展他们能力，很容易导致所有儿童有同样能力的教条主义，……进入新世纪，我们必须拥有现代化的综合中等教育——承认不同的儿童按不同的速度以不同的能力前进。2000年1月，托尼·布莱尔宣布要在接下来的3年里把上百所的综合学校转变为"特色学校"。学校只要获得5万英镑的商业赞助，设置改善目标以及有当地社区的参与，学校很快就获得特色学校地位。作为回报，学校会得到一笔达10万英镑的资助资金，以及每个学生至少为期四年的每年120英镑的额外补助，另外，学校还可以基于学生的天分，最多可以选拔其招生量的10%的学生。①

工党政府允许特色学校招收有特长学生的"特权"限制在10%以下（保守党政府原先规定可以招收30%—50%），这是工党政府试图在公平和质量上取得平衡的重要举措，既防止过高比例造成社会经济地位不利学生入学机会的减少，又能使特色学校提高质量，形成吸引优秀学生的良性循环。

事实上，特色学校很快取得成效：根据詹森（Jesson）的权威研究，2000年在"普通中等教育证书"考试（GCSEs）中，391所特色学校学生获得A—C五个良好成绩的占53%，而非特色学校仅占43%，而且获得特色学校地位时间越长，改善越大。② 根据教育和技能部2000—2001年度报告，实际上根据才能选拔入学的学校仅占特色学校6%。另一项研究也表明，63%特色学校并没有变得更加"特权"，它们可以招收较少有资格申请免费午餐的学生，但是实际上它们招收了比"平均份额"（fair share）更多的此类学生。③

---

① Derek Gilland. *Education in England*：*a brief history.* 2014年8月，http://www. educationengland. org. uk/history/chapter10. html.

② Department for Education and Skill, *Schools-achieving success*，London：Her Majesty's Stationery Office，2000，p. 40.

③ Rosalind L. and Andrew J. *Evaluating the Effectiveness of Specialist Schools in England*，School Effectiveness and School Improvement，2006，（9），Vol. 17，No. 3，pp. 229—254.

3. 中等学校全面特色化

特色学校政策实施的结果，没有出现预期的不平等，但出现了新的不平等。这是因为特色学校和非特色学校并存，产生了新的双轨制：特色学校的学生可以享受到更多的资源，比如每个学生至少获得为期四年的每年126英镑的额外补助以及优质教育资源，而非特色学校的学生就没有这样的待遇；此外，要求申请特色地位的学校必须从企业界筹资10万英镑，阻碍了部分筹资困难的学校转变为特色学校。

为了消除上述的不平等，英国政府着手调整特色学校政策。2001年教育和技能部在教育白皮书《学校：迈向成功》（*School Achieving Success*）中设定了特色学校发展目标，到2005年1500所中学转变为特色学校，学校获得企业资助总额要从10万英镑降到5万英镑，特色学科扩展到科学、工程、管理、数学和计算机。但推动特色学校政策取得重大进展的是教育和技能部于2003年颁布的白皮书《新的特色学校制度：转型中的中等教育》，这份白皮书试图以更大范围和更高水平的合作，推动特色学校涵盖整个中等教育体系。为此，这份白皮书确立了中等学校全面特色化发展方案。首先，创建一个新的特色学校系统，每所学校都有自己的特色和精神风貌，并且学校之间为创造学习氛围而共同合作。这份白皮书提出，计划到2006年达到2000所（实际上在2005年实现）；长远目标是每一所中学成为特色学校。其次，取消申请特色学校必须具备赞助商5万英镑赞助的资格条件，使所有中等学校都有机会申请成为特色学校。再次，特色学科在现有的艺术、语言、运动、技术、科学、工程、商业以及数学和计算机信息等8个学科基础上增加人文（包含历史、地理或英国史）和音乐两个特色学科，共设10个特色学科；此外，扩大特色化范围，除公立学校外，还将一些优秀的教会学校、文法学校纳入特色学校体系，成为更大层面上驱动多样性的组成部分，使中等教育体系中特色学科更加多样，质量水平更加均衡，家长选择的机会更多。也就是说，特色学校政策不再是针对局部的修修补补，而是上升为整个中等教育体系改革的策略。

4. 走向伙伴关系的特色学校

随着特色学校全面推进，英国政府再次推动教育系统向着更加多样性、更具灵活性方向发展，以便适应儿童的不同需要，向儿童提供适切的教育。教育大臣克拉克（Charles Clarke）在《为儿童和学习者的五年战略》"前言"中指出："让系统适应人，而非让人适应系统。"① 这个以儿童发展为核心的特色学校体系，在策略上将重点放在建立新型的伙伴关系上。首先是地方教育当局和学校之间建立新型的伙伴关系。这份白皮书指出，为使教育服务机构满足每个人的需要，就意味着学校、学院和儿童服务机构必须有创新和改进的自由。因此，要转变地方教育当局角色，从管理者、直接提供教育服务者转变为学校的支持者、合作者。具体来说，就是简化计划、投资和问责系统，从而赋予特色学校更多的独立性。如，中等学校在经营管理其土地、校舍等资产、雇佣教职员工、改选董事会以及与外部建立伙伴关系上有更大的自由。当然，这种独立性是相对的，是在公平入学、全面问责和推动改善强有力伙伴关系的框架内运作。② 其次，特色学校之间形成资源共享的伙伴关系。这份白皮书指出："将近三分之二的中等学校已经获得特色地位。这些学校承诺提高标准，通过将某一课程领域发展成为卓越中心，进而通过特色学科带动整个学校提高质量。目前它们已经从工业界获得资助并与社区建立强有力的联系，在完成自身使命和自我改进的能力上已经大大提高。随着特色学校类型和数量的增加，学校应该利用其特色学科在整个课程领域的教与学方面逐步发展相互支持，使有特殊天赋和兴趣的学生得到额外支持与更多的选择。"③

这种资源共享的伙伴关系在 2009 年政府发布的教育白皮书《你的孩子，你的学校，我们的未来：建设一个 21 世纪的学校制度》中得到进一步强调和拓展："要全面建立特色学校体系，政府将努力确保在全国范围内，通过伙伴关系和特色学校网，儿童和青少年有权进入特色学校的最好学科教学和卓越中心。政府希望 21 世纪特色学校发展成伙伴关系，与其他学校分享专家和设施，向儿童提供更加独立的成人生活所需的技能和信心。"④ 这份白皮书将资源和专家共享从课程领域拓展到学生的行为及出勤管理上，白皮书指出，"这些伙伴关系应该与安全校园的伙伴关系相联系（Safer School Partnerships）。如同处理有特殊教育需求能够阻止行为问

———————

① Department for Education and Skill, *Five Year Strategy for Children and Learners*, London: Her Majesty's Stationery Office, 2004, p. 6.

② Ibid., p. 44.

③ Ibid., p. 47.

④ Department for Children, *Schools and Families*, *Your Childs*, *Your Schools*, *Our Future*: *Building A 21st Century School System*, London: Her Majesty's Stationery Office, 2009, p. 8.

题出现，分享专家领域对处理不良行为同样重要。尽管解决行为问题某些时候会脱离课程，但广泛的课程机会和改进行为结合在一起具有重要意义。"① 至此，特色学校政策的重心转向了以人的发展为核心来协调教育资源的组织结构上。

（三）支持家庭策略

进入 21 世纪，政府对于家庭对儿童学业成绩影响因素愈加重视，想方设法斩断贫困与学业不良之间的联系。布朗政府不仅将教育和技能部更名为"儿童、学校和家庭部"，而且在 2007 年颁布了以支持家庭为中心的教育白皮书《儿童计划》。

教育大臣鲍尔在该文件"前言"指出，我们听到，孩子们在学校里做得比以往更好，我们需要做更大努力，确保每个儿童得到了世界一流的教育；我们听到，虽然现在少数孩子生活在贫困中，许多儿童的教育仍然因贫困和处境不利而受阻碍。因此建立一个十年的改革和目标，直接回应这些问题，我们的儿童计划将加强处于生活形成初期儿童的所有家庭的支持，……该计划和新的部门成立意味着家庭比以前任何时候，更多地处在优良、综合服务的中心，把他们的需要放在第一位，无论传统体制和专业结构怎样。②

《儿童计划》首先明确："政府并非儿童的抚养者，家长才是儿童的真正抚养者，因此政府应当采取更多行动以对家长和家庭提供相关支持"，"家庭是社会的基石和培育儿童快乐、才能和活力的地方"，因此，"各类服务设施应当依据儿童及家庭的需要而创建，并能对其需求作出良好响应，而并非按照专业标准进行相关设计"。③

基于上述原则，白皮书认为，家长无论由于何种原因缺少信心、动机和时间参与到孩子的学习和成长中，可能需要特殊的帮助。这些家庭往往承受代代相传的处境不利，他们的孩子应该从高质量的早期教育和其他帮助中获得最大好处。为此，这份白皮书提出以下措施：

1. 在未来三年内投资 3400 万英镑为每个社区配备两名专业的家长咨

---

① Department for Children, *Schools and Families*, *Your Childs*, *Your Schools*, *Our Future: Building A 21ˢᵗ Century School System*, London: Her Majesty's Stationery Office, 2009, p. 46.

② Department for Children, Schools and Families, *The Children's Plan: Building Brighter Futures*, London: TSO Shops, 2007, 前言。

③ Ibid., p. 6.

询顾问（expert parenting advisers）；扩展学校为本的家长支持顾问（Parent Support Advisers）；这些专家将在现有的家庭专家网络（network of Respect parenting experts）的基础之上延伸学校和整个地方当局的工作。

2. 对最需要的家庭给予深度支持（intensive support），并确保这些家庭获得支持。通过改善"帮扶服务"（outreach services），确保所有家庭从"确保良好开端的儿童中心。（Sure Start Children's Centres）受益。地方当局在"确保良好开端的儿童中心"设立两个帮扶岗位为最弱势群体提供服务。其中，家访服务已被证明是鼓励家长到当地的中心并利用它提供的帮助是最有效的方法之一。政府将通过培训提高改善"帮扶"的质量，约5000名工作人员将获得新的培训机会。

3. 对有残疾儿童家庭的支持。政府在未来三年投入3.4亿英镑，期望在2011年转变残疾儿童和家庭的生活，包括对严重残疾儿童和家庭的全方位服务。让残疾儿童从早期教育中受益，通过提高接受教育、就业和独立生活等机会，帮助残疾儿童进入成人生活等；在未来三年内投资9000万英镑资助公共、私人和资源教育机构改善残疾儿童的设施，使得严重残疾儿童能够与非残疾同辈一起活动；此外，政府成立"全英家庭基金"（the UK-wide Family Fund）对有16岁以下严重残疾儿童的低收入家庭给予额外资助，在2006—2007年度投入38857英镑，每个家庭平均得到549英镑补助，且所有残疾儿童享受福利资助的年龄延长至18岁；在未来三年，投资2.55亿英镑，资助地方教育当局，全国重建或改建3500处室外运动场所，使残疾儿童可以使用；并在处境不利地区为8—13岁的儿童兴建30处新的探险型运动场所，由训练有素的工作人员监督。

4. 对贫困儿童的支持。白皮书承认，尽管经过1998年至2006年的多方面努力，全英仍有60万贫困儿童。贫困仍然是摧残少数英格兰儿童的一个重要因素，损害他们的成年生活的前景以及他们的孩子的前景。特殊群体，如残疾儿童，来自黑人背景以及少数民族群体特别容易陷入贫困，而且贫穷是造成不平等的因素。为根除贫困儿童，打破世代贫穷的循环，政府采取措施：通过提高家庭收入、支持就业以及改善家庭生活条件来减少现有的贫困儿童；通过缩小教育、健康和其他结果上的差距，从而使生活在处境最不利的儿童尽可能少地生活在贫困中；住房条件差是贫困家庭的一个特殊问题，政府要解决住房拥挤问题，应优先考虑儿童的需求，特别是邻近学校这样的服务设施；支持贫困家庭家长就业，家长就业提供了走出贫困的最佳可持续发展路线。

政府认为，依赖工作的家庭要比依赖福利的家庭要好，由于家长的态度和期望，直接形塑着孩子的愿望，一直就业的好处会传递给下一代；政府还必须解决跨代贫穷，确保所有儿童都能接受世界一流的教育，支持他们的认知、社会性和情感技能的发展，以便没有儿童落在后面。政府支持家庭，帮助他们的孩子实现他们的全部潜能。政府还要确保低收入家庭儿童在成长过程中能够生活在安全、有凝聚力的社区，与其他孩子一样，给他们生活中最好的开端；政府成立"儿童贫困司"（The Child Poverty Unit），与"儿童、学校和家庭部"以及"工作和养老金部"一起，发挥协调作用。由于政府奉行的多方位解决儿童贫困的战略，交通、健康和重建就业、技能、税收和福利等制度，都要指向至关重要的到 2020 年根除贫困儿童的目标。

5. 与家长建立的新的伙伴关系。这是贯穿《儿童计划》始终的主题，包括儿童开始上中学之前，学校教师要与父母取得联系；父母可以参加新学校的信息反馈会；每个孩子将配备个人导师（a personal tutor），导师对学生全面了解，主要与家长保持联系；家长将不断地得到儿童的学习表现和进步的情况；家长委员会将确保在学校决策过程中能够听到家长的声音；家长的投诉会以一个简单的公开的方式安排。政府在未来三年投资3000 英镑，提供更多的家庭学习，帮助家长和看护者发展技能，关注孩子在校学习。

2009 年，政府推出了新的家校协议，① 让家长更清楚地了解对孩子教育的责任，特别是行为方面。为了申请学额，每一位家长将同意遵守学校的行为规则。一旦他们的孩子就学，父母将被要求签署协议，假如他们不能遵守协议中列出的职责，将面对真实的后果，包括法院判处家长抚养令的可能性。反过来，家长也有权利申诉。

支持家庭政策，是继"教育行动区"计划之后，布朗政府对弱势群体的进一步支持，形成以儿童成长为中心，就业、住房、福利等全方位支持的政策，旨在斩断贫困与学业不良之间的联系。

---

① Department for Children, *Schools and Families*, *Your Childs*, *Your Schools*, *Our Future*: *Building A 21st Century School System*, London：Her Majesty's Stationery Office, 2009, p. 6.

（四）改造失败、薄弱学校，完善学校制度

1. 改造失败学校

"失败学校"一词，最早出现在撒切尔政府时期，政府在《1992年（学校）教育法》（也称《督导法》）中明确，"如果注册督学对学校进行督导时，认为该学校在给学生提供合格的教育标准方面是失败的或者极有可能失败，他将在督导报告中表明此观点。"① 1992年的教育白皮书《选择与多样化——学校的新框架》在第十一章"处理低水平学校"中明确了低水平学校的证据：（1）陛下督学处的年度报告《1990—1991年英国教育：陛下高级主任督学年报》中着重指出的学校，"特别是在城市中心生活条件差的区域的一些中小学的学生，在学习上一贯未能充分发挥他们的学习能力"。（2）1992年政府发表的研讨论文《小学的课程组织和教学实际：研讨论文》中指出的有些学校对有些学生期望值过低。（3）1991年第1次对7岁儿童的全国性测验结果证实，城市中心地区教育当局在英语、科学特别是数学方面的平均水平，大大低于全国平均水平。（4）还有有关谴责某个学校的督学报告。② 由此可见，失败学校主要根据督学评估结果，而且主要在城市中的中小学。

这份白皮书认为失败是管理不善造成的。白皮书指出，"失败并非由于缺乏资源。很多学校有许多钱，但教育质量很差，失败通常是学校领导和管理的失败。事实证明，具有坚强的领导和有效的管理，处境不利地区的学校就能够兴旺"。③

这份白皮书对失败学校的改造程序作了以下规定，被督学报告认定为"危险"（at risk）的学校，要求它们进行可接受的教育；学校董事会准备一份行动计划，地方教育当局提供述评；地方教育当局有权向"危险"学校增派董事或从这类学校撤回代表；国务大臣有权任命一个教育委员会（Education Association），从董事会和地方教育当局接管一所或若干所学校；教育委员会将拥有它负责的每一所直拨学校董事会的权力和拨款；教育委员会将管理这些学校，直至国务大臣确信它们已经达到令人满意的工

---

① 王璐：《英国督导与教育评价：制度、理念与发展》，高等教育出版社2010年版，第268页。

② 教育和就业部：《选择与多样化——学校的新框架》，王承绪译，引自吕达、周满生主编《当代外国教育改革著名文献》（英国卷·第二册），人民教育出版社2004年版，第217页。

③ 同上书，第218页。

作水平为止；当这个时期结束时，学校将被考虑给予直拨学校地位。

2. 关注薄弱学校

布莱尔政府延续了撒切尔政府改造失败学校的政策。但在策略上，从"事后评定"转向了"事先预防"，并扩大了危险学校的范围。1997 年的《追求卓越的学校教育》中指出，至今英国尚有 300 所学校被教育标准局认定为失败学校（failing school），要求它们进行可接受教育。部分学校已得到地方教育当局支持，已表明实质性恢复，然而，那些没有足够证据显示恢复的学校，有必要考虑重新开始（fresh start）。此外，这份白皮书认为应该扩大关注范围，"那些非失败学校，但管理上严重薄弱，尤其是学生学业成绩不佳，这些薄弱学校在变得更严重之前应当引起关注，这是根本的。政府准备对这类学校引入'早期警告'（early warning）制度"。"教育标准局将持续监督这些学校，地方教育当局也可请求教育标准局提前实行全面监督，以免学校滑入失败学校之列"。① 到了 21 世纪初，布莱尔政府通过教育行动区计划、特色学校政策，为薄弱、失败学校提供外部伙伴支持，进行早期有效干预，以达到逐年减少被归入失败学校的数量。2002 年的教育白皮书《传递结果：一个面向 2006 年的战略》提出，鼓励每一所学校办出特色，并对薄弱学校和失败学校进行更早的和更有效的干预。

3. 发展学园

为了进一步解决某些地区中等学校资源不足，质量不高的现状。2000 年 3 月，大卫·布伦基特宣布政府打算建立一个"城市学园"的网络。他将城市学园计划描述成"一个用来促进内城的更大的多样化和打破倒闭学校循环的根本办法"。② 这个网络的建立是模仿美国的"特许学校"和保守党的城市技术学校这些原型的。城市学园由企业、教会以及志愿团体向原先的技术学校或城市技术学院注入 2000 万英镑，而赞助商可以参与到这些城市学园的成立和管理，而这些学校也将不在地方当局的管控范围之内。此外，赞助商将被允许给学校重新命名，管理学校的董事会，以及

① Department for Education and Employment, *Excellence in Schools*, London: Her Majesty's Stationery Office, 1997, p. 29.

② Derek Gillard. *Education in England: a brief history*. 2014 年 8 月，http://www.educationengland.org.uk/history/chapter10.html.

影响学校的课程安排。而学校的日常运作费用由国家负担。所以，城市学园是指那些实际上由国家维持的私立学校。英国政府在《2002 年教育法》中将城市技术学院、技术学校以及城市学园等有技术教育特色的中等学校全部转变为学园（Acdemy），[1] 并将学园延伸到农村地区。2004 年，英国政府在《为儿童和学习者的五年战略》中决定推广学园计划的成功经验，特别提出到 2010 年时将建立 200 所新学园（在伦敦有近 60 所新学园），其中一些学园是在原来那些较差学校的基础上重建的，另一些学园是完全新建的。该白皮书将它们定位为：具有某种特色学科旨在为社区服务的全能学校（all-ability schools with a specialism，a community mission），并且致力于提高教育标准、期望以及机会。[2] 赞助商根据他们所希望的那样在法律和入学标准要求的范围内自由创新，以期改善该地区长期以来低水平的教育服务。首批赞助资本高达 2 亿英镑，政府在治理、管理和其他支持方面给予持续支持的承诺。学校运行开支与其他公立学校一样由政府提供并接受教育标准局检查。如，沃尔索尔学园（Walsall Acdamy）在 2003 年创办，拥有技术教育特色。它原先是莱利社区学校（T. P. Riley Community School），一所城市技术学院。它的创办者是什罗普郡的托马斯·泰尔福德（Thomas Telford）学校，与 Mercers 公司建立了伙伴关系。该公司是伦敦的一个慈善公司，是托马斯·泰尔福德学校原来的赞助商和其他公立和私立学校的支持者。学园的转型带来了新的支持和更强的领导力，学园在应用信息技术的教与学方面，取得了骄人的成绩，学生在"普通中等教育证书"考试中获得五个良好成绩的比例从 2001 年的 13% 上升至 2003 年的 49%。目前申请一个学额的学生数是以前的十倍——2004 年 9 月有 608 人申请学额，而莱利技术学院最后仅招收学生 57 名学生。[3]

4. 创建世界一流的学校制度

为了达到国际水平的教育，2007 年的《儿童计划：建设更加美好的未来》又提出，要创建能使儿童和青少年走向成功的 21 世纪学校制度，使每一所学校为学生提供国际水平的教育服务并且达到国际标准。2009 年

---

① 教育和就业部：《选择与多样化——学校的新框架》，王承绪译，引自吕达、周满生主编《当代外国教育改革著名文献》（英国卷·第二册），人民教育出版社 2004 年版，第 272 页。

② Department for Education and Skill，*Delivering Results*：*A Strategy to* 2006，Westminster：DfES Publications，2002，50.

③ Ibid. ，p. 51.

的教育白皮书《你的孩子，你的学校，我们的未来：建设一个 21 世纪的学校制度》更是明确提出，其目标是通过不断地改善学校，使英国的学校制度成为世界一流的学校制度，确保每一所学校和每一个儿童都能获得成功。更具体地说，"创建一个反映 21 世纪世界领先的学校教育制度：应对变化中的全球经济，变化着的社会，快速的技术创新和不断变化的地球的挑战。这个学校制度将确保每所学校的发展，拓展每个儿童和青年人的潜力和才能，向其提供未来需要的技能，让每个孩子都能享受成长并达到较高的标准。从根本上说，创造一个逐步打破处境不利和低学业成就之间联系的一个制度"。①

在学校改善上，《儿童计划》提出通过多样化和合作，政府希望每所中等学校有专家、信托或学术地位，每所学校有商业或大学伙伴，学园从 230 所到 2010 年增加至 400 所。通过加强问责制和治理，在过去十年成就的基础上继续减少失败学校数目。期待当地政府采取迅速和果断的行动，阻止学校成为失败学校，一旦出现失败迹象尽快扭转失败态势。政府也期望地方当局积极挑战那些不能提高学生成绩并且下滑的学校。政府已经设定目标，在五年内使每所中学超过 30% 的学生在"普通中等教育证书"考试中达到 5 个较高水平。为了完善问责和治理，除了政府的措施，加强家长参与学校质量管理。②

在学校发展上，《21 世纪学校制度》则更注重办学质量和效果、更加注重集团化模式办学。这份白皮书提出，推出良好教育供应商的认证制度，经过认证的学校集团（Accredited Schools Groups）优先获得办学权利，这样，最好的学校和学校领导者能够在系统中传播他们的卓越。扩大地方当局的权力去干预失败学校，当新的制度制定出来，供应商经过认证并且能力得到了发展，政府将要求地方教育当局考虑利用经过认证的供应商处理表现不佳学校（tackle underperforming school）。在未来两年，政府提供 2000 万英镑，以支持经过认证的供应商，发展他们的能力，接受表现不佳的学校。

① Department for Children, *Schools and Families*, *Your Childs*, *Your Schools*, *Our Future*: *Building A 21st Century School System*, London: Her Majesty's Stationery Office, 2009, p. 13.

② Department for Children, Schools and Families, *The Children's Plan*: *Building Brighter Futures*, London: TSO Shops, 2007, pp. 5—6.

在学校绩效评估上，2009 年政府推出学校问责制。学校问责制，更明确地关注每个孩子的进步和发展；将更多地考虑学生和家长的意见；奖励那些有效打破贫困与低学业成就之间联系的学校。为此，这份白皮书提出了新的学校报告卡（School Report Card，SRC）制度，这将提供学校表现的全面评估，让家长及公众人士对每所学校的效能作出更明智的判断。

最后，这份教育白皮书提出，21 世纪的学校制度将确保："每一个学生将进入一所有良好行为、纪律严格、有秩序和安全的学校；每一个学生将进入一所设有广泛的、均衡的和灵活的课程（包括学习技能和生活技能）的学校；每一个学生将进入一所采用适应他们需要的方式进行教学并使他们不断得到进步的学校；每一个学生将进入一所他们参与体育和文化活动的学校；每一个学生将进入一所增进他们健康和幸福以及有机会表达他们观点的学校。"①

改造失败学校，关注薄弱学校，完善学校制度，确保每一所学校成为成功的学校，就是保证了每一个儿童都能接受到高质量的教育，从而打破处境不利和低学业成就之间联系。

（五）倡导个性化的教与学

1. 个性化教与学计划的启动

在教育大臣克拉克倡导下，白皮书《为儿童和学习者的五年战略》中提出了个性化教与学（Personalised Teaching and learning）计划。该白皮书指出，"一所好的中学其核心是有效教学，教学是针对学生个体的需要，定期评估其进步"。② 因此，所谓个性化教与学，就是对儿童不同群体，给予最适切的教育，使其潜能得到充分发展。这份白皮书指出，要在六个方面加强个性化教与学计划：

（1）关注小学进入中学新生群体的特点。英国政府认为，不能从小学很好地过渡到中学，是中学学业成就低的最大原因之一。为此，地方教育当局起着信息中心的作用。确保学生的信息更好地、持续地在中小学之间传递。2004 年开始，从小学结束测试成绩的电子文档直接转移到中学。

① Department for Children, Schools and Families, *Your Child*, *Your Schools*, *Our Future*: Building A 21ˢᵗ Century School System, London: The Parliamentary Bookshop, 2009, "foreword".

② Department for Education and Skill, *Five Year Strategy for Children and Learners*, London: TSO Shops, 2004, p.59.

这将意味着中学可以更早地为新的儿童群体安排教学计划。

（2）实施新的教与学战略。首先，通过"阶段3"战略关注多数学生觉得最困难的学习领域。"阶段3"战略以及辅助战略是旨在提高11—14岁儿童乃至覆盖11—16岁儿童的教学。在这个学习阶段，多数儿童在诸如英语写作与完型阅读技能，数学中的代数，科学中的调查工作等领域感到困难。该战略的实施将有助于教师对学生的个别化的学习需要给予认真关注，设置与高质量评估相联系的具有挑战性的目标，并向教师提供教学进展迅速、具有挑战性和愉快的工具。其次，对过去没有提供很好服务的群体给予更多关注：

1）加强对资优学生的支持，特别是那些处境不利的资优学生。许多学校对全力满足这些有才能学生的需求、确保他们的潜能得到充分发展缺乏信心。这份白皮书建议建立新的国家资优青年学园，向有天赋学生教授最好方法，鼓励他们继续到大学深造，并向他们提供暑期学校和网上学习，这样，他们可以与其他志同道合的儿童认识并一起学习，并将接受额外的挑战。

2）对低学业成就的少数民族群体更多关注。个性化学习可以通过设计更加紧密地围绕他们亲身经历的教学策略和材料，并通过导师提供了积极的榜样作用，缩小现有的成绩差距。

3）给有特殊教育需要学生额外支持。开发满足有特殊教育需求学生的策略和教材，培训专门协调有特殊教育需要学生的学习和生活的协调员（co-ordinator）以及主要的辅助员工（Support staff）。

（3）以信息技术支持个性化教与学。信息交流技术是帮助教师解释困难概念、提供大量案例和资源以及方便与学生交流的强有力的工具；也是个性化学习至关重要的工具，诸如，教师给孩子提供个性化的任务，而无须增加额外的工作时间；发展完成类似自动标注和分析工作的能力，挑选出某位孩子不理解的地方或者因缺课而需要更多解释等。自1998年以来，英国政府已投入10亿多英镑在学校中建立信息和通信技术的基础设施，使用宽带连接中学和培训教师。这种投资已经产生了巨大的作用。

（4）有效的学科教学。对所有关键学科任命首席顾问，领导这个学科并规划改进，包括对教师特定学科的更好培训，与特色学校杰出系科主任一起工作，参与学科协会。比如，数学首席顾问要密切关注全国数学中心的研究进展。

（5）丰富中等教育课程。首先，国家课程向每位学生提供了广阔、丰富的课程，但它需要置于不断审查（review）之下，这样才能适应年轻人不断变化的生活和成年时工作的要求。审查的重点是它是否为那些处在落后风险之中的学生以及需要提高的有才能的学生提供了足够好的机会。因此，国家课程是动态变化的。其次，扩大课外课程。比如经常提供一些校际旅行的难忘经历，电视剧制作或参加校队等。

（6）有效地改善行为和出勤。首先，好的行为是良好学习和成为好公民的根本。尽管教育标准局显示，不能令人满意的行为只占中学的5%和小学的1%，但低龄儿童与群体分离会在某种程度上影响所有学校。极端的恶劣行为虽然很少，但是对教师和其他学生造成很大影响，不同程度地影响某些学校，给教师施加难以承受的负担，损害了其他学生的教育。其次，学生出勤率一直在提高，与2003年相比1300名逃学者回到学校。这仅仅是根除"逃学文化"开端。低出勤率，如果解决不好，不仅影响学业成绩，而且很容易导致脱离群体、反社会行为和街头犯罪。因此，政府还需要做大量工作改善行为和出勤。

2. 个性化教与学计划的深化

英国政府在2007年的《儿童计划》中进一步深化了个性化教与学策略，主要体现在以下几个方面：

（1）对特定学生群体的支持①

1）加大对资优学生的支持。首先，所有的4—19岁的资优学生有资格获得由"资优青年"（Young Gifted and Talented）提供的支持，这是一个"一站式"的方案，为资优学生及其家长和老师提供支持。每所学校先后获得了资优教育引领教师（a leading teacher）和一个广泛的国家培训和支持项目。其次，为了加强学校对资优学生培养的重视，政府发表新的评价指标，学生英语、数学和科学成绩达到或高于水平7，或者学生数学成绩达到或高于水平8，便确认为资优学生，从而保证能充分注意到资优学生。最后，从2008年2月起个性化项目将保证资优学生在每个关键阶段都能获得至少2个水平的进步。

2）对少数族裔儿童的支持。《儿童计划》指出，目前，16岁以下来

---

① Department for Children, Schools and Families, *The Children's Plan: Building brighter futures*, London: Her Majesty's Stationery Office, 2007, pp. 80—81.

自低收入家庭的儿童获得优异成绩比其他儿童平均要低 3 倍；高比例的黑人和少数民族处于劣势，在学校获得的平均成绩偏低。来自加勒比海的黑人、非洲黑人和其他黑人学生，以及加勒比海白人和黑人所生的后代、孟加拉和巴基斯坦的学生，在所有关键阶段的表现都低于全国平均水平。经过努力，大部分少数民族学生比英国白人学生有更大的进步。一些以前成绩比较落后的学生已经赶上来了，比如说，巴基斯坦学生现在的成绩与全国学生水平持平。黑人学生比其他学生进步快 2 倍。在少数民族内部还有少数低分学生，还有些性别失衡。政府将会继续密切关注不利条件、种族与其他社会和环境因素对儿童的进步和成绩所产生的作用。比如，对那些英语是第二语言的儿童（EAL）来说，由于缺少言语技能，从而不能获得好成绩，向他们提供达到社交水平的主修课程支持。与这个建议相匹配的专项资金和资源已经跟上移民模式。结果表明，那些英语是第二语言的儿童能在 2 年内赶上其他学生。

3）继续为有特殊教育需求的学生提供额外支持。个性化的教学和学习方法有助于主流学校（Mainstream schools）为所有学生提供更好的服务，包括有特殊教育需要的儿童，能够而且应该为这类大部分学生提供高质量的支持。为此，《儿童计划》提出，在接下来的三年，政府将投入 1800 万英镑，改善有特殊教育需要儿童的教学质量：（a）通过更好的新教师的培养和持续的专业化发展来提高师资的知识、技能和对有特殊教育需要和残疾人的认识；（b）向学校提供更多信息。因为专业人员需要更多的信息来了解哪些因素使那些被判定为有不同教育需要的儿童获得更大的进步；（c）继续加强学校中为有特殊教育需要安排的协调员（co-ordinator）的地位；（d）在一项试验性计划中，有阅读障碍的儿童可以接受阅读恢复支持（Reading Recovery Support），或是一对一的专业阅读障碍老师（specialist dyslexia teachers）的指导；（e）排除阻碍有特殊教育需要儿童和残疾儿童（特别是有欺负行为和高度排斥行为的儿童）学习进步的因素。

（2）为每个儿童提供个性化支持

1）一对一辅导策略。这主要针对学习进步缓慢但又非有特殊教育需求的学生。《儿童计划》提出，英国政府在未来三年追加 12 亿英镑支持个性化学习，包括支持儿童的特殊需求和一对一辅导。两年后，政府将一对一辅导推广到小学阶段，任何落后于学习阶段 2 的小学生，将有权获得 10 小时一对一的辅导。那些在中学阶段开始落后的学生，政府将保证在 7 年级进行一对一或小组追赶辅导。政府将为那些学生开发一种由任课教师执行、向父母报告的"进步检查"（progress check）评估，以确保辅导有效性。

2）建立个人导师（personal tutor）制度。《儿童计划》提出，政府为每个中学生都配备个人导师。个人导师熟悉每个儿童的所有学科学习方面的进步，认同课程学习目标，帮助儿童做出课程选择，支持他们适应学习阶段的过渡，鉴别儿童课外学习中遇到的困难。个人导师还在与家长的沟通中发挥重要的作用，向家长报告他们孩子的进步情况，讨论他们在家里和学校里所应该得到的支持。个人导师将在现有教师队伍基础上建立，包括正式导师（form tutors）、德育教师（pastoral staff）和学习导师（learning mentors）。

个性化教与学计划从启动到深化，教育政策的重心从外部资源的分配，转向儿童的学习过程，根据儿童的差异——从群体差异到个体差异，进行有针对性的教与学，从而确保每个儿童都获得成功。

（六）保障措施

1. 日渐健全的评估手段

向儿童提供最适切的教育，极大地依赖评价工具，可以说，没有评价工具，无法实行适切性教育，评价是适切性教育的重要组成部分。英国政府早在1988年推行国家课程时，便推出与之配套的评定系统，成为检测教育质量的重要工具。《1988年教育改革法》规定，中小学生的义务教育阶段划分为四个关键阶段（Key Stage）：5—7岁、8—11岁、12—14岁、15岁至义务教育阶段结束（一般16岁）。在每个阶段结束时，即7岁、11岁、14岁和16岁都必须参加全国统一考试。同年教育和科学部发表了《评定和测试工作小组的报告》。新的评定系统如同教师的日常评定，与所教内容直接相关，不考虑儿童与儿童之间的成绩比较，而是揭示每个学生成绩的质量；成绩报告系统（Reporting System）用1—10级水平表示5岁和16岁之间不同能力的儿童所取得的进步全程。从而每个儿童形成个人能力进步的能力测验图。2007年，英国政府对评价手段进行改革，即提供新的"阶段而非年龄"（stage not age）的测验，当儿童准备好，他们就可以申请参加考试，不像以前那样，到一定关键年龄阶段必须参加全国性考试。经过改革的评估手段，淡化了撒切尔政府时代将测评结果作为择校依据，增强了揭示儿童学习问题和状态的功能。

2. 有效的伙伴关系

撒切尔政府80年代以来的教育市场化改革，尽管在提高质量上取得一定成效，但教育系统两极分化严重。布莱尔政府转变改革策略，反对将国家、社会和市场对立起来，只从市场一方来寻求解决问题的方法，认为

"教育只是我们共同提供用来改善每个人机会质量的公共服务中的一项。不能把它交给市场"。① 为此，他提出在国家、市场、社会各个层面上建立伙伴关系，发挥三方面积极性，以提高效率。于是工党政府提出了建立"新型伙伴关系"概念，1997年《追求卓越的学校教育》白皮书提出："我们必须在地方层面发展有效的伙伴关系，帮助学校一起工作，为提高标准这一共同目标而努力。"② 这份白皮书进一步提出了加强由社区学校、基础学校和受助学校之间的合作伙伴关系；增加学校董事会中家长董事的数额，以加强学校和社区的联系；转变地方教育当局的功能，从强调控制转向支持学校自我决策，构建新型的伙伴关系。

　　而2004年《为儿童和学习者的五年战略》更加重视建立强有力伙伴关系。这份五年规划在"管理转型"中将伙伴关系拓展到三个层面：国家层面上，教育和技能部与其他政府部门一起工作，联合起来思考政策，以确保教育和技能部的议程与国家在改进公共卫生、减少犯罪、促进文化和体育以及发展强有力的社区等政策方面建立强有力的联系；教育和技能部还要与学习和技能委员会、资格和课程局、教育标准局等非公共部门的部级机构，保持国家层面上的伙伴关系，以推动全面战略并在交流过程中带来专业的和实践的知识；在区域层面上，教育和技能部与学习和技能委员会将与区域发展机构日益紧密联系，通过区域技能伙伴关系，确保提高教育成就和技能水平，成为区域经济核心；在地方层面上，政府将继续与地方当局结成强有力的伙伴关系，利用签约外包（Compacts），支持这些伙伴关系。如，通过儿童信托（Children's Trusts）作为强大的地方伙伴关系的经纪代理；授权并开发新服务（延伸学校和保教"educare"）。教育大臣克拉克在该文件"前言"中指出那样："我们需要合作和伙伴关系，以便教育是多样化的而不是不连贯或片断，因此，人们可以得到无缝服务（seamless services）。而这不能只是一个国家机构合作，而是志愿者及社区，企业和民营企业要成为这一伙伴关系中的组成部分，提供联合服务。这种联合需要一些地方经纪人参与运作。但它意味着一种完全不同类型的地方系统。地方政府和机构必须提供领导和战略方向，以严厉的问责制加以监督，使该系统的能量可以不再被捆

---

　　① ［英］托尼·布莱尔：《新英国：我对一个年轻国家的展望》，曹振寰等译，世界知识出版社1998年版，第51页。

　　② Department for Education and Employment, *Excellence in Schools*, London: Her Majesty's Stationery Office, 1997, p. 13.

绑在遵从或防卫上。他们必须竭尽全力追求卓越。"①

2009 年的教育白皮书《你的孩子，你的学校，我们的未来：建设一个21世纪的学校制度》进一步强调了伙伴关系："没有有效的合作伙伴一切都是空谈。"② 首先，成功的伙伴关系是确保教育服务机构合作，并发挥最大作用的关键因素。政府希望21世纪特色学校发展成伙伴关系，与其他学校分享专家和设施，向儿童提供更加独立的成人生活所需的技能和信心。政府将确保这个国家的每一部分、地方财团能够为每个人在选择14—19岁的新文凭课程时发挥作用。当新的小学课程实施后，政府会支持小学之间携手合作，共享他们自己无法获得的特色教学。其次，合作伙伴关系也是推行个性化教与学计划的基础。要全面建立特色学校体系，政府将努力确保在全国范围内，通过伙伴关系和特色学校网，使儿童和青少年有权进入特色学校网中最好学科教学和卓越中心。另外，在英国政府推行的合作伙伴关系中，家长日渐成为儿童学习中的主要伙伴。

3. 提高师资质量

学校教育质量取决于教师的质量，白皮书《你的孩子，你的学校，我们的未来：建设一个21世纪的学校制度》提出，如果要使个性化教育达到质量标准上改进，政府需要创建一个早期教育和学校制度，所有机构都一致获得最好的水平。为此，打造一支世界一流的师资队伍，能够提供高度个性化的支持。所以，政府将继续推动那些儿童工作者的素质和工作能力的提高。具体措施有：

（1）未来三年投入11700万英镑，以帮助提高早期教育工作者的专业能力。

（2）将在未来三年投入4400万英镑提高中小学师资水平：促进教师学历达到专业硕士水平；确保新入职教师花最短时间在一年内进修"硕士教师项目"；建立教学过渡计划，吸引更多科学、技术和工程背景的人进入教师领域；扩展未来领导计划（the Future Leaders Programme），将拥有领导能力的教师安排到城市学校。

4. 学校问责的重心转向儿童的发展。《你的孩子，你的学校，我们的

---

① Department for Education and Skill, *Five Year Strategy for Children and Learners*, London：TSO Shops，2004，p. 3.

② Department for Children，Schools and Families, *Your Child，Your Schools，Our Future：Building A 21ˢᵗ Century School System*, London：The Parliamentary Bookshop，2009，p. 8 .

未来：建设一个 21 世纪的学校制度》白皮书提出学校问责制重心要转移
到：更明确地关注每个孩子的进步和发展；更多地考虑学生和家长的意
见；奖励那些有效打破贫困与低学业成就之间的联系的学校。为此，这份
白皮书提出了新的学校报告卡（School Report Card，SRC）制度，学校报
告卡将提供学校表现的全面评估，让家长及公众人士对每所学校的效能作
出更明智的判断。

第三节　小结

布莱尔领导及后来继任的新工党政府执政期间将基础教育政策置于前
所未有的重要地位，成为社会政策的核心，教育公平政策取得重大进展。

首先，从政策动因看，主要有以下几个方面：

1. 撒切尔政府将市场化改革从经济领域延伸到教育领域，在"机会
面前人人平等"的理念下，导致教育领域两极分化严重——学校两极分化
和学生学业成绩的两极分化，教育不公平问题凸显，迫使重新执政的新工
党解决面临的困境；

2. 新工党在野期间根据时代发展要求对工党僵化的意识形态进行彻
底地改造，提出走第三条道路——既能实现社会公正，又使经济充满活力
的新路，这一历史转折让新工党突破了公有制的枷锁，从工人阶级的政党
转变为全民的党，在制定教育政策上获得很大的灵活性；

3. 新工党将国家发展置于经济全球化背景下，认定英国社会安全问
题凸显，急需在社区、家庭、就业和福利四大领域加强建设，而关键是解
决好教育问题，于是教育政策成为社会政策的核心；

4. 教育公平的内涵发生了变化，鲍尔、惠迪以及新工党领袖布莱尔
等对教育公平内涵的积极探索推动了公平政策的发展。其中，惠迪对公民
权的重新解读——认同和接受差异，弥合了公民权和消费权之间鸿沟；而
布莱尔则对有差异的平等的教育公平理念作了更为具体的论述：真正的平
等意味着给每个人提供通向成功的受教育机会，帮助他们发挥最大的潜
能，也既每个人都能享受最适合自身需要的教育。从而奠定了"有差异的
平等"的教育公平理念。

其次，在政策目标上，英国政府确立了追求卓越而适切教育的目标，
2003 年前后政策目标有所不同：2003 年之前旨在矫正市场化改革带来的
两极分化，其目标是根除失败，提高底部标准，缩小成绩差距；2003 年

绿皮书《每个儿童都重要》颁布之后，政策目标放在提供适切的教育上，旨在让每一个儿童都能获得成功。前后的区别在于，前者针对群体，而后者针对每一个儿童。事实上，根除失败，提高底部标准，对处境不利儿童给予更多支持是实现给予每个儿童适切教育的政策目标必不缺少的一步。

再次，在实现目标的策略上，英国政府在 2003 年之前主要采取补偿教育政策，在资源分配上向贫困地区倾斜，比如教育行动区计划，重振日渐衰竭的内城学校；特色学校政策也是与行动区计划紧密结合、完善学校制度着重对失败学校改造以及薄弱学校的预防，力图通过教育资源的重点支持，提高底部标准；2003 年绿皮书《每个儿童都重要》颁布之后，政策重心转移到儿童的发展上来，特色学校政策走向伙伴关系，以更大的灵活性满足儿童的不同需要；支持家庭政策、个性化的教与学策略，以及与之配套的揭示儿童进步状况的评估手段的完善，对儿童的学习过程给予高度关注，以确保每一个儿童都能获得成功。

最后，从政策效应来看，基于"有差异的平等"的教育政策有力促进了基础教育发展。2007 年政府在《儿童计划》中指出，过去的十年，我们在最初几年解决学校、学院和其他服务机构的投资及动机水平低下问题上取得了很大进步，自 1997 年来，登记注册的儿童机构的数量增加了一倍，因此 8 岁以下每四个孩子中的一个孩子可以进注册的托儿所；学校教育质量的标准不断提高，其结果是，现在 11、14、16 岁和 19 岁等不同年龄阶段孩子的学习成绩达到了历史最高水平，薄弱或失败学校大大减少，更多的年轻人进入了大学；相对贫困儿童的数量降低到 60 万以下，同时少女未婚先孕率也达到 20 年的最低水平；地方政府开始改变管理儿童和年轻人的服务方式。[①]

至此，我们可以断定，英国基础教育公平政策从理念到目标，再到策略正在向着有差异的平等迈进！

---

① Department for Children, Schools and Families, *The Children's Plan: Building Brighter Futures*, London: TSO Shops, 2007, p. 5.

第六章

结　语

考察 19 世纪后半叶以来英国基础教育公平政策的发展，我们不难发现英国政府对教育公平的追求，大致经历了五个阶段：从颁布第一个教育法——《1870 年初等教育法》到《1918 年教育法》的颁布，建立起免费的、强迫的公立教育系统，普及了初等教育，让所有儿童接受免费的初等教育；20 世纪 20 年代初到 40 年代末，实现了"人人受中等教育"的理想追求；20 世纪 50 年代到 70 年代中期是追求更大的教育机会均等时期，促进了综合中学的大发展；而 70 年代末到 90 年代末对效率和质量追求的教育市场化改革，湮没了对教育公平的价值追求；最后是 90 年代末至 21 世纪初，转而向有差异的平等迈进，旨在让每一个儿童的潜力得到充分发展。这一历程呈现出英国教育公平政策发展的以下特征：

一　意识形态对基础教育政策中公平目标的影响日渐淡化

意识形态与教育政策之间关系是理解教育政策的重要维度。加拿大曼尼托巴大学政策学教授本杰明·莱文认为意识形态是教育政策的核心驱动力，并将意识形态与教育政策之间的关系，与教育理论与实践的关系相提并论。他说："有人认为所有实践源于某种理论，即便这一关系并不十分明显。从这一角度看，阐释理论假设是理解和改变实践的关键环节，与此相似的是，理解意识形态对于理解和改变政策也是十分关键。"[1]

意识形态一词，阿伦·艾萨克（Alan Isaak）有过形象的解释，他说，"是人们关于社会、经济和政治制度应该如何组织、如何运行的一系列的相互连贯的价值和信念系统，同时也是这种系统如何发挥实际作用的协调

---

[1] ［加］本杰明·莱文：《教育改革——从启动到改革》，项贤明译，教育科学出版社 2004 年版，第 82 页。

一致的观念体系。"① 执政党的观念体系往往成为教育政策中决定因素。这在由两大执政党轮流执政的英国体现得尤为明显。

在英国，教育公平作为教育政策的价值追求与政党意识形态结下了不解之缘。自 17 世纪开始政治上实行议会制，执政党选举产生。议会制几经改革以及政党的蜕变，至 19 世纪 30 年代，由代表贵族、大地主、大资产阶级利益的保守党和代表中产阶级利益的自由党轮番执政，前者强调自由、等级秩序、法律和宗教，后者奉行自由主义，倡导自由、平等和博爱，并把自由主义学说运用于国家事务的各个方面，《1870 年初等教育法》便是在自由党努力下通过，其目标是：不管父母是否贫穷，不管父母属于任何教派，让所有儿童（包括无家可归的儿童）接受初等教育。

20 世纪 20 年代开始在工业革命中成长起来的工人阶级政党——工党取代自由党，与保守党轮流执政。英国工党的意识形态有别于马克思主义，它赞同生产资料公有制，致力于社会各阶层的平等和社会公正，但反对暴力夺取政权，主张通过议会斗争实现本阶级的政治权利，因而被称为"民主社会主义"。而保守党接过自由党大旗，成为中上层阶级的党，接受了自由主义的价值观。一战至二战期间，两党共识大于分歧：奉行凯恩斯主义赞同缩小各阶层之间的差距，实现贝弗里奇的福利国家蓝图，让所有儿童接受免费的中等教育是众多福利项目中的一项。《1944 年教育法》在保守党领导的联合政府努力下通过，实现了工党提出的"人人受中等教育"的政策目标。

二战结束以后，英国的两大党继续维持政治共识直至撒切尔夫人上台。两党都赞同推行"混合经济"，民主政治。但两党在综合政策上产生分歧。马斯格雷夫认为，1945 年以后，两大党都致力于扩充教育系统，使之能实现更大的机会平等。然而，各党都以不同的方式解释均等。保守党对均等的解释被称作是温和意义上的均等，即认为所有的人都应有均等的机会去争得日后生活上的不均等；而工党终于赞成激烈意义上的均等，即认为在教育上的均等成为可能之前，必须对不均等的背景提供补偿。基本上释义的分歧已导致两党对于中等教育的改组持有大相径庭的方针——工党最终全心全意地赞成尽快向综合中学方向发展，而保守党坚持教育质

---

① ［美］弗朗西斯·C. 福勒：《教育政策学导论》，许庆豫译，江苏教育出版社 2007 年版，第 112 页。

量观念，故而倾向维护传统的学术性的文法中学。①两党教育主张上的对峙，反映出此时的教育公平和教育质量并不相容，换句话说，意识形态与教育本身的目的还没有一致起来。

70年代末，撒切尔夫人领导的保守党政府执政，为了挽救英国经济发展颓势，接受了弗雷德曼和哈耶克的新自由主义学说，在经济领域治理通货膨胀为主要政策目标，以控制货币发行量、市场化改革为主要手段；在社会政策领域减少公共支出，从更多地强调社会平等转向强调效率。市场竞争原理被运用到诸如教育这样的传统领域。《1988年教育改革法》便是在新自由主义意识形态下诞生的。其核心主题有二，一是统一国家课程，让所有儿童学习共同文化；二是强调家长是消费者，具有选择权利，从而推动学校提高质量。前者带有公平取向，而后者旨在提高效率，两者结合的结果是效率得到张扬，公平的目标被湮没。

90年代末，布莱尔领导的新工党开始取代撒切尔—梅杰保守党政府执政，并旗帜鲜明地表示走"第三条道路"，即超越左右两分的传统政治思维框架，既不走老左派"僵化的国家干预主义"的老路，也反对新右派完全自由放任的新自由主义，而是在新的历史条件下将社会民主主义与自由主义重新结合起来，在继承社会民主主义自由、公正、互助等传统价值观的基础上吸收自由主义市场原则的积极成分，找到一条既能实现社会公正，又让经济有活力的新路。在"第三条道路"意识形态下，布莱尔政府首次形成以教育为中心的社会政策思路。这样，接受平等的受教育机会不再是公民权利延伸或市场竞争的结果，而是"人的发展"作为教育的终极目的的彰显。"人的发展"必然涉及对人性的全面考察，布莱尔领导的工党政府首次承认人的差异性，认为教育公平中应包容差异，是"有差异的平等"，结束了公平和效率、公平与质量的对抗，公平的目标是，使每个学生在自己已有的基础上，尽可能得到充分的发展，向每一个儿童提供最适切的教育。最终使每一个儿童都能获得成功，而不是达到统一的结果。

对英国政治意识形态与教育公平目标关系演进的考察表明：意识形态对教育公平目标影响日渐淡化，教育自身规律得到解蔽。历史证明，"人

---

① ［英］马斯格雷夫：《教育的政治职能》，张国才、张晓鹏译，瞿葆奎主编《教育学文集·教育与社会发展》，人民教育出版社1989年版，第396页。

的发展"的教育目的彰显，有助于教育领域公平和效率、公平与质量的和谐统一。

二 教育公平理论研究促进了教育政策向更加公平的方向发展

在英国基础教育政策发展进程中，大致经历了基于二元对立的阶级分析的教育公平研究、基于社会分层和社会流动的教育公平研究，再到经验的社会学研究，对教育政策走向产生了重要影响。

1. 基于二元对立的阶级分析的教育公平研究

工业革命以后的英国，是一个阶级界限明确的等级制社会，而沿着这种等级制社会的结构建立起来的国民教育制度也具有明显的等级痕迹。因此，在相当长的时期内，阶级分析成为教育公平研究的主要工具。

在英国率先对教育公平问题进行考察，并引起关注的是政治领域。1922 年，托尼的《人人受中等教育》一书及随后著名的《平等》一文，采用的就是阶级分析方法。在他的影响下，一批政治学家、史学家、教育学家参与到这场有关教育公平的讨论。此外，这场讨论的参与者还涉及了大量的调查报告，影响较大的文献有弗拉德、哈尔西和马丁合作的《社会阶层和教育机会》（*Social Class and Educational Chance*，1956）。基于阶级分析的公平研究成果有力促进了教育公平理论和实践发展。首先，积累了大量研究文献，研究范围不断扩大，从入学机会均等深入到教育过程中不平等的分析。其次，有力推进了工党教育政策的发展。托尼的"人人受中等教育"的理念对工党的教育政策影响很大，成为 20 世纪 20—40 年代英国工党教育主张的基础，对《1944 年教育法》产生重要影响；而弗拉德等人的研究成果对取消"11 岁选拔考试"，推动综合学校运动的发展产生了重要影响。

2. 基于社会分层和社会流动的教育公平研究

但是随着时代发展，阶级分析工具暴露出其局限性。其一，阶级分析工具使英国教育公平理论探索一开始萌生于民主社会主义意识形态，而非人性的视角，使得其普遍性意义受到削弱。其二，基于阶级分析的公平理念中比较激进的观点包含了绝对平等的思想，但很快被时代潮流所丢弃。其三，二元的阶级划分本身具有时代的局限性。尽管后续马克思主义学者将中产阶级划归资本家阵营，新的阶级构架为：中上阶级和劳动阶级，但仍属于二元对立论范畴，过于简化了当今社会的复杂结构。英国当代教育公平研究先驱人物惠迪认为，阶级分析方法统领教育公平研究领域的传统阻碍了教育理论的发展。他说："大量的英国著作曾与无可辩驳的阶级叙事联系在一起，与大量的美国著作相比，由于存在着与阶级政治学相联系的阶级分析传统，我们甚至在承认种族和性别的特殊性方面也晚了一步。"[1]

20世纪50年代，格拉斯出版了社会分层和流动研究的经典名著《英国社会流动》。这项研究取得了20世纪中叶英国教育公平研究突破性进展：以职业分层取代阶级分析，以政治算术方法描述各职业阶层之间的流动率，但他的结论令人沮丧：处于顶层的48.5%的父亲属于同样的阶层，[2] 揭示了英国职业阶层之间的流动处于僵滞状态。1977年，格拉斯的学生牛津大学教授哈尔西发表了一篇重要文献《趋向能人统治吗？——以英国为例》。哈尔西在格拉斯研究的基础上，吸收了美国学者布劳和邓肯的路径分析法并进行修正，完善了政治算术方法。在这篇文献中，哈尔西宣告："随着这些多元回归分析方法的运用，已有一种从阶级更迭的老概念到等级制的职业分化思想的转变。这时，社会学的基本任务就是测定个体职业成就的决定因素。"[3] 20世纪60—80年代，政治算术方法的日臻成熟，确立了社会分层和社会流动研究在英国教育公平研究领域的权威地位。

社会分层和社会流动研究的主要贡献如下：首先，政治算术与社会分层结合，是对阶级分析方法的超越。量的方法对提高教育社会学学科地位，增强描述不平等现象的客观性和说服力起到不可忽视的作用。其次，政治算术的倡导者们自始至终坚持政治算术作为是一种"社会问责"工具。牛津大学公布的社会流动数据一度成为政府文件中经常援引的数据，成为制定教育政策的重要依据。最后，尽管政治算术的方法一直将自身局限在一种去性别和政治中立的立场上，但是透过政治算术的研究成果，我们仍然可以发现在他们的教育平等的理念中暗含一种假设：人有权利更公

[1] Carlos Albertto Torres, Education, *Power, and Personal Biography Dialogues with Critical Educators*, New York and London: Routledge, 1998, p. 247.

[2] Glass D. V. (ed.), *Social Mobility in Britain*, London: Routledge and Kegan Paul, 1954, p. 31.

[3] [英] A. H. 哈尔西：《趋向于能人统治吗？——以英国为例》，赵明译，张人杰主编《国外教育社会学基本文选》，华东师范大学出版社2009年版，第109—125页。

平地重新分配生活的机会，例如，接受高等教育，从事高社会地位的工作，或者处于分层化体系中上流社会或优势轨道，[①] 使教育公平研究延伸到教育结果和职业成就的平等，大大拓展了教育公平的内涵，有力地支持了补偿教育政策。

3. 教育公平的经验的社会学研究

20 世纪 90 年代受后现代思潮影响，英国一批社会学家如斯蒂芬·鲍尔、杰夫·惠迪、萨莉·鲍尔等不再满足政治算术的传统方法，倡导并探索了一种"有理论见识的经验研究"[②] 或称"经验社会学研究"。[③] 经验的社会学方法实质上是一种质的研究方法，即在政策分析的框架内引入人种志方法，访谈、叙事是重要方式。主要研究成果有萨莉·鲍尔、托尼·爱德华兹、杰夫·惠迪等合著的《教育与中产阶级———一种务实、细致而耐久的社会学分析方法》（2003 年），斯蒂芬·鲍尔的《政治与教育政策制定——政策社会学探索》与《教育改革——批判和后结构主义的视角》，此外政府的咨询报告中也大量引入案例。萨莉·鲍尔认为，经验的社会学研究具备多个关注点。这些关注点经过"鹰眼"那样放大画面，把人生经历和历史联系起来，把个性和结构联系起来，把个人的困境与公共事务联系起来。简而言之，经验的社会学方法有利于透过数据的背后探寻教育条件是否能转换为教育和职业上的"成功"，以及这个过程的复杂性。鲍尔的两部著作可以看成有意识地将经验的社会学研究方法引向深入、融入后现代主义方法论的努力。在他对 1988 年教育改革的考察中，试图综合批判性的政策分析、后结构主义和批判性的人种学三种分析论。[④]

经验的社会学研究方法开启了教育政策研究的新视角，使教育公平研究出现了新的转机：首先，教育公平研究不局限在学校制度的宏观层面讨

---

① ［爱尔兰］凯瑟琳·林奇：《平等与教育的研究和理论》，傅松涛等译，莫琳·T. 哈里楠主编《教育社会学手册》，华东师范大学出版社 2004 年版，第 118 页。

② Carlos Albertto Torres, *Education, Power, and Personal Biography Dialogues with Critical Educators*, New York and London: Routledge, 1998, p.250.

③ ［英］萨莉·鲍尔、托尼·爱德华兹、杰夫·惠迪等：《教育与中产阶级———一种务实、细致而耐久的社会学分析方法》，胡泽刚译，湖南教育出版社 2008 年版，第 4 页。

④ ［英］斯蒂芬·鲍尔：《教育改革——批判和后结构主义的视角》，侯定凯译，华东师范大学出版社 2003 年版，第 10 页。

论公平，而是将教育公平研究延伸到学校课程、考试、管理、选择、竞争等微观层面上不同群体之间的不平等关系。第二，经验的社会学研究方法是"超越中央政府这一层次，将研究的触角伸向其他的'权力网络'、'话语'以及贯穿教育相关的社会组织所使用的技术"。① 因此，能够描述教育政策目标为何发生偏离。学校、地方教育权力机构、教师、学生和家长等社会群体既要服从教育政策，但又根据各自的社会立场"改造"教育政策，因而导致与政策制定者意图相悖的社会行为。② 经验的社会学研究方法可以对家长、学校、教师以及地方教育机构对教育政策的再解释和抵制等问题进行审视。所以，林奇评价到，经验研究者在社会行为的宏观层次和微观层次上提供了不平等模式文件。没有这些文件，对特定政策和实践的挑战和对抗就得在信息阻隔的情况下进行，因此会导致政策更加无效。③ 第三，经验社会学研究中，"话语"被赋予了独特的含义和地位，话语传播着权力的影响，在整个现代社会体系中，它们是权力的替代品。使参与对话的不仅有教育学家、决策者，而且还有被边缘化和外围化的群体，他们是教育公平研究中的主体，这是政治算术方法无法展现的部分。因此教育公平研究的重点放在"身份、文化和认识上而不再是分层、选拔和分配上"，"民族、种族划分、性别和残疾被当做确定的和本质的身份特征"，④ 这样使教育公平内涵中人的差异性得到彰显，为适切性教育政策提供了理论基础。

三　教育公平策略"渐进"式推进

在推进教育公平策略层面上，英国有其独特之处。它对已经存在的教育设施、制度很少采用激烈的摧毁手段，而是采取渐进发展的方式逐步推进。

普及初等教育阶段，提供充足初等学校是普及初等教育重要策略，

---

① ［英］斯蒂芬·鲍尔：《教育改革——批判和后结构主义的视角》，侯定凯译，华东师范大学出版社 2003 年版，第 10 页。

② 闫引堂：《教育政策社会学：一种新范式?》，《比较教育研究》2006 年第 1 期，第 39—43 页。

③ ［爱尔兰］凯瑟琳·林奇：《平等与教育的研究和理论》，傅松涛等译，莫琳·T. 哈里楠主编《教育社会学手册》，华东师范大学出版社 2004 年版，第 118 页。

④ 同上书，第 130 页。

《1870 年初等教育法》并没有取缔或兼并教会学校，而是保留教会学校，并在教会办学不足地区新办公立学校，被称为"填补空白"，这个法案被英国左翼人士认为是个妥协法案；《1944 年教育法》作为普及中等教育的法案，也承袭了这一策略，将教会学校分为三类，并给予不同程度的资助，以确保其正常运转，满足所有青少年接受中等教育的需求；20 世纪60 年代，综合学校运动中，工党的目标旨在取消"11 岁选拔考试"，以现代的综合中学取代传统的文法中学，但最终将综合中学宣传成"面向一切儿童的文法学校"；保守党领导人撒切尔夫人执政时期，市场化改革似摧枯拉朽之势，除了不支持综合学校政策，在对贫困儿童补偿教育以及特殊儿童的融合教育上延续了工党的策略；布莱尔政府在策略上更是对撒切尔—梅杰政府推行的策略修修改改，比如特色学校政策、择校、家长参与等。

这种渐进推进的方式，有其长处与不足。长处是保存了原有民间的教育资源和政策的延续性，有利于迅速普及基础教育。但不足是每一次新的策略似乎都没有彻底解决教育公平问题。对于英国式的"渐进主义"，英国学者迈克尔·希尔认为，社会政策的发展基本上是在旧的政策上堆砌新的动议，往往是并未清理旧的基础就开始了新的过程。随后，随着堆砌的继续，它就会为未来的政府创造出必须考虑的新问题。[1]

因此，英国基础教育公平策略的推进是非线性的，经常循环往复，但从未回到原先的起点上。

四　教育公平政策与社会政策日渐形成相互支持的网状结构

英国政府促进教育公平的政策从孤立发展、到相互制衡结构，再走向与社会政策相互支持的网状结构。

在 20 世纪 60 年代之前，英国政府改善教育公平的政策与社会政策几乎没什么联系，某些时候甚至相互冲突，如普及初等教育政策与童工使用政策，一度难以协调。教育政策内部也缺乏联系：普及初等教育阶段，强迫入学策略与收费策略似乎并行不悖；初等教育与中等教育并行发展；人人受中等教育阶段，三类学校之间相互隔离，各自发展。这使得政策空白地带很多，教育不公平现象仍然十分突出，比如，贫困区儿童的教育问题。

---

① ［英］迈克尔·希尔:《理解社会政策》，刘升华译，商务印书馆 2003 年版，第 109 页。

进入 20 世纪 50—60 年代，学者们已经认识到，解决教育公平问题，特别是贫困区学校建设和学生学业成绩提高，仅靠教育政策是无法解决的。1959 年的《纽瑟姆报告》提出，基于贫困区教育问题的复杂性，在贫困区的改革不仅仅限于学校，需要有一种"跨部门的工作组"来计划重大行动的"战略"。1967 年的《普洛登报告》更是将这一提议具体化为"教育优先区计划"，除了向教育优先区注入较多的资源，还建议，新的学校建设与新的住宅计划同步发展。教育优先区的实验取得了一定成效。这是教育政策与社会政策相互协调的开端。

撒切尔政府执政时代，试图在中央、地方、学校、家长之间构成一个相互制衡的既有效率又较公平的政策网。中央统一国家课程并组织统一考试，地方政府公布成绩排名；家长选择学校，学校竞争生源，从而推动学校提高教育质量，这个内部结构严密又与经济政策配套的教育政策网运行的结果，两极分化严重，不仅表现在学校两极分化，学生成绩也两极分化，公平的目标被湮没。

布莱尔政府以一种"能动政治"思维去修补撒切尔—梅杰政府留下的政策网络，因此，在许多策略上延续了前任政府的做法，但整个政策网络的结构功能已改变。所谓"能动政治"，吉登斯解释是，"一种在存在社会整体关怀和目标的环境下，寻求使个人和团体完成任务，而不是国家为他们完成任务的政治"。① 换句话说，以往的政府总是把国家、社会、市场对立起来，而布莱尔政府认为可以在积极信任的基础上，把国家、社会与市场的积极方面都发挥出来，结合在一起。顺着这个思路，布莱尔政府建立起以教育为中心的社会政策网络。因此，这个政策网络的中心是人的发展，目标是个体的潜能得到充分发展。在实现此目标过程中，不同能力的学生给予不同支持，包括给有特殊需要儿童、贫困家庭更多的支持，这就需要所有社会政策支持儿童发展。考察教育行动区计划、特色学校政策、个性化教与学，对家庭的支持都是围绕着个体的发展。此外，政府还通过建立有效的伙伴关系和问责制，促使医疗卫生、住宅建设、安全、福利等部门围绕儿童发展开展工作，为儿童不同需求提供最适切的服务。这样，这个政策网络的结构功能不再导向效率，而是导向平等而有效率的学习。

---

① ［英］安东尼·吉登斯：《超越左与右——激进政治的未来》，李惠斌等译，社会科学文献出版社 2000 年版，前言。

参考文献

（一）外文文献

1. Harold Silver. Equal Opportunity in Education: A Reader in Social Class and Educational Opportunity London: Methuenl & Co Ltd, 1973.

2. David Rubinstein. Education and Equality. London: Harper and Row, 1979.

3. A. H. Halsey, A. F. Heath, J. M. Ridge. Origins and Destinations. London: Oxford University Press, 1980.

4. A. H. Halsey, H. Lauder, P. Brown. Education: culture, economy, and society New York: Oxford University Press, 1997.

5. Jerome Karabel and A. H. Halsey. Power and ideology in education New York: Oxford University Press, 1977.

6. S. Gewirtz, S. J. Ball and R. Bowe. Markets, Choice and Equity in Education. Buckingham: Open University Press, 1995.

7. W. Cunningham Glen. The Elementary Education Act. London: Shaw and Sons, Fetter Lane, 1870.

8. M. Barlow and H. Macan (ed). The Education Act, 1902 (Second Edition). London: Butterworth & CO, 1903. LAW PRIOR TO 1902.

9. A. Thomas (ed). The Education, 1918. London: P. S. King & Son, LTD, 1919.

10. G. Whitty. Making Sense of Education Policy——Studies in the Sociology and Piltics of Education. London: Paul Chapman Publishing, 2002.

11. M. Blaug, k. Eide, L. Emmerij. T. Husen. Planning education for reducing inequalities. Belgium: The Unesco Press, 1981.

12. David E. Cooper. Illusions of Equality. London; Routledge and Kegan

Paul, 1980.

13. P. E. Vernon (ed). Secondary School Selection——A British Psycholog-ical Society Inquiry. Fakenham: Wyman and Sons Ltd. 1957.

14. Adrian Wooldridge. Measuring the mind Education and Psychology in England, c. 1860-c. 1990. Cambridge: Cambridge University Press, 1994.

15. D. V. Glass. Social Mobility in Britain. London: Routledge and Kegan Paul, 1954.

16. Jackson, B. and Marsden, D. Education and the Working-class. Harmondsworth: Pelican Books, 1966.

17. John E. Walsh. Education and Political Power. New York: the Center for Applied Research in Education, Inc. 1964.

18. Jack Demaine. Education and Contemporary Politics. London: Macmillan Press Ltd, 1999.

19. John E. Roemer. Democracy, Education, and Equality—— Graz-Schumpeter Lecture. Cambrige: Cambrige University Press, 2006.

20. Earl Hopper. Readings in the theory of educational systems. London: (3 Fitzroy Sq. , W. 1) Hutchison and Co. (Publishers) Ltd, 1971.

21. Kenneth K. Wong. Advances in Educational Policy—perspectives on the schools. Stamford and England. Jai Press INC. 1998.

22. John Lawson and Harold Silver. A Social History of Education in England. London: Methuen and Co Ltd, 1973.

23. G. Sutherland. Policy-Making in Elementary Education 1870—1895. London: Oxford University Press, 1980.

24. David Rubinstein and Brain Simon. The Evolution of The Comprehensive School, 1926—1972. London: Routledge and Kegan Paul, 1969.

25. I. G. K. Fenwick. The Comprehensive School (1944—1970) ——The Politics of Secondary School Recorganziation. London: Methuenl & Co Ltd, 1976.

26. Roy Lowe (ed). The Changing Secondary School. London: The Falmer Press, 1989.

27. Maclure, J. S. Educational Documents-England and Wales 1816 to the present day. New York: Methuen and Co. Ltd. 1979.

28. Peter Gosden. The education system since 1944. Oxford: Martin Robertson and Co. Ltd. , 1974 (reprinting 2007).

29. Pamela Silver and Harold Silver. The education of the poor: the history of a national school 1824—1974. London: Routledge and Kegan Paul, 2007.

30. Peter Gordon and Denis Lawton. Curriculum change in the nine-teenth and twentieth centuries. Hodder and Stoughton Ltd, 1978.

31. Brian Simon. Theradical tradition in education in Britain. London: Lawrence & Wishart, 1972.

32. Carlos Albertto Torres. Education, Power, and Personal Biography Dialogues with Critical Educators. New York and London: Routledge, 1998.

33. John Dunford and Paul Sharp. The education system in England and Wales. London: Longman Group UK limited, 1990.

34. Gosden, P. H. J. H. Education in the Second World War: a study in policy and administration. London: Methuen and Co. Ltd. , 1976 (2007 reprinting).

35. Df EE. Excellence in Schools. London: Her Majesty's Stationery Office, 1997.

36. DfES. Delivering Results: A Strategy to 2006. Westminster: DfES Publications, 2002.

37. Department forChildren, Schools and Families. Your Childs, Your Schools, Our Future: Building A 21st Century School System. London: Her Majesty's Stationery Office: 2009.

38. DfES. Five Year Strategy for Children and Leaners: London: TSO Shops, 2004.

39. Department for Children, Schools and Families. The Children's Plan: Building Brighter Futures. London: TSO Shops, 2007.

40. The department for Education and Employment . School Standards and Framework Act 1998. London: TSO Shops, 1998.

41. The Committee of Enquiry into the Education of Children from Ethnic Minority Groups. The Swann Report. London: Her Majesty's Stationery Office, 1985.

42. Department for Education and Skill. A New Specialist System: Transforming

Secondary Education. http//: www. teachernet. gov. uk/ makingadiff.
2011 – 1 – 12.

43. The Central Advisory Council. The Newsom Report Half Our Future. London：
Her Majesty's Stationery Office，1963.

44. The Central Advisory Council. The Crowther Report – 15 to 18. London：Her
Majesty's Stationery Office 1959.

45. The Consultative Committee. Secondary Education-with Special Reference to
Grammar Schools and Technical High Schools. London：HM Stationery Of-
fice，1938.

46. The Committee of Enquiry into the Education of Handicapped Children and
Young People. The Warnock Report. London：Her Majesty's Stationery Of-
fice，1978.

47. The Consultative Committee. The Education of the Adolescent. London：HM
Stationery Office 1926.

48. The Central Advisory Council. The Plowden Report. London：Her Majesty's
Stationery Office，1967.

49. The Secondary School Examinations Council. Curriculum and Examinations in
Secondary Schools. London：HM Stationery Office，1943.

50. Denis Lawton. What Kind of Common Curriculum?. Forum for the Discussion
of New Trends in Education，1980，（22）3. 80—81.

（二）中文文献

［1］［美］莫林·T. 哈里楠主编：《教育社会学手册》，傅松涛等译，华
东师范大学出版社 2004 年版。

［2］冯建军：《教育公正——政治哲学的视角》，福建教育出版社 2008
年版。

［3］华桦、蒋瑾：《教育公平论》，天津教育出版社 2006 年版。

［4］刘欣：《基础教育政策与公平问题研究》，华中师范大学出版社 2008
年版。

［5］吕达、周满生主编：《当代外国教育改革著名文献》，人民教育出版
社 2004 年版。

［6］瞿葆奎主编：《教育学文集·英国教育改革》，人民教育出版社 1993

年版。

[7] 单中惠主编：《外国素质教育政策研究》，山东教育出版社 2004 年版。

[8] 苏君阳：《公正与教育》，北京师范大学出版社 2008 年版。

[9] 翁文艳：《教育公平与学校选择制度》，北京师范大学出版社 2003 年版。

[10] 袁振国主编：《教育政策学》，江苏教育出版社 2000 年版。

[11] 张人杰主编：《国外教育社会学基本文选》（修订版），华东师范大学出版社 2009 年版。

[12] ［英］哈耶克：《通向奴役之路》，王明毅、冯兴元等译，商务印刷馆 1962 年版。

[13] 朱永坤：《教育政策公平性研究——基于义务教育公平问题的分析》，博士学位论文，东北师范大学，2008 年。

[14] 王承绪：《英国教育》，吉林教育出版社 2000 年版。

[15] 祝怀新：《英国基础教育》，广东教育出版社 2002 年版。

[16] 王承绪、徐辉：《战后英国教育研究》，江西教育出版社 1992 年版。

[17] ［英］斯蒂芬·鲍尔：《政治与教育政策制定——政策社会学探索》，王玉秋、孙益译，华东师范大学出版社 2003 年版。

[18] ［英］斯蒂芬·鲍尔：《教育改革——批判和后结构主义的视角》，侯定凯译，华东师范大学出版社 2003 年版。

[19] ［英］杰夫·惠迪、莎莉·鲍尔和大卫·哈尔平：《教育中的放权与择校：学校、政府和市场》，马忠虎译，教育科学出版社 2003 年版。

[20] ［英］邓特：《英国教育》，杭州大学教育系外国教育研究室译，浙江教育出版社 1987 年版。

[21] ［英］林赛·哈林顿、迈克尔·哈林顿：《英国保守党 1918—1970》，复旦大学世界经济研究所译，上海译文出版社 1979 年版。

[22] ［英］亨利·佩林：《英国工党简史》，上海人民出版社 1977 年版。

[23] ［英］比尔·考克瑟等：《当代英国政治》，孔新峰等译，北京大学出版社 2009 年版。

[24] 阎照祥：《英国史》，人民出版社 2003 年版。

[25] 迈克尔·希尔：《理解社会政策》，商务印书馆 2003 年版。

［26］华桦：《西方教育公平实践的历史演进——基于社会政治哲学的视角》，《基础教育》2009 年第 9 期。

［27］［英］托尼·布莱尔：《新英国：我对一个年轻国家的展望》，曹振寰等译，世界知识出版社 1998 年版。

［28］钱乘旦、许洁明：《大国通史——英国通史》，上海社会科学院出版社 2007 年版。

［29］钱乘旦、陈晓律、陈祖洲等：《日落斜阳——20 世纪英国》，华东师范大学出版社 1999 年版。

［30］［英］阿伦·斯克德、克里斯·库克：《战后英国政治史》，王子珍、秦新民译，世界知识出版社 1985 年版。

［31］王皖强：《国家与市场——撒切尔主义研究》，湖南教育出版社 1999 年版。

［32］许建美：《教育政策与两党政治——英国中等教育综合化政策研究》，博士论文，华东师范大学，2004 年。

［33］孙洁：《英国的政党政治和福利制度》，商务印书馆 2008 年版。

［34］瞿葆奎主编：《教育学文集·教育与社会发展》，人民教育出版社 1989 年版。

［35］［英］萨莉·鲍尔、托尼·爱德华兹、杰夫·惠迪等：《教育与中产阶级——一种务实、细致而耐久的社会学分析方法》，胡泽刚译，湖南教育出版社 2008 年版。

［36］张民选等：《公平而卓越：世界教育发展的新追求》，《教育发展研究》2008 年第 19 期。

［37］阚阅：《促进教育均衡发展的新举措——英国"追求卓越的城市教育"计划评析》，《全球教育展望》2004 年第 9 期。

［38］王璐：《每个孩子都重要：英国全面关注处境不利儿童的健康发展》，《比较教育研究》2005 年第 10 期。

［39］王璐：《从选拔性教育到选择性教育：英国基础教育的价值取向》，《教育研究》2008 年第 3 期。

［40］叶玉华：《教育均衡化的国际比较与政策研究》，《教育研究》2003 年第 11 期。

［41］余秀兰：《弱势群体的教育支持：发达国家的理念及其嬗变》，《比较教育研究》2009 年第 1 期。

［42］张良才、李润洲：《关于教育公平问题的理论思考》，《教育研究》
　　　2002 年第 12 期。

［43］褚宏启、杨海燕：《教育公平的原则及其政策含义》，《教育研究》
　　　2008 年第 1 期。

［44］薛二勇、盛群力：《英国公平入学政策探析》，《比较教育研究》
　　　2007 年第 9 期。

后　记

　　《向有差异的平等迈进——英国基础教育公平政策发展研究》一书是2011年度教育部人文社会科学研究一般项目"英美两国基础教育政策演进研究——公平与效率关系的视角"的成果之一，并得到2012年度浙江省哲学社会科学规划办后期资助。

　　在英国基础教育公平政策发展课题研究中，通过广泛收集资料、大量翻译工作和深度阅读，终于使得英国教育公平政策发展的轨迹清晰起来，最后完成了书稿。

　　在本书的撰写过程中，我的博士生导师魏贤超教授，给予我很多宝贵的意见，在很多方面得益于他的悉心指导。导师的为人与为学，都使我终身受益。导师在学术上严谨睿智，生活中温文尔雅、宽容大度，时时感染着我。对我的赞许和鼓励，更是我学术发展道路上不竭的动力。

　　在整个研究过程中，我还得到很多人的支持和帮助。这里首先要感谢单中惠教授，没有他的鼓励和支持，也许我不会对英国基础教育公平政策发生兴趣，也没有胆量沿着这条道路勇往直前；单教授为人宽容豁达，治学严谨，在研究过程中为我提供了大量资料，并提出了许多宝贵意见。同时，要感谢浙江大学教育学院的培养，感谢徐小洲教授、陆有铨教授、吴雪萍教授、杨明教授的指点迷津；要感谢英籍华人李北竹女士，为本课题研究提供了大量相关的政策文本。还要感谢温州大学图书馆吴凤仙老师，通过文献传递帮助获得大量的英文文献；感谢我的硕士研究生张源源帮忙翻译了部分英文资料。

　　最后，我要感谢温州大学教师教育学院院长郑信军教授，没有他的鼓励和"怂恿"，也许我的学术人生道路上没有这样丰富的经历，同时，感谢温州大学提供了作为访问学者赴英国伦敦大学教育研究院进行研修的机会，使本书稿在质量上得到进一步提升。

　　书中参考了大量文献，值此谨向文献的作者和译者表示深深的谢意！限于作者水平，书中难免出现谬误，恳请专家和读者批评指正！

倪小敏

2014 年 8 月于温州南瓯景园